高职高专经济管理类专业规划教材

新编统计学原理

主　编　艾　军　寇俊卿
副主编　苏　平　陈　捷
参　编　彭金梅

机 械 工 业 出 版 社

统计数据是我们在日常生活中经常碰到的信息。是现代经济活动中所必不可少的经济语言，能解读这些神秘的数据，成为每个经济工作者应该具备的基本技能。统计学原理主要讲述的是统计的基本原理、基本方法和基本技能，掌握这“三基”，对于了解统计数据、掌握解读统计数据的技巧有很大的帮助。

本书从趣味性、实用性、知识性出发，注重从实际资料入手，引导读者领悟统计思想、掌握统计方法，学会运用统计数据说明经济现象，进而达到解读统计数据的目的。

在编写过程中，本书作者结合丰富的教学经验，总结归纳学生的疑难问题，详细解析统计学基本原理和方法，并附有大量练习以强化学习效果。本书适合广大高等职业教育学生使用。

图书在版编目（CIP）数据

新编统计学原理/艾军，寇俊卿主编. —北京：机械工业出版社，2010（2015.2 重印）

高职高专经济管理类专业规划教材

ISBN 978-7-111-31523-0

Ⅰ. ①新… Ⅱ. ①艾… ②寇… Ⅲ. ①统计学—高等学校：技术学校—教材 Ⅳ. ①C8

中国版本图书馆 CIP 数据核字（2010）第 152497 号

机械工业出版社（北京市百万庄大街 22 号 邮政编码 100037）

策划编辑：孔文梅 责任编辑：张 亮

保定市中画美凯印刷有限公司印刷

2015 年 2 月第 1 版第 3 次印刷

184mm×260mm·13.75 印张·334 千字

6501—8500 册

标准书号：ISBN 978-7-111-31523-0

定价：30.00 元

凡购本书，如有缺页、倒页、脱页，由本社发行部调换

电话服务

社服务中心：（010）88361066

销售一部：（010）68326294

销售二部：（010）88379649

读者购书热线：（010）88379203

网络服务

教材网：http://www.cmpedu.com

机工官网：http://www.cmpbook.com

机工官博：http://weibo.com/cmp1952

高职高专经济管理类专业规划教材
编委会

前　言

在21世纪，高等职业教育如何为社会经济发展服务？这是高等职业教育发展所面临的根本问题。与高等教育相区别的是高等职业教育更加注重动手能力与实际应用能力的培养。但是，由于学制较短、学生基础相对薄弱等客观因素，使得培养目标在效果上打了折扣。那么，如何改变这种现状，使我们培养的人才真正成为社会主义现代化建设所需要的德智体等方面全面发展的建设者和接班人，就成为高等职业教育的重要研究课题。

统计学原理是高等职业教育课程体系中经济管理类专业所必须开设的专业基础课程，是一门实践性很强、应用范围很广的方法论科学。要学好这门课程，必须联系实际地理解统计基本原理，掌握统计基本方法和技能，还要勤思考、多练习，通过对各种统计资料的阅读、理解，打开通向统计理想境界之门。

为了帮助广大的高职学生更好地学习并掌握这门课程，我们编写了《新编统计学原理》一书。本书每一章包含七个内容：知识目标、技能目标、引导案例、学习内容、思考与练习、统计资料示例、实训训练，目的是便于学生掌握各章节知识要点，并培养其解读统计资料的能力。本书主要有以下特点：

1. 层次分明，重点突出。在每一章中明确指出了本章的知识目标与技能目标，帮助学生理解本章的学习内容。

2. 形式简明，语言通俗。考虑到高职教育的特点，每一章都系统归纳了基本知识点及基本原理、基本方法。

3. 内容精细，深入浅出。本书对每一章中较难理解的重点和难点都给予恰到好处的点拨，力求内容的趣味性、实用性、知识性。

4. 思路清晰，条理有序。本书对每一章的各种题型范例进行了详细地解析。

5. 题型多样，强化训练。书中给出了大量的、形式各异的练习题，便于加强理解、巩固知识。

6. 案例引导，注重能力训练。在每一章中设计了引导案例、统计资料示例和实训训练，目的是为了加强学生的动手动脑能力。

本书是作者根据多年的教学经验和教学改革实践，针对学生学习中感到较为疑难的问题和容易出错的问题而编写，针对性强，适用面广。相信对学生领会、理解统计知识，把握统计思想，提高分析和解决实际问题的能力有很大的帮助。在编写过程中，作者在承担了繁重教学任务的同时，参阅了大量资料，悉心撰写，并数次沟通、交流，力求数据准确、内容翔实。但是，由于水平有限，疏漏与偏误在所难免。

本书的作者和分工如下：艾军（北京市电子工业干部学校高级讲师）编写第一章、第九章；苏平（首钢工学院讲师）编写第二章、第三章；寇俊卿（北京培黎职业学院副教授）编写第四章、第五章；彭金梅（北京信息职业技术学院讲师）编写第六章；陈捷（北京财贸职业学院讲师）编写第七章、第八章。

根据统计学科的发展和高职教育教学的需要，我们还将适时对本书进行修订和完善。恳请读者将使用本书的建议和意见及时反馈给我们，对此我们表示衷心的感谢。

为方便教学，本书配备电子课件等教学资源。凡选用本书作为教材的教师均可索取，请发送邮件至 cmpgaozhi@sina.com，咨询电话：010-88379375。

作　者

目录

第一章

概论

知识目标

通过本章学习，理解统计的含义，了解统计的特点，掌握统计基本概念，为进一步认识统计工作，理解统计学奠定基础。

技能目标

能利用有关检索工具搜寻统计资料，识别统计资料中的统计对象（统计总体）及其组成部分（总体单位），初步了解统计资料中的统计信息。

引导案例

在爆发全球性金融危机的情况下，如何看待中国经济？国家统计局总经济师兼新闻发言人姚景源先生，在2009年3月的一次对外演讲中谈道：

"……分析整个国民经济有一个基本原理，就是不管这个国家是什么政治制度、什么经济体制，就看四大指标。一是经济增长率，二是失业或者就业率，三是物价上涨率，四是国际收支平衡状况。我们现在用四大指标作为宏观经济学最基本的分析方法看中国经济。

2008年中国经济的增长率是9%。2008年的9%，专家们讨论也有争论，高了还是低了。对9%的分析我有一个最简单的方法，我给起了一个名字叫一横一竖。一横是什么？我们看看其他国家在这场危机下怎么样，现在国际货币基金组织已经公布了世界主要国家2008年的增长率，美国经济增长率是1.4%，欧元区的经济是1.2%，日本经济是0.5%，这是发达国家。再看两个和咱们一个类型的新兴市场经济国家，俄罗斯、印度，俄罗斯去年增长率是6.8%，印度是7.8%，回到中国，我们是9%。告诉我们中国经济现在在世界主要经济体中还是最好的！为什么美国奥巴马都在要求我们救他们呢？他们也是用这种方法来判断和评价中国经济。一竖是什么？和我们自己比，中国经济从1978年改革开放到2007年，三十年中国平均的年增长速度是9.8%，现在我们遇到这么大的困难还是到了9%！一横一竖我们分析9%能得出什么结论呢？就是总理在会上讲的，中国经济的基本面现在还是好的。

第二是看失业和就业。在失业和就业问题上我们讲得不够，讲什么讲得不够呢？中国就业压力究竟有多大，联合国有一个概念，叫劳动年龄人口，16～65岁档次的人在人口统计上叫劳动年龄人口，我们国家16～65岁的这一档人有多少，2010年全国要进行人口普查，准确的数2010年出来。我现在说一个2004年的数是9.09亿。9.09亿劳动年龄人口我们要做一个国际比较的话是什么概念：美国、日本、英国、德国、法国、意大利、加拿大七大发达国人口总数加在一起比中国劳动年龄人口还少 3 个亿，这就是中国就业压力。这是基本国情，我们考虑任何事情都要从这个基本国情出发。百货业最大的贡献是劳动密集型产业，我们解决了多少就业岗位，我们对国情要是研究不够就有很多误区，有的时候我们会说一些行业附加值不高，科技含量不高，不要看这个，还要看吸纳劳动力……中国的就业压力世界上最大，我们在这么大的压力面前做了什么，2008 年“两会”确定 2008 年新增就业岗位全国 1 000 万，这次总理政府工作报告当中给全国人民做了汇报，他说我们 2008 年实际上完成 1 113 万，当然满足这么大的就业需求还有很大差距，但是毕竟在这么大的压力下我们能做到这一点来之不易，这里应该说有百货行业的巨大贡献。看美国危机、世界金融危机给我们带来了就业形势的严峻：农民工上千万回到家里，大学毕业生 2008 年 559 万，2009 年还要增加 50 多万，600 万大学生，再加上前两年没就业的，是了不得的数据。

第三是物价上涨。2008 年中国的价格是前高后低的态势。2008 年 1 月份 CPI 物价上涨率 7.1%，2 月份 8.7%，3 月份 8.3%，4 月份 8.5%，5 月份 7.7%，6 月份 7.1%，一路下滑，2008 年 12 月 2.4%，11 月 1.2%，2009 年 1 月份 1%，现在大家都着急了，2 月份当月是–1.6%，现在都着急是不是有通货紧缩的风险。……回过头来完整的看中国的物价，现在我们已经完全解决了通货膨胀的风险，所以现在可以腾出手来全力保增长。

第四是国际收支平衡状况。所谓国际收支平衡状况就是外贸顺差不是越大越好，它的最佳状态是平衡，均衡状态，这几年都是苦于贸易顺差过大，2006 年外贸顺差 1 775 亿美元，当时中央提出减顺差促平衡，我们干了一年，到了 2007 年一个美元也没减下来，相反从 1 775 亿美元上升到了 2 622 亿美元，这几年来讲这个问题一直很尖锐，很严峻。回过头来看 2008 年，2008 年顺差还在加大，但有一个什么好苗头呢？增加的数量有所减缓，2008 年贸易顺差增加量 328 亿美元，2007 年 847 亿美元。

我们用四大指标看中国经济得出一个什么结论？中国经济的基本面还是好的。”

资料来源：http://finance.qq.com/zt/2008/yaojingyuan/

案例点评

这篇谈话运用了大量统计数据，点评了中国经济。由此看出，统计是帮助人们认识社会的必要工具。

学习内容

第一节 对统计的基本认识

一、统计的含义

关于什么是“统计”这个问题，许多人的理解是不一样的。有的人认为：人们从事的统计工作，就是“统计”；也有的人认为：人们阅读的统计资料，就是“统计”；更有人认为：人们学习的统计知识，就是“统计”。实际上，这三种认识都只是从某一个方面认识“统计”的。

统计工作，是统计的实践活动。它是指人们从事统计资料的收集、整理和分析工作的过程。也就是用数据来反映企业在原料进厂、生产工艺、产品形成、产品销售的物料转换过程和成果。它工作的最后结果是“统计报表”和“统计分析”。它属于一个部门的“信息收集、分析和整理”的工作。具体到一个工厂来说，它的任务是：①制定各工作岗位的生产原始记录，指导工人正确填写；②收集原始记录，对其进行按月整理汇总，计算各种消耗、回收率指标；③按月份作出各种统计表，上报上级部门；④根据统计数据，使用统计特有的分析方法，对企业的生产经营情况的变化作出分析预测，为企业领导决策提供依据；⑤利用统计数据，给人事部门的经济承包责任制考核提供资料。

而可供人们阅读的统计资料，则是指经过统计工作形成的统计结果。统计工作所取得的各项数字资料及有关文字资料，一般反映在统计表、统计图、统计手册、统计年鉴、统计资料汇编和统计分析报告中。

学习统计学知识，则是指对统计理论的系统学习。统计学研究如何收集、整理和分析统计资料的理论与方法。

统计实践、统计理论与统计资料三者存在着有机联系。也就是说，统计工作与统计学是理论与实践的关系，而统计工作与统计资料则是实践过程与实践结果的关系。统计工作、统计资料与统计学的关系是相辅相承的，因此，人们需要全面地认识统计。

知识

“统计”一词的由来

统计已经有几千年的历史。不过在早期还没有出现“统计”这样的用语。

统计语源最早出现于中世纪拉丁语的 status，意思指各种现象的状态和状况。由这一语根组成意大利语 stato，表示“国家”的概念，也含有国家结构和国情知识的意思。根据这一语根，最早作为学名使用的“统计”，是在 18 世纪德国政治学教授阿亨瓦尔（G.Achenwall）在 1749 年所著《近代欧洲各国国家学纲要》一书绪言中，把国家学名定为“statistika”（统计）这个词。原意是指“国家显著事项的比较和记述”或“国势学”，认为统计是关于国家应注意事项的学问。此后，各国相继沿用“统计”这个词，并把这个词译成各国的文字，法国译为 statistique，意大利译为 statistica，英国译为 statistics，日本最初译为“政表”、“政算”、“国势”、“形势”等，直到 1880 年在太政官中设立了统计院，才确定以“统计”二字正名。

1903 年（清光绪二十九年）钮永建、林卓南等翻译了四本横山雅南所著的《统计讲义录》一书，把“统计”这个词从日本传到我国。1907 年（清光绪三十三年）彭祖植编写的《统计学》在日本出版，同时在国内发行，这是我国最早的一本“统计学”书籍。“统计”一词就成了记述国家和社会状况的数量关系的总称。

资料来源：http://zhidao.baidu.com

二、社会经济统计学的研究对象

统计学是阐述统计的基本概念、基本原理以及基本方法的理论。社会经济统计学是统计学的重要组成部分。它是研究社会经济现象数量方面特征及其变动规律的方法论科学。

在社会生活中，人们常常需要参与社会产品的生产、交换，并消费一定量的商品。社会经济现象就是指社会产品在生产、交换、消费与分配的过程中，表现出的客观现象。

三、社会经济统计学的特点

社会经济统计学研究的是社会经济现象的数量方面的特征，它具有如下特点。

（一）数量性

社会经济统计学研究经济现象的数量规律，包括：①经济现象的数量表现。社会经济统计学中的数据可以用来描述经济现象的数量规模及水平。例如，某公司的人、财、物方面的基本状况，可以用期末职工人数、期末资产总额、期末商品库存额等指标表示。②经济现象的数量关系。运用对比的方法，可以分析经济现象之间的有机联系，揭示现象的内在数量特征。例如，某公司的人、财、物方面的构成状况就可以用职工构成比重、资产负债率、速动比率、某种库存商品比重等指标表示。③经济现象的质量互变界限。根据事物由量变到质变的变化规律，经济现象也会在达到一定数量水平后发生实质性的变化。因此，应对经济现象的这种由量变到质变的界限加以研究。例如，某公司资产负债率所达到的临界值状况的研究。

（二）总体性

在统计工作中，通常将社会经济现象看作一个整体现象，以便于从整体角度观察这个现象的变化状况。比如分析某企业的人力资源管理状况，可以将其职工整体按不同标准进行划分，从而从各个角度观察职工整体的构成及其规模，进而为判断企业人力资源管理状况提供依据。这需要通过对统计对象的组成单位进行大量观察，来了解和分析其整体差异特征。

（三）社会性

社会经济现象产生于人们的社会经济生活中，它伴随在人们的生产、生活活动中。因而，统计数据不可避免地成为反映人们经济生活的重要手段。

对统计数据的理解与分析，并不在于简单地计算与数据处理，而在于将该数据的经济含义与客观事实紧密联系，挖掘其所蕴含的深层次信息，从而为发现经济规律提供依据。

第二节　统计工作过程与方法

为了达到调查研究的目的，人们经过长时期的经验积累，形成了统计工作自身的工作流程和工作方法。

一、统计工作过程

统计工作需要面对大量的统计对象。为了提高工作效率、保证工作质量，人们总结了统计工作需要经历的几个阶段：

1. 统计设计阶段

统计设计阶段是统计工作的前期阶段。在这个阶段里，统计设计者会在综合考虑统计目的的前提下，设计研究观察所需要的统计指标与指标体系，并规定它们的经济含义与计算方法。

2. 统计调查阶段

统计调查阶段是统计工作的基础阶段。在这个阶段里，统计人员会根据统计设计的指标，搜集相关原始资料，了解经济现象的原始信息，为统计分析奠定基础。

3. 统计整理阶段

统计整理阶段是统计工作的过渡阶段。在这个阶段里，统计人员要将统计调查搜集的原始资料归类整理，形成系统的、有条理的统计资料，为统计分析奠定坚实的基础。

4. 统计分析阶段

统计分析阶段是统计工作的最终阶段。在这个阶段里，统计人员会将整理过的资料加以分析、梳理，观察经济现象的差异状况，从而作出对其变化方向与发展趋势的判断。

在统计实践中，统计人员会循着这几个阶段循序渐进，直至完成统计调研，得出相关分析结论。

应当注意，统计工作过程由统计设计、统计调查、统计整理、统计分析这四个环节构成，它们之间不是静止的衔接关系，而是一种相互影响、相互作用的关系，呈现的是一个运动的过程。它们相互影响、相互作用必然产生一个结果，即统计工作成果—— 统计数据。因而，其效果的好坏直接反映了各个阶段工作成果的质量高低。对于统计工作过程和统计工作成果间的这种联系，可以更明确地表述为：某种统计工作成果，是与之相联系的统计工作过程各个环节共同影响与作用的综合结果；反过来，统计工作过程各个阶段相互影响、共同作用的结果，是相应的统计工作成果。统计工作过程与其工作成果的这种联系，表现为一种因果关系。

二、统计工作方法

由于统计工作需要分阶段进行，各个不同阶段的工作目标各有不同，因而，它们的工作方法也有所区分和侧重。

1. 统计设计阶段

这个阶段主要采取理性分析的方法，聚合设计专家的集体智慧，高度统一于某些指标体系之中，形成规范的统计内容。

2. 统计调查阶段

这个阶段需要采用大量观察法进行原始资料的搜集。大量观察法是指对经济现象的组成单位，进行全部或者足够多的调查登记，进而搜集原始资料的方法。大量观察法是社会经济统计研究的一种基本方法。社会经济现象的发展是在诸多因素错综复杂的作用下形成的。总体内的各个单位，由于各自的具体条件不同，既受到共同起作用因素的支配，也受着某些特殊的、暂时的因素的影响，使得它们的数量变化带有一定程度的偶然性和随机性。因此，统计不能任意抽取个别或少数单位进行观察，而要调查研究总体的足够多数单位，消除偶然性，才能揭示社会现象的特征和规律性。例如，为了研究城乡人民物质生活的提高程度，就要观察足够多数的职工、农民家庭的收支情况，才能做出正确的结论。再例如，对我国人口的基本状况进行调查，应使用全面调查的方法。因为人口状况在某个地区可能会呈现出某方面的特殊性，如人口性别比例的悬殊、就业人口比率的异常等，所以普查会在全国范围内尽可能详尽地搜集资料，进而了解在全国范围内的总体状况，并分析全国与地区的对应特征。

大量观察法是统计调查阶段的基本方法。统计调查方法有普查、抽样调查、重点调查等方法，都是基于大量观察法的思想。

3．统计整理阶段

这个阶段主要采用统计分组法对原始资料进行加工，使之成为系统的、有条理的、在一定程度上能说明统计整体特征的统计资料。统计分组法是指将原始资料按照一定的标准划分成不同组别，从而观察各组之间的差异特征，进而寻找事物发展规律的方法。例如，寻找某班级的学生某科考试成绩分布规律，用某几名学生的成绩是无法得出全班学生的成绩分布规律的，需要对其加以分组，可以看出其分布特征。

统计分组法是统计整理阶段的主要方法，也是贯穿于统计工作全过程的方法。

4．统计分析阶段

这个阶段主要采取综合指标分析法。综合指标分析法是统计分析的重要方法，它是指通过对统计资料进行相关综合指标的计算与分析，来观察统计对象的整体特征，寻找产生差异的原因，分析其发生发展的背景，进而为作出相关判断提供依据。

第三节　统计学的基本概念

在社会经济统计学中，有一些经常使用的统计概念，广泛运用于统计实践中。它们既是统计理论中的基本概念，也是统计研究的基本范畴。

一、统计总体和总体单位

（一）统计总体

统计总体是指客观存在的、由许多具有某种共同性质的个别事物组成的统计现象整体。这个概念是对统计对象的规范性描述。例如，观察某企业的基本经营状况时，需要对企业的职工总体、资产总体、产品总体等进行区分，来观察企业的人、财、物方面数量特征，其中，职工总体中的组成者应具备“是该企业职工”的这个特征；资产总体的组成资产应具备“是该企业所拥有或控制的经济资源”的这一特征；产品总体应具备“是该企业生产的符合质量要求的产品”的这一特征。总体中的这种特征要求表明其具有“同质性”。任何统计总体都会表现出同质性的特征。统计总体也称同质总体。

（二）总体单位

总体单位是指组成统计总体的许多个体。例如，对某单位的职工某方面特征进行调查，那么该单位职工总体中的每一位职工就属于总体单位；对某单位的财产进行摸底，那么其财产总体中的每一元财产也属于总体单位。

应该注意的是，对总体某一方面特征的研究，不能作为确定总体单位的标准。例如，对某企业职工的文化素质研究，其总体单位应是每一位职工，而不是每一位职工的文化素质。

总体单位是统计调查的对象，它的某方面特征将在调查项目中体现出来，经过汇总最终形成总体数量特征，即统计指标。

需要注意的是，对于统计总体而言，总体单位是一个固定的范畴。但是，如果统计总体发生变化的话，总体单位也会随之变化。例如，在职工统计中，当某个企业成为更大范围的一个组成单位时，这个企业的职工总体就变成了一个总体单位的范畴。因此，统计总体与总体单位并不是一成不变的，它们会随着统计范围的变化产生相应的变化。

案例

据人力资源社会保障部、国家统计局公布的数字，我国2008年末全国就业人员77 480万人，比上年末增加490万人。其中，第一产业就业人员30 654万人，占全国就业人员的39.6%；第二产业21 109万人，占27.2%；第三产业25 717万人，占33.2%。年末城镇就业人员30 210万人，比上年末净增加860万人。其中，城镇单位就业人员12 193万人，比上年末增加169万人。在城镇单位就业人员中，在岗职工11 515万人，比上年末增加88万人。年末全国农民工总量为22 542万人，其中外出农民工数量为14 041万人。

案例点评

资料显示，我国就业人数规模比上年有所增加，但增加数量并不高。就业人员构成以第一产业、第三产业为主，并且人口流向城市的状况仍很显著。在就业人员中，农民工的就业数量占了较大的份额。这份资料中，统计的对象是全国就业人员总体，其中就业人员是指有劳动能力和劳动意愿，正在从事劳动的人员。资料就就业人员的产业构成、区域构成加以分类，以说明就业人员的总体复杂性特征。总体单位是每一位就业人员。

二、标志和标志表现

标志是对总体单位的特征加以描述的概念。它是指用来描述总体单位的特征及属性的名称项目。例如，某企业产品总体中的每件产品，其规格、出厂价格、生产成本等特征都属于标志；该企业的每位职工，其工种、工龄、技术级别等特征也属于标志。

标志由标志名称和标志表现组成。由于总体单位的大量性与多样性，同一种标志会存在着多种多样的表现，这就是统计所应表现的差异。

标志按其表现分两种：品质标志与数量标志。品质标志是指某一个总体单位的特征表现为文字，如某位职工的文化程度为“大专”、某个企业的所属行业为“服务业”、某个企业某种资产的属性为“存货”等。数量标志是指某一个总体单位的特征表现为数量，如某位职工的工龄为“15年”、某个企业的销售收入为“1 200万元”、某个企业资产总额为“300万元”等。

在上述案例资料中，调查我国就业人员所从事的产业部门，需要对每一位就业人员所从事的工作调查、归类而获取。例如，某人经营一家餐馆，那么他的就业产业就归属于第三产业部门；某人从事建筑设计工作，那么他的就业产业也归属于第三产业部门。所以说，对总体单位标志的调查是获取统计资料的必要前提。

三、变异和变量

现实生活中，许多事物都会表现出各种不同的变化。经济现象组成单位之间同样也会就某个方面表现出不同的差异变化。例如，同属一个企业的职工，其工龄会因人而异、其文化程度也会各自不同；同属一个行业的企业，其经营规模也会有所不同。在统计学中，这种不同的差异被称作变异。在客观世界里，变化是绝对的，不变是相对的。有变异才会有统计。

可以产生变异的数量标志称作变量。由于变量所表现的数值分布状态不同，变量有离散变量和连续变量之分。如果变量值表现为可间断的取值，该变量值就属于离散变量，如“产量”、“人数”的取值。如果变量值表现为不可间断的取值，该变量就属于连续变量，如“年龄”、“销售收入”的取值。

案例

表 1-1　2001～2005 年世界主要国家和地区经济增长率比较

（单位：%）

国家和地区	2001 年	2002 年	2003 年	2004 年	2005 年	2001～2005 年平均增长率
世界总计	2.4	3.0	4.1	5.3	4.9	4.0
发达国家	1.2	1.5	1.9	3.2	2.6	2.1
美国	0.8	1.6	2.5	3.9	3.2	2.4
欧盟	2.0	1.3	1.4	2.4	1.8	1.8
日本	0.2	–0.3	1.8	2.3	2.6	1.4
发展中国家和地区	4.1	4.8	6.7	7.7	7.4	6.3
中国	7.5	8.3	10.0	10.1	10.2	9.5
印度	3.9	4.7	7.2	8.0	8.5	6.4
俄罗斯联邦	5.1	4.7	7.3	7.2	6.4	6.1
巴西	1.3	1.9	0.5	4.9	2.3	2.2
马来西亚	0.3	4.4	5.5	7.2	5.2	4.5
中国香港	0.5	1.9	3.2	8.6	7.3	4.3
中国台湾省	–2.2	4.2	3.4	6.1	4.1	3.1
韩国	3.8	7.0	3.1	4.7	4.0	4.5
新加坡	–1.9	3.2	2.9	8.7	6.4	3.9

资料来源：国际货币基金组织数据库。

案例点评

由表 1-1 可以看到，世界各个国家经济的发展速度表现不同，该特征在各个国家存在着不同的差异，这是由各个国家的经济背景和政治经济等条件所决定的。

四、统计指标和指标体系

（一）统计指标

统计指标是指用来表明社会经济现象数量特征的概念和数值。一般来说，一个完整的统计指标由指标名称、计算方法、计量单位、时间与空间限制以及指标数值等六部分元素组成。比如表明某企业某时期产品总量指标是“产量”；表明企业经济实力的指标是“资产总额”；表明企业经营状况的指标是“销售总额”、“利润总额”、“销售收入利润率”等指标。

统计指标是统计的语言，它是描述统计总体数量特征的重要工具，是统计的核心。由于所需描述的经济现象的数量特征不同，统计指标有如下几种划分：

（1）按统计指标所表达的内容不同划分，包括数量指标和质量指标。数量指标是说明总体总量的指标，它说明总体的外延规模，通常用绝对数表示，其数值的大小会随着总体的范围大小而增减。例如，工业总产值、产品产量、商品销售额、职工人数和工资总额等。质量指标是说明总体关系的指标，它说明总体内在的质量特征，通常用相对数表示。例如，资产负债率、销售利润率、成本利润率和合格率等指标。

（2）按统计指标所起的作用划分，包括考核指标和非考核指标。考核指标是指管理机构用于考核被考核单位相关状况的指标，这些指标通常由管理机构制定，并作为指导被考核单位实施管理的依据。而不被用于考核的指标即是非考核指标，通常这类指标被用作描述、分析经济现象的变化发展状况。例如，国家国有资产管理监督委员会规定中央企业负责人年度经营业绩基本考核指标由年度利润总额和净资产收益率两项组成；任期内经营业绩考核指标由国有资本保值增值率、三年主营业务收入平均增长率指标和任期内三年的年度经营业绩考核结果指标进行综合打分评定。

（3）按统计指标的表现形式划分，包括总量指标、相对指标和平均指标。

（二）统计指标体系

从上述内容中可以看出，统计指标只是从某一方面描述、说明经济现象的数量特征，无论是哪一种指标都无法全面地描述经济现象的特征。为了解决这个问题，需要建立统计指标体系。

统计指标体系是指从经济现象的几个方面观察，将它们的相关指标整理成一系列有联系的统计指标群，这个指标群就称作统计指标体系。例如，企业财务分析指标体系由偿债能力指标、营运能力指标和盈利能力指标等三类 19 个指标组成；描述企业经济实力的指标体系由资产总额、负债总额、资产负债率和总资产利润率等指标组成；描述企业职工素质的指标体系由职工人数、职工文化构成、职工收入构成和职工平均技术水平等指标组成。

案例

农民工对城市生活的评价

（一）近七成的农民工对城市生活感觉比较适应

被调查的 29 425 名农民工中，对城市生活已经适应的占 39.94%，比较适应的占 28.40%，认为一般的占 26.60%，表示不太适应的占 4.06%，根本不适应的只占 1.00%。

从受教育水平来看，农民工文化程度越高，适应性越强，调查结果表明，大专及以上文化程度的农民工对城市生活已经适应和比较适应的占 78.40%，高中、初中和小学文化程度的农民工对城市生活已经适应和比较适应的分别占 73.19%、66.96%和 60.77%。

（二）四成多的农民工感觉现在的就业环境变好

与前几年相比，42.67%的农民工感觉现在的就业环境变好，36.96%的农民工感觉现在的就业环境与过去差不多，11.78%的农民工没有考虑过这个问题，还有 8.59%的农民工感觉现在的就业环境变差了。

（三）有四成的农民工认为外出务工经商最大的障碍和困难是城市生活开销大，自身缺乏专业技术

据调查，有 22.40%的农民工认为外出务工经商最大的障碍和困难是城市生活开销大，有 22.20%的农民工认为是缺乏专业技术，10.64%的农民工认为是缺乏外出经验，还有 10.12%的农民工是担心出来后家人无法照料。其他如找不到工作、生病无人照料、安全无法保障等也是农民工外出务工经商时担心的问题。

（四）有近二成的农民工最希望政府在住房和医疗保障方面给予帮助

调查结果表明，有 19.62%的农民工目前最希望政府在住房和医疗保障方面给予帮助，有 13.60%的农民工目前最希望政府在维护农民工正当权益方面给予帮助，有 13.53%的农民工目前最希望政府能降低各种费用，有 12.56%的农民工希望政府能提供劳动技能培训，还有 11.79%的农民工期盼能和本地人享有同样户口，还有 21.22%的农民工希望政府能加大对农民工外出务工的组织力度、解决好子女就学难问题、提供招工信息和统一的劳务市场等等。

（五）一半以上的农民工希望能在城市发展、定居

据调查，有 55.14%的农民工设想未来在城市发展、定居，有 28.55%的农民工想赚钱或学到技术后回家乡生活。在城市发展、定居和赚钱或学到技术后回家乡生活对男性农民工而言分别占了 50.04%和 32.81%，而对女性农民工而言却分别占了 64.48%和 20.76%。

资料来源：国家统计局服务业调查中心

案例点评

这段资料详解了农民工对城市生活的评价。资料中引用了大量的统计数据，其中包括了总量指标，如“被调查的 29 425 名农民工”；相对指标，如“高中、初中和小学文化程度的农民工对城市生活已经适应和比较适应的分别占 73.19%、66.96%和 60.77%”、“对城市生活已经适应的占 39.94%，比较适应的占 28.40%，认为一般的占 26.60%，表示不太适应的占 4.06%，根本不适应的只占 1.00%”。

第四节　统计的组织管理与法制

社会经济统计活动是一种社会调研活动，是人们通过调查研究认识社会的重要方法。在有序的法制社会里，它的活动同样需要加以规范，并进行统一的组织与管理。

一、统计的职能

作为一项认识社会的活动，统计具有如下职能：

（1）统计具有反映功能，它能为科学管理提供依据。统计活动所提供的数据，既可以反映整个国家的宏观经济运行状况，也可以反映某个经济组织的生存发展状况，从而作为宏观或微观决策的依据。

（2）统计具有监督职能。统计作为为科学管理服务的手段，在提供相关数据的同时兼具有监督作用。统计服务包含有统计监督的思想，统计监督又体现着服务的宗旨。这是发挥统计能动性的两个方面。社会经济越发展，越需要大量反映客观实际的统计信息，同时也迫切需要强化统计的监督作用。

（3）统计是使社会民众了解社会的“晴雨表”。统计数据的写实性可以很好地描述经济现象的特征，通过一定的方式表达出来，可以更加清晰地说明客观事实，使人们更清楚地了解经济现象全貌，从而更好地进行相关活动。

二、统计的组织与管理

无论从统计的对象还是从统计的过程看，它都是一项复杂的社会认识活动。如果没有有序的组织，必将会影响统计的质量。因而，合理组织统计活动是提高统计工作效率的必要手段。

我国现行的统计组织采用双轨制，即国家统计系统（或称政府统计系统）和部门统计系统。

国家统计系统是由国务院设立国家统计局，负责组织领导和协调全国统计工作，县级以上各级地方人民政府设立独立的统计机构（设各级地方人民政府统计局），负责组织领导和协调本行政区域内的统计工作，指导同级各部门和本区域内（包括中央和地方各单位）完成国家和地方的统计调查任务。地方各级人民政府统计局受同级人民政府和上级统计局的双重领导，在统计业务上以上级统计局为主。乡、镇人民政府设立专职或兼职的统计员，在统计业务上受县统计局领导。此外，国家统计局设全国城市和农村社会经济抽样调查队，负责城镇和农村社会经济总体资料的搜集、加工、整理和分析。全国城市和农村社会经济抽样调查队受国家统计局垂直领导。这样，从国家统计局到地方各级人民政府统计局和乡、镇统计人员，构成了从中央到地方各级人民政府的、以推行国家统计法规、政策、计划、规章和任务为己任的国家统计系统，它们是完成国家和地方统计调查任务的主系统，是全国统计系统的主干。

部门统计系统作为中国官方统计系统的重要组成部分，由国务院和各级人民政府的各部门设统计司（统计处）（各级业务部门设置相应的统计机构或专职统计负责人）。这些统计机构或统计负责人执行本部门综合统计的职能，负责组织指导、综合协调本部门各职能机构和管辖系统内企事业组织的统计工作，完成规定的统计任务。它们的基层单位的统计组织是企业、事业和乡镇人民政府设置的统计机构或统计人员。

上述两大系统统计的管理与协调，由国家统计局负责组织。国家统计局是全国统计系统的最高领导，负责领导全国的统计工作，各级统计部门负责各级的统计工作。

中国政府统计系统的经费来源于三个方面：一是中央政府财政拨款；二是地方政府财政拨款；三是通过咨询、有偿服务、承接国内外委托调查项目、与国内外有关机构进行合作研究以及接受国内外有关机构的技术援助等其他收入。部门统计系统的经费由各部门自行安排、管理。

本章小结

统计是人们认识世界、了解客观现实的工具。

统计学是一门关于统计的理论学科，它的研究对象是社会经济现象的数量方面规律。具有数量性、总体性和社会性的特点。

完整的统计工作一般要经过统计设计、统计调查、统计整理和统计分析四个阶段，它们相互连接、相互联系，共同完成对统计资料的处理。

理解和掌握统计概念是统计工作中必不可少的。包括：统计总体与总体单位、标志与指标、变异与变量等基本概念。

统计总体是指客观存在的、由许多具有某种共同性质的个别事物组成的统计现象整体。它是统计的对象。总体单位是指组成统计总体的许多个体。它是统计对象的基本单元。

标志是对总体单位的特征加以描述的概念，是指描述总体单位特征及属性的名称项目。有数量标志与品质标志之分。

指标是指用来表明社会经济现象数量特征的概念和数值。一般来说，一个完整的统计指标由指标名称、计算方法、计量单位、时间与空间限制以及指标数值等六部分元素组成。指标是统计的语言。

客观事物的千差万别，形成了它们之间的差异，这就是统计中所说的变异。有变异才需要统计。而可变的数量标志和指标称为变量。它是客观事物常见的一种表现。

统计具有反映、监督、警示职能。

我国统计管理体系采用双轨制，即国家统计系统（或称政府统计系统）和部门统计系统。两大系统统计的管理与协调，由国家统计局负责组织。国家统计局是全国统计系统的最高领导，负责领导全国的统计工作，各级统计部门负责各级的统计工作。

统计资料示例

当前中国经济面临严峻挑战，根本原因是美国次贷危机和世界金融危机。金融危机对我国的影响首先是在出口上，然后在工业上，最终体现在消费上。2008 年 11 月份，我国出口同比已经出现负增长。由于我国工业是以销定产，出口受到影响，工业的出口交货值就下降，导致整个工业的增长速度也在下降。而对消费的影响可能不像工业生产那么大，未来如果能够在较短的时间内走出危机，那么消费就不会受到根本性影响。如果复苏时间拉长，消费增长问题可能会较大。

从思想上，应当把 2009 年经济形势看得比 2008 年更严峻，但从评价经济增长、就业率、物价和国际收支四大指标来看，中国经济的基本面还是好的。2008 年一至三季度，我国 GDP 同比增速为 9.9%，高于改革开放 30 年来的平均增速 9.8%。四季度尽管面临很大压力，但全年 GDP 保持 9%以上的增长没有问题。当前中国经济发展的阶段性特征是工业化迅速推进以及城市化迅速发展，而金融危机没有改变这个阶段性特征。

目前国际金融危机形势还在恶化，其影响正从虚拟资本向实体经济、发达国家向发展中国家和新兴市场经济国家推进。目前来看，2009 年我国出口需求可能会比 2008 年更严峻，对此应采取各种措施来保持出口的稳定增长，但是出口的增长归根结底还取决于欧美什么时候走出危机，因此应坚定不移地把保增长放在扩内需上来。

扩大内需包括消费和投资两方面。消费方面，一是要增加居民尤其是低收入群体收入。国家已经提高了粮食最低收购价，加大对农民的各种补贴，提高城市的低保和离退休金水平。二是要稳定居民支出预期，避免居民因为预期支出压力而放弃近期消费，就是要加大社会保障力度。

投资方面可以分为基础设施投资、企业更新改造投资和房地产投资三部分。与西方国家不同，我国基础设施建设还有很大的潜力。2009年元旦起全面推行的增值税转型，可以提高企业更新技术设备的热情，拉动装备制造业和原材料工业增长。保障性住房建设既能拉动经济增长，又可以改善居民住房，还可以平抑房价，起到一举三得的作用。（国家统计局新闻发言人：姚景源）

资料来源：http://finance.qq.com/zt/2008/yaojingyuan/财经人物库

思考问题

1．该资料中，隐含了哪几个经济指标？请尽可能多地列举出来。

2．这些经济指标反映的统计对象是哪些？请明确指出。

思考与练习

一、多项选择题

1．下列说法中，属于统计的含义是（　　）。

A．统计数据　　B．统计学科　　C．统计工作

D．统计调查　　E．统计资料

2．统计学研究对象具有的特点是（　　）。

A．数量性　　B．大量性　　C．整体性

D．总体性　　E．社会性

3．统计工作过程一般经过（　　）。

A．统计设计阶段　　B．统计调查阶段

C．统计整理阶段　　D．统计分析阶段

E．统计报告阶段

4．统计总体是关于（　　）的范畴。

A．统计对象整体　　B．统计对象中单一个体

C．统计对象中许多个体　　D．统计目标整体

E．统计目标个体

5．某企业计划扩大经营规模，现需要了解其资产与人员构成状况，则统计的总体是（　　）。

A．企业资产　　B．企业财产　　C．企业资产构成

D．企业全体职工　　E．企业全体职工构成

6．某企业需要了解职工技术与工资构成状况，则标志是（　　）。

A．企业职工　　B．企业每一名职工

C．每一名职工技术特征　　D．每一名职工工资水平

E．每一个企业职工

7．在某企业的劳资统计项目中，属于品质标志的有（　　）。

A．工龄　　B．性别　　C．文化程度

D．工资水平　　E．工作岗位

二、判断并改错题

1．统计研究的是事物的差异，有差异才有统计。（ ）

2．变量是指所有的统计数据。（ ）

3．统计学研究的是社会经济现象的数量方面特征。（ ）

4．统计工作由国家统计局负责管理，与其他机构和组织无关。

5．统计指标就是统计数据，它们直接来自于统计调查，不需要经过任何地加工。（ ）

实 训

（一）实训目的

通过对统计资料的收集，初步认识“统计”的含义，理解统计的重要社会意义。

（二）实训内容

收集一篇描述社会经济现象的统计资料，并就其中的数据进行讨论、解读。

（三）实训方式

分小组收集资料，进行充分讨论后，选一名代表上台解读。

第二章

统计调查

知识目标

了解统计调查是工作全过程的起点；掌握设计调查方案、调查问卷的结构、内容和方法，能初步根据调查目的和客观实际情况，正确地采用调查方法，组织收集准确、及时的原始资料。

技能目标

能根据实际问题掌握初步设计统计调查方案和调查问卷的能力；掌握各种统计调查方式与方法的特点及应用条件；能应用 Excel 软件绘制统计表和统计图并显示统计数据的特征。

引导案例

网络广告对网民影响力仅次于电视广告

ChinaByte 8 月 20 日消息，艾瑞市场咨询（iResearch）根据《第一届艾瑞网民网络习惯及消费行为调查》结果发现，最影响网民消费行为的广告中（见图 2-1），网络广告成为继电视广告之后的主要影响广告媒体之一，其次分别为报纸广告和杂志广告。而在了解网络广告对网民消费行为营销程度的情况发现（见图 2-2），网民认为网络广告对其消费行为很有影响的占 10.6%，比较有影响的占 29.0%，有点影响的占 41.3%，很少影响的占 14.7%，没有影响的占 4.4%。应该说，从网民对网络广告的了解程度上来看，网络广告还是对其产生了一定的影响。

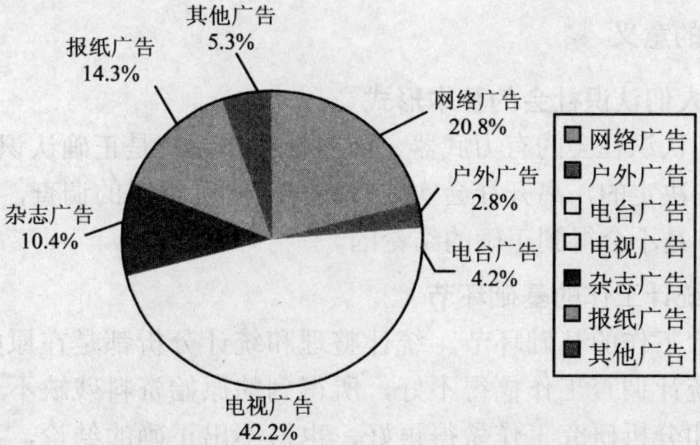

图 2-1　最影响网民消费行为的广告类别

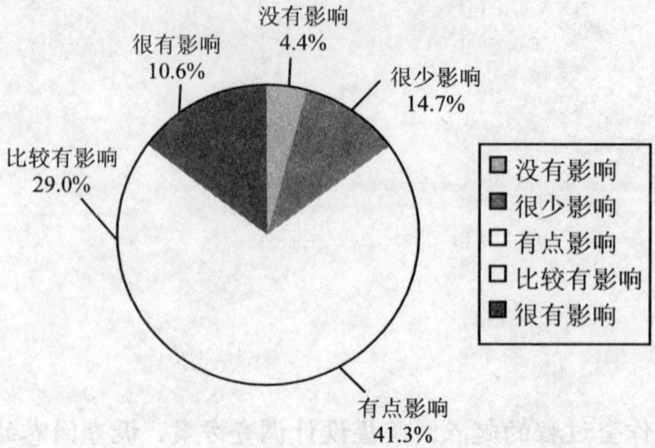

图 2-2　网络广告对网民消费行为的影响程度

资料来源：李国柱.《统计学》. 北京科学出版社，2008

案例点评

这个案例用一系列数据证明了网络广告对消费者行为的影响仅次于电视广告。

学习内容

第一节　统计调查的意义和分类

统计调查就是按照统计工作的要求，采用科学的调查方式，有组织、有计划地向调查单位收集真实可靠的数据资料的工作过程。统计调查既包括对原始资料（第一手资料）的收集，也包括对已加工的间接资料（第二手资料）的收集。

一、统计调查的意义和要求

（一）统计调查的意义

1．统计调查是人们认识社会的基本形式

统计调查是人们认识社会的有力武器，而向社会作调查是正确认识社会的基本方式。人的认识是由社会存在决定的，离开社会实践，离开对实际情况的调查，人的认识也就成为无源之水、无本之木，是不会得到正确的结论的。

2．统计调查是统计工作的基础环节

统计调查是统计工作的基础环节。统计整理和统计分析都是在原始资料收集的基础上建立起来的。如果统计调查工作搞得不好，所得到的原始资料残缺不全或有错误，即使统计资料的汇总整理和分析研究工作做得再好，也得不出正确的结论，甚至会导致工作不应有的损失。

3. 统计调查的理论和方法在统计学原理中占有重要地位

统计调查的理论和方法包括统计调查的意义、原则、要求、统计方案的制订，各类调查的特点、应用条件以及多种调查方法的结合运用等，构成了统计学原理的基础部分。由于统计工作过程各个环节的衔接性，以及统计调查在统计工作中的重要作用，使得统计调查的理论和方法在统计学原理中也占有重要的地位。

（二）统计调查的基本要求

（1）准确性，是指调查资料客观地反映现象和过程本质的程度。

（2）及时性，是指收集资料完成的时间符合该项调查所规定的要求。统计资料的准确性和及时性，是统计调查基本要求不可分割的两个方面。其中，准确性是生命和基础，及时性是先决条件。为此，我们必须把二者很好地结合起来。

（3）全面性，是指对被选中的所有调查单位不重复、不遗漏，所列调查项目的资料收集齐全。如果统计资料残缺不全，就不可能如实地反映所研究对象的全貌和正确认识社会经济现象总体的特征，最终也就难以对客观事物的发展规律作出明确的评判，甚至会得出错误的结论。

统计调查资料的准确性、及时性、全面性是相互联系、相互依存的，其中准确性是基础，力求做到以准为先、准中求快、准中求全。

二、统计调查的种类

统计调查可以按一系列标志来分类，归纳起来主要有以下几种划分：

（一）统计调查按其组织形式，分为统计报表和专门调查

（1）统计报表，是国家统计系统和业务部门为了定期取得系统、全面的基本统计资料而采用的一种收集资料的方式，目的在于掌握经常变动的、对国民经济有重大意义的指标的统计资料。

（2）专门调查，是为了了解和研究某种情况和问题而专门组织的统计调查，包括抽样调查、普查、重点调查和典型调查等。

（二）统计调查根据被研究总体的范围，分为全面调查和非全面调查

（1）全面调查，是对构成被研究总体的所有单位无一例外地进行调查。例如，要了解全国原油产量，就要对全国所有油田的原油产量进行调查登记。全面调查包括全面报表和复查。

（2）非全面调查，是对被研究总体的一部分单位进行调查。例如，为了了解乡镇企业经济效益状况以及经营管理的新情况、新问题，只选择部分企业进行调查。非全面调查主要指抽样调查、重点调查和典型调查等几种调查方法。

（三）统计调查根据调查登记的时间是否连续，分为连续调查和不连续调查

（1）连续调查，是指随着被研究现象的变化，进行连续不断地登记，也称作经常性调查。例如，钢产量调查、出生（死亡）人数调查、工伤事故次数调查等。

（2）不连续调查，是指间隔一段相当长的时间所进行的登记，也称作一次性调查。不连续调查获得的资料说明现象在某一时刻或某一天的数量。例如，人口数量、固定资产原值、

生产设备拥有量等。

一般而言，两次调查间隔时间不超过一年的属于经常性调查；间隔时间超过一年的就属于一次性调查，它可以是周期的，也可以是不定期的。

（四）统计调查按所收集资料的来源分为直接调查、凭证调查和询问调查

（1）直接调查，是指调查人员直接对调查单位进行察看、测量和计量，收集原始资料的调查方法。

（2）凭证调查，是指以各种原始核算凭证为调查资料的来源，向有关单位提供资料的调查方法。

（3）询问调查，是指调查人员直接向被调查者进行提问，被询问者的回答是调查资料的来源。分口头询问和被调查者自填两种方式。

第二节　统计调查方案设计

一、统计调查方案的概念与意义

统计调查是一项繁重、复杂、高度统一和严格的科学工作，应该有计划、有组织、有系统地进行。在着手调查之前，应该制定一个周密的调查方案，使得调查过程有统一内容、统一认识、统一方法、统一步骤，以利于顺利完成任务。

统计调查方案是指在开始调查之前对整个统计调查工作的通盘安排和周密的计划。统计调查方案是保证统计调查工作顺利开展的指导性文件。

二、统计调查方案的内容

统计调查方案一般包括以下六项基本内容。

（一）明确统计调查目的

调查目的，就是通过调查要解决的问题。因为调查目的关系到调查对象和调查项目的具体确定，所以要求明确、具体。

（二）确定调查对象

调查对象，就是根据调查目的确定的、所要调查研究的社会经济现象总体，即统计总体。实际工作中，调查对象与调查单位、报告单位有联系也有区别。

调查单位，即调查对象所包含的具体单位，它是调查对象的组成要素。

报告单位，也称填报单位，是指提交调查资料的单位，一般是基层企事业组织或个人。

调查单位和填报单位有时一致，有时是不一致的。

例如，在人口普查中，调查对象是所有具有中华人民共和国国籍并在中华人民共和国境内居住的自然人。其调查单位是个人；填报单位是居民户。

再例，通过调查取得国有制造企业的产品质量、成本和利税等资料，调查对象就是全部

国有制造企业，调查单位和填报单位都是每一家国有制造企业。

又如，要了解某企业产品质量状况，该企业全部产品中的每一件产品是调查单位，每一家企业是填报单位。

（三）提出调查项目

调查项目，就是一份在调查过程中应该获得答案的各种问题的清单。调查项目又称调查纲要，是依附于调查单位的基本标志，它由调查的目的、任务、调查对象的性质、特点所决定。

在拟定调查项目时要注意以下三个问题：

（1）所选择的项目必须是能够取得确切资料的。

（2）调查的每一个项目应该有确切的含义和统一的解释，以免调查人员或被调查者按照各自不同的理解进行回答，使调查结果无法汇总。

（3）各个调查项目之间尽可能做到互相联系、彼此衔接，以便从整体上了解现象的相互联系，也便于有关项目相互核对，提高调查资料的质量。还要注意现行的调查项目同过去同类调查项目之间的衔接，便于动态对比，研究现象的发展变化。

制定调查项目是很重要的，它要求项目制定者对调查对象及其特征应有深刻的认识。因此，调查项目应该由熟悉被研究对象本质的调查人员集体共同制定，反复讨论，形成共识。只有这样，调查项目才能与实际相符，适应客观情况的变化，经得起实践检验。

（四）编制调查表

调查表就是将确定的调查项目，按一定的顺序排列起来形成的表格。利用调查表，既便于清晰地登记资料，又便于日后的加工、整理与汇总。设计一张好的调查表不是很容易的事情，项目要少而精，项目的措词要毫不含糊，形式上还要让被调查者易填、易答。一个繁琐的、包罗万象的、项目复杂的调查表会使被调查者难以负担，精神疲劳，继而产生错答、拒答或回答不完整、随意回答的情况。

调查表有单一表和一览表两种形式。

（1）单一表，即每个调查单位填写一份独立的调查表格，它可以容纳较多的调查项目。如学生学籍卡。一个问题的调查不限于使用一张表，可以视调查项目内容的多少，由若干张组成。

（2）一览表，即将许多调查单位填列在同一张调查表格上。表中的调查项目比较简单，便于合计和互相核对。如全班学生的成绩单。

调查表一般由表头、表体、表脚三部分组成。表头包括调查表的名称即调查单位名称、性质和隶属关系等；表体是调查表的主要部分，包括所有调查项目；表脚包括调查者的签名及填表日期等。

为了正确填写调查表，必须附有简明扼要的填表说明和项目解释。其中，“填表说明”用来提示填表时应注意的事项；“项目解释”是为了说明调查表中某些标志的含义，包括范围、计算方法等。二者必须根据国家制定的统一标准，以保证统计调查中采用的指标含义、计算方法、分类目录和统计编码等方面的标准化，这是填报人员必须遵循的准则，参见表 2-1。

表 2-1 ××市高职高专院校 2008 年毕业生就业情况建议调查表

院校名称： 表号：

指标名称	指标代码	人数	比重
毕业生总数			
一次性签约			
一次性就业			
灵活就业			
自主创业			
合计			

表内数据截止日期： 年 月 日 报出时间： 年 月 日

单位负责人：________ 填表人：________

说明：1．本表的月报单位负责人：
2．本表由高职高专院校填报。
3．毕业生总数比重一栏按该院校毕业生占整个地区毕业生总数的百分比计算。

（五）明确调查时间和时限

调查时间是指调查资料所属的时间，也称客观时间。如果所要调查的是时期现象，调查时间就是资料所反映的起止日期；如果调查的是时点现象，调查时间就是规定的统一标准时间。例如，要研究首钢公司 2008 年的生产情况，调查时间就是 2008 年 1 月 1 日～2008 年 12 月 31 日；要研究首钢公司的职工在册情况，就要规定一个标准时点，如 2008 年 12 月 31 日 18 点。

调查时限是进行调查工作的期限，包括收集资料和报送资料的整个工作所需要的时间即主观时间，统计调查的及时性就是要求遵守这种时间。任何调查都应尽可能缩短调查时限。例如，人口调查，按 1 月 1 日情况登记，持续 5 天，调查时间即 1 月 1 日这个标准时间，调查时限为 5 天。

（六）制定调查组织工作实施计划

制定统计调查的组织实施计划，是对调查方案的落实和具体实施，是使统计调查工作顺利进行的重要保证。它需要具备以下几个方面条件：

（1）成立调查机构，是指准备和进行统计调查并对该项调查工作负责的组织、机关和单位。它可以是国家统计局、省（市）统计局、业务主管部门的统计机构、各种社会团体，也可以是专门组织起来的非常设机构，如工业普查领导小组、人口普查办公室等。在组织工作计划中，应规定各级调查机构的权利、职责和彼此之间的关系。

（2）确定以时间为主线的调查步骤。主要设计环节有：

1）调查设计阶段（调查方案设计、调查问卷设计）时限、负责人。

2）收集资料阶段（调查地点、调查方式等）时限、负责人。

3）统计整理阶段（Excel 软件统计表、统计图）时限、负责人。

4）统计分析阶段（各种指标的计算与分析）时限、负责人。

5）统计调查报告的撰写时限、负责人。

（3）制定调查经费的预算和开支计划。内容包括：

1）确定项目开支。

2）作出经费总预算。

3）制定费用筹措办法及报销的有关规定。

案例

关于大学生课余生活的调查方案

如今，在各种快餐厅、超市促销台随处可见利用课余时间打工的大学生，还有更多的大学生在课余时间做着自己喜欢的事情。课余生活成为大学生活的重要组成部分，丰富的业余生活已成为满足大学生需求的重要桥梁之一，而大学生如何使自己的业余生活过得更加丰富多彩，课余生活应如何变得更加充实呢？对此我们进行了调查。

一、调查目的

1. 满足大学生精神和物质生活的双重需要。

2. 使大学生的课余生活得到充分的利用。

3. 使大学生的课余生活更加有意义。

二、调查对象及调查单位

调查对象：××工学院大一、大二年级的全体学生。

调查单位：××工学院大一、大二年级的全体学生中的每一名学生。

填报单位：××工学院会计071调查小组——郑璇小组。

三、调查项目

××工学院大一、大二年级学生课余生活时间的利用情况；

××工学院大一、大二年级学生课余生活内容的多样性；

××工学院大一、大二年级学生课余生活范围的广泛性。

四、调查时间及调查时限

调查时间为2008年9月至2009年1月；调查时限为2个月。

五、调查组织工作

1. 调查机构：

××工学院××班调查小组，调查员：郑璇、王杰、王娜、冯娜、王汐。

2. 调查步骤：

设计调查方案及调查问卷：王杰为主，小组全体成员参与（时间为调查时限2个月内的前两周）。

收集调查资料：王汐为主，小组全体成员参与（时间为调查时限2个月内的第三周）。

整理调查资料：冯娜（时间为调查时限2个月内的第四周与第五周）。

分析调查资料：王娜（时间为调查时限2个月内的第六周与第七周）。

PPT展示演讲：郑璇（时间为调查时限2个月内的最后一周）。

3. 调查经费：打印及复印问卷约20元。

各个环节由主要负责人负责，其他组员配合负责人完成各项任务，在每个环节实行之前，组内都进行一次讨论会议，以保证每个环节的顺利进行。

附件

调查问卷附后

第三节　统计调查方式

在统计实践中，人们发现了许多有效的统计调查方式，它们可以针对不同情况组织进行原始资料的收集。我国统计调查方式有普查、抽样调查、统计报表、重点调查和典型调查。

一、普查

普查是一种专门组织的、一次性的全面调查。例如，全国人口普查、工业普查、农业普查、经济普查等。普查的特点包括：

（1）普查属于不连续调查。两次普查之间间隔的时间较长，例如，每逢年份的末尾数字为“0”的年份进行人口普查，我国第五次人口普查为2000年，第六次人口普查为2010年；每逢年份的末尾数字为“3”的年份进行第三产业普查；每逢年份的末尾数字为“5”的年份进行工业普查；每逢年份的末尾数字为“7”的年份进行农业普查等。

（2）普查属于全面调查。它比任何其他调查方法都更能全面、系统地反映总体全貌，因而经常用于收集反映一国基本国情国力方面的资料。

（3）普查获取的资料内容更为全面、系统。普查能够解决统计报表不能解决的问题，它所包括的单位、分组目录、指标内容比统计报表更广泛、更详细。

（4）普查的工作量大、时间性强，进行一次普查往往需要动员较大的人力、物力，组织工作也较繁杂。

二、抽样调查

抽样调查是按照随机的原则，从被研究的总体中抽取一部分单位进行调查，然后用调查的结果推算全部总体数量特征的一种调查方式。

抽样调查具有如下特点：

（1）抽样调查是一种非全面调查，但其目的是要通过对部分单位的调查结果，来推算总体的数量特征。

（2）抽样调查是按照随机的原则从全部总体单位中抽选调查单位。随机原则是指总体中调查单位的确定完全由随机因素来决定，单位中选与不中选不受主观因素的影响，从而保证总体中每一个单位有同等的中选可能性。

在实践中，抽样调查的应用范围和作用包括：

（1）对不可能进行全面调查，但又需要了解其全面资料的现象。例如，对有破坏性质或损耗性质的产品，如鞭炮的爆响率、胶鞋的耐磨和耐折压的能力、轮胎的行程等，就不能把所有的产品一件一件地都拿来进行试验和检查，只有采取抽样调查的方法。

（2）有些现象虽可进行全面调查，但获取资料比较困难。例如，对城乡居民家庭收支情况的了解；对农作物病虫害情况的检查等，在一般情况下，通过抽样调查，就可以取得比较接近实际的全面材料，而不必进行全面调查。

（3）对普查或全面调查统计资料的质量进行检查和修正。例如，为了检查人口普查资料的正确性，往往在普查完毕后，要抽出一定数量的居民户对一些重要的指标进行详细的复查，然后用复查的结果来修正普查资料。

抽样调查的基本形式有：

（1）纯随机抽样（简单随机抽样）：对总体不经任何排队分组，完全凭着偶然的机会从中抽取若干单位所进行的调查。

（2）等距抽样（机械抽样）：对于我们所要调查的总体，每个单位都有一定的排列顺序，在抽样时，可不必打乱原有次序，而采取每隔一定时间或距离来抽取样本单位，这种方法叫等距抽样。

（3）分类抽样：就是先将总体单位按某以标志划分为若干类型，然后在各类中确定所要抽取的样本单位数目。

（4）整群抽样：上面所讲的都是以总体的个别单位作为抽样单位，在实际工作中，为了便于调查，节省人力，常常以总体中的一群单位作为抽样单位。例如，对于某些出口产品，可以在流水线上每隔 1 小时连续抽取一群产品进行质量检查；按片抽查森林资源等。

在抽样单位数量相同的情况下，整群抽样比前述三种抽样方式的抽样误差会大些，代表性低些，所以，整群抽样所抽选的样本单位要尽量多些，以减少误差，提高准确程度。

三、统计报表

统计报表就是按照国家统一规定的表式、统一的指标项目、统一的报送时间，自下而上逐级定期提供基本统计资料的一种调查方法。统计报表的特点包括：

（1）统一性。由于统计报表的指标体系、表格形式、报送程序和报送时间都是由国家统一规定的，这就保证了所收集资料的统一性。

（2）全面性。在报表实施范围内，各单位都必须全面普遍地贯彻执行。

（3）周期性。统计报表不间断地按照相等的时间间隔定期地进行。定期报表包括日报、旬报、月报、季报、半年报等。年报周期最长，资料详尽，要用来检查当年的计划执行情况和作为下一年度计划的依据。

（4）相对可靠性。由于统计报表的填制是建立在原始记录的基础上，所以，报表资料具有相对可靠性。

统计报表是收集统计资料的重要工具，但也有其局限性，表现在：花费人力、物力大；在层层上报过程中，容易出现偏差，影响数字的准确性；社会经济现象复杂多变，统计报表实际上并不能收集到全部资料。所以，在市场经济条件下，为了准确取得统计资料，还要根据调查目的和调查对象的特点，采取其他的调查方式。

四、重点调查

重点调查是专门组织的一种非全面调查，它对所要调查的全部单位选择一部分重点单位进行调查。

重点单位是着眼于现象量的方面而言，尽管这些单位在全部单位中只是一部分，但是它们的某一主要标志的标志总量在总体标志总量中却占绝大比重。如要研究全国冶金工业企业的生产概况，只要在全国的冶金企业中调查武钢、鞍钢、首钢、宝钢这四家企业的生产情况就可以了，因为这四家企业的钢产量占全国钢产量的绝大比重。重点调查的特点有：

（1）重点调查实质上是范围比较小的全面调查，它的目的是反映现象总体的基本情况。

（2）重点调查单位的选择着眼于所研究现象主要标志的比重，因而它的选择带有主观因素。

（3）重点单位对于总体来说具有代表性，但不能拿来推断总体总量。

当调查任务只要求掌握基本情况，调查对象又具有明显的重点单位时，可采用重点调查的方式。

五、典型调查

典型调查是在对现象总体进行初步分析的基础上，有意识地选择若干具有代表性的单位进行调查，借以认识事物发展变化规律的一种非全面调查方法。典型调查的特点有：

（1）调查单位是根据调查的目的任务，在对现象总体进行全面分析的基础上有意识地选择出来的，它的选择带有主观意识因素。

（2）典型调查是一种比较灵活的调查方式，既可以用于收集原始资料，又可以用于了解、掌握各种生动、具体的情况。

（3）利用典型调查资料作数量上的推算无法估计其误差，推算结果只是一个近似值。

例如，某村早稻按生产条件不同划分为三个不同类型地段，我们按地段选定若干典型地块，分别取单产的典型资料，然后推算各地段产量，并汇总全村的估产总量，见表 2-2。

表 2-2　某村早稻产量估计

地　段	典型地块估产资料			地段估产量	
	播种面积/公亩	估产量/公斤	单位面积产量/（公斤/公亩）	播种面积/公亩	估产量/公斤
甲	10	4 300	430	135	58 050
乙	4	1 400	350	50	17 500
丙	2	500	250	15	3 750
合　计	16	6 200	–	200	79 300

就是说，该村经过划类选典推算的早稻总产为 79 300 公斤。应该指出，这种数量上的推断是无法估计误差的，推算结果只是一个近似值。

综上所述，统计实践中，应注意将几种统计调查方式结合，并综合考虑统计目的要求，设计合理、科学的统计调查方式。现阶段，我国统计调查工作采用的是以必要的周期性普查为基础，经常性的抽样调查为主体，同时辅以重点调查、科学推算和少量的全面性报表综合运用的统计调查方法体系。

第四节　统计调查问卷的设计

调查问卷是调查者依据调查目的、要求和被调查者的特征，按照一定的理论假设设计出来的，由一系列问题、备选答案及答卷说明组成的，用来向被调查者收集资料的一种工具。

调查问卷广泛用于民意调查和市场调查中，是收集资料的重要工具。一份好的调查问卷，由于设计的问题具体、内容突出、科学合理，在使用中不仅能得到被调查者的理解、支持和很好的配合，让调查者获得所需的资料，同时也能够清晰地反映出调查者的主要意图，达到开展调查活动的真正目的。

一、问卷的基本结构

调查问卷一般由四大部分构成。

（一）标题

标题又称题目，是问卷的主题所在。调查问卷的题目设计应该准确、醒目、简明、具体，要突出调查任务的时空和事件。观点要新颖，句式构成上富有吸引力和感染力。通常采用“开门见山”式，直接点题，如“关于某地区城镇居民消费的调查问卷”。

标题的格式一般是“调查时间+被调查地区或单位名称+调查任务关键词”。如：关于××××年××大学毕业生就业情况的调查问卷。

（二）卷首语

问卷的卷首语或开场白是致被调查者的信或问候语。其内容一般包括以下几个方面：

（1）称呼、问候。如××先生/女士：您好。

（2）调查人员自我说明调查的主办单位和个人身份。

（3）简要地说明调查的内容、目的、填写方法。

（4）说明作答的意义或重要性。

（5）说明所需的时间。

（6）保证调查对被调查者无负面作用，并承诺替他保密。

（7）表示真诚的感谢，或说明将附送小礼品。

信的语气应该亲切、诚恳而有礼貌，简明扼要，切忌啰嗦。问卷的开头十分重要。

大量的实践证明，几乎所有的拒绝都是在开始接触的前几秒钟内就表示不愿意参与。如果被调查者一开始就参与的话，那么绝大多数都会合作。

（三）问卷主体

问卷主体即问卷的正文，就是问卷所问的问题及备选答案。问题一般包括了三个层次的内容：

第一层次包括向被调查者了解最一般的问题。这些问题应该是适用于所有的被调查者，并很容易回答的问题。在这一部分不应有任何难答或敏感的问题，以免让被调查者产生顾虑。

第二层次是主要的问题，包括设计调查主题的实质和细节的大量题目。这一部分的结构组织安排要符合逻辑性并对调查者来说应是有意义的。

第三层次包括两方面的问题：一是敏感性或复杂的问题，以及测量被调查的态度或特性的问题；二是被调查者的基本状况、经济状况等。

（四）问卷附加

这部分内容包括问卷的填报说明、要求、注意事项、调查项目的解释及对被调查者的答谢语等。其目的主要是指导被调查者顺利填写调查问卷，保证问卷资料的采集质量。

二、调查问卷的设计原则

（一）有明确的主题

根据调查主题，从实际出发拟题，问题目的明确，重点突出，没有可有可无的问题。

（二）结构合理、逻辑性强

问题的排列应有一定的逻辑顺序，符合应答者的思维程序。一般是先易后难、先简后繁、先具体后抽象。

（三）通俗易懂

问卷使应答者一目了然，并愿意如实回答。问卷中语气要亲切，符合应答者的理解能力和认知能力，避免使用专业用语。对敏感性问题采取一定的技巧调查，如类似年龄、收入等设计个人隐私的问题最好设计区间式答案，使问卷具有合理性和可答性。避免主观性和暗示性，以免调查答案失真。如“穿皮夹克显得高档，但要经常护理，与其相比，穿休闲服会让人觉得随便得多，下面几款夹克，你比较喜欢的是（　　）A．皮款　B．休闲款　C．西装款”，这是一个典型的暗示和引导被调查者的问题，对于整个调查来说，这样的问题没有任何意义。

（四）控制问卷的长度

回答问卷的时间控制在 20 分钟左右，问卷中既不浪费一个问号，也不遗漏一个问号。

三、问卷的设计程序

（一）确定主题和资料范围

根据调查目的的要求，研究调查内容、所需收集的资料及资料来源、资料范围等，酝酿问卷的整体构思，将所需要的资料一一列出，分析哪些是主要资料、哪些是次要资料、哪些是可要可不要的资料，淘汰那些不需要的资料，再分析哪些资料需要通过问卷取得、需要向谁调查等，并确定调查地点、时间及对象。

（二）分析样本特征

分析了解各类调查对象的社会阶层、社会环境、行为规范、观念习俗等社会特征；需求动机、潜在欲望等心理特征；理解能力、文化程度、知识水平等学识特征，以便根据其特征来拟题。

（三）拟定并编排所要调查的问题

首先构想每项资料需要用什么样的句型来提问题，尽量地列出问题，然后对问题进行检查、筛选，看它有无多余的问题，有无遗漏的问题，有无不适当的问句，以便进行删除、补充、更换。一般应由对调查现象本质熟悉的调查人员集体来共同制定，反复讨论，形成共识，只有这样，调查问卷才与实际相符，经得起实践的检验。

（四）进行试问试答

站在调查者的立场上进行试提问，看看问题是否清楚明白，是否便于资料的记录和整理；站在应答者的立场上进行试回答，看看是否能答和愿答所问问题，问题顺序是否符合逻辑。估计回答时间是否合乎要求。有必要的话，在小范围内进行实地测试，以检查问卷的质量。

（五）修改、定稿

根据试答情况，进行修改，再试答，再修改，直到完全合格后才定稿复印，制成正式问卷。

四、问题的形式

（一）开放式问题

开放式问题，就是问卷中没有给出答案，而是应答者可以用自己的语言自由地发表意见。如“您上网多久了？”“您喜欢哪种类型的电视节目？”显然，应答者可以自由回答以上问题，可以充分表达自己的看法和理由，并且比较深入，有时还可以获得研究者意想不到的答案。然而，开放式问题的缺点一是答案有可能有偏差，如被调查者比较偏激，答案又是调查者执笔记录的，极可能失真或并非应答者原来的意思；二是整理资料与分析困难，由于各种应答者的答案不可能相同，因此在答案分类时难免会碰到困难，整个过程相当耗费时间，而且免不了夹杂整理者的个人偏见。因此，开放式问题在探索性问题调查中是很有帮助的，但在大规模的抽样调查中，它就弊大于利了。

（二）封闭式问题

封闭式问题与开放式问题相反，它规定了一组可供选择的答案和固定的回答格式。如“针对食品而言，你认为使用效果最好的广告媒体应是（　　）A. 报纸　B. 杂志　C. 电视　D. 广播”，这个问题是让被调查者从给出的四个选项中选中一个或几个，从而了解对于食品而言，哪种广告媒体比较容易被消费者接受。

封闭式问卷的主要优点是：一是答案是标准化的，对答案进行编码和分析比较容易；二是易于回答，有利于提高问卷的回收率；三是问题的含意比较清楚。因为所提供的答案有助于理解题意，这样就可以避免回答者因不理解题意而拒绝回答。

封闭式问卷的缺点：一是回答者对题目理解得不正确，难以察觉出来；二是被调查者选择答案时可能和答案所处的顺序和位置有关；三是若有问卷设计的答案不全，没有可选的。研究表明，对陈述性答案调查者趋向于选第一个或是最后一个答案，特别是第一个答案；而对一组数字则趋向于选取中间位置的。

（三）混合式问题

在设计问卷时一般采用混合式问卷，即问卷中绝大部分问题都用封闭式问题来提问，在卷子最后再提 2～3 道开放式问题，让被调查者自由发挥写出自己的真实想法。

案例　接上例

关于大学生课余生活的调查问卷

同学你好！

为了了解大学生课余时间的安排，使大学生活更丰富、更有意义，我们会计 071 班就这方面进行一次调查活动，你的意见对我们来说很重要，请你花费一些时间认真填写以下问题，我们不会泄露你的隐私，请你放心。

一、单项选择题（请在选项中将符合自己的做法或表现的一项选出来）

1. 课余生活中用在学习上的时间一般有多久？（　　）

A. 1 小时　B. 2 小时　C. 3 小时　D. 4 小时及以上

2. 你一星期大约去几次自习室？（　　）

A. 每天都去　B. 去 3～4 次　C. 偶尔去 1～2 次　D. 几乎不去

3. 在课余时间，你更愿意读哪种类型的书籍来增长自己的知识呢？（　　）

A. 动漫类　B. 文学小说类　C. 专业类　D. 外语类

E. 其他________

4. 如果让你在课余时间另寻一种学习途径，你会选哪种方式？（　　）

A. 更用心学习自己的本专业　B. 对自己有利的其他专业

C. 成人高自考　D. 没想过

5. 你会选择什么时间去打工？（　　）

A. 每天都可以，只要没课　B. 周六日

C. 节假日　D. 不打工

6. 你喜欢参加什么社团活动？（　　）

A. 书法社　B. 棋社　C. 英语社　D. 动漫社

E. 其他社团________

7. 在课余时间，你会根据自己的兴趣爱好选择什么特长班？（　　）

A. 跆拳道　B. 舞蹈　C. 音乐　D. 美术

E. 不选择特长班　F. 其他________

8. 课余时间用于上网的时间大约有多久？（　　）

A. 1 小时　B. 1 小时以上

C. 半天　D. 没计算过

9. 课余时间每次花费在上网的开支大约为多少？（每次的概念太小了，以月为单位好些）(　　)

A. 0～5 元　B. 5～10 元　C. 10～15 元　D. 15～20 元

E. 20 元以上

10. 如果课余时间外出，最喜欢去什么地方？（　　）

A. 逛商场　B. 逛公园　C. 去博物馆　D. 去 KTV

E. 其他________

11. 你通常在课余时间里多久进行一次必要的体育锻炼呢？（　　）

A. 每天　B. 经常　C. 偶尔　D. 不去

12. 如果你的课余时间只能做一件事，你会选择去干什么？（　　）

A. 学习　B. 打工　C. 社团活动　D. 逛街

E. 其他________

13. 课余生活你投入精力最多的方面为？（　　）

A. 专业学习　B. 文体活动

C. 社会工作　D. 上网聊天

14. 课余时间，与谁相处的时间最长？（　　）

A. 老师　B. 同学　C. 朋友　D. 父母

E. 恋人

二、不定项选择题（请在选项中将符合自己的做法或表现的一项或多项选出来）

15. 你的课余生活都有哪些活动？（　　）

A. 打工　B. 学习　C. 社团活动　D. 在宿舍

E. 其他________

16. 你去图书馆时经常会去做什么？（　　）

A. 学习　B. 借阅书刊、杂志　C. 上网　D. 其他________

17. 你参加过学校院、系组织的哪些活动？（　　）

A. 大家讲坛　B. 联谊会　C. 演讲比赛　D. 看电影

A. 其他________

18. 在宿舍的时间如何度过？（　　）

A. 聊天　B. 打牌　C. 睡觉　D. 学习

E. 其他________

三、开放题（请将你的想法写下来）

19. 你认为课余生活怎么度过最有意义？

20. 希望学校在课余时间里给大学生安排什么活动？

被调查者基本情况

你的性别__________

你的年级__________系别__________专业__________

对于你的这份调查资料，我们会妥善保管并加以更好地利用，为此我们深表感激，谢谢你的合作！

本 章 小 结

统计调查是根据统计工作的要求，有计划、有组织地向数据信息员收集各种真实可靠的统计数据资料的工作过程。统计调查要求准确、及时与全面。

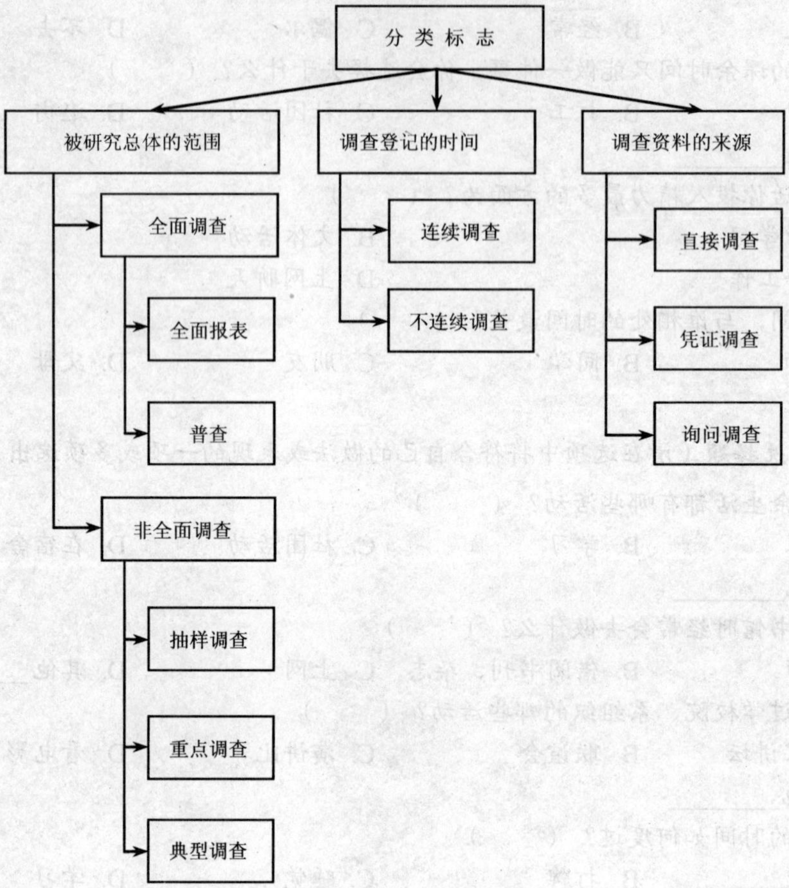

调查方案的内容包括六个方面的内容：调查目的、调查对象、调查项目、调查表、调查时间和调查时限、调查的组织工作。

统计调查的组织方式有：

（1）普查。

（2）抽样调查。抽样调查的基本形式包括：简单随机抽样、类型抽样、等距抽样和整群抽样。

（3）统计报表。它是我国统计调查方法之一，是定期报送国民经济基本统计资料的一种报告制度。大多数统计报表属于全面调查范畴。目前我国统计报表由国家、业务部门和地方三方面报表组成。原始记录是统计报表资料的基本来源。它是企业重要的经济档案，是企业管理必不可少的手段。建立健全原始记录，是保证统计报表质量的条件。

（4）重点调查。

（5）典型调查。

调查问卷的设计：

（1）调查问卷的结构。

（2）问卷设计原则。

（3）提问方式。

统计资料示例

2003年在党中央国务院的领导下，全国人民沉着应对突如其来的“非典”疫情、多种自然灾害和复杂多变的国际形势带来的严峻困难和挑战，万众一心，奋力拼搏，实现了经济和社会发展的主要目标。

以这一年的居民消费价格来看（表2-3），价格总水平有所上涨。全国居民消费价格总水平比上年上涨1.2%。其中，城市上涨0.9%，农村上涨1.6%。居民消费价格中，食品价格上涨3.4%，娱乐教育文化用品及服务上涨1.3%，居住上涨2.1%。其中城市居住上涨2.8%，农村居住上涨1.0%。

表2-3 2003年我国居民消费价格比上年上涨情况 单位：（%）

指标	全国	城市	农村
全国居民消费价格总水平	1.2	0.9	1.6
食品	3.4	3.4	3.4
其中：粮食	2.3	2.3	2.2
烟酒及用品	−0.2	−0.2	−0.1
衣着	−2.2	−2.6	−1.4
家庭设备用品及服务	−2.6	−3	−1.7
医疗保健几个人用品	0.9	−0.2	2.5
交通和通信	−2.2	−2.6	−1.4
娱乐教育文化用品及服务	1.3	0.5	2.8
居住	2.1	2.8	1.0

再以2003年人口、人民生活来看（表2-4），年末全国总人口为129 227万人。全年全国出生人口为1 599万人，出生率为12.41‰；死亡人口825万人，死亡率为6.44‰；全年净增人口774万人，自然增长率为6.01‰。

表2-4 2003年人口主要构成情况

指标	年末数（万人）	比重（%）
全国总人口	129 227	100.00
其中：城镇	52 376	40.53
乡村	76 851	59.47
其中：男性	66 556	51.50
女性	62 671	48.50
其中：0～14岁	28 559	22.10
15～64	90 976	70.40
65岁以上	9 692	7.50

居民生活继续改善。全国城镇居民人均可支配收入8 472元，扣除物价上涨因素，实际

增长9.0%；农村居民人均纯收入2 622元，实际增长4.3%。居民家庭恩格尔系数（即居民家庭食品消费支出占家庭消费支出的比重），城市为37.1%，比上年下降0.6个百分点；农村为45.6%，降低0.6个百分点。年末全国私人轿车拥有量已达489万辆。年末农村贫困人口未2 900万人。

思考与练习

一、判断并改错题

1. 全面调查和非全面调查是根据调查结果所取得的资料是否全面来划分的。（ ）
2. 调查单位和填报单位在任何情况下都不可能一致。（ ）
3. 我国人口普查每十年进行一次，因此它是一种经常性调查方法。（ ）
4. 典型调查与抽样调查的根本区别是选择调查单位的方法不同。（ ）
5. 调查时间就是进行调查工作所需要的时间。（ ）
6. 在统计调查中，调查标志的承担者是调查单位。（ ）
7. 抽样调查可以取得反映总体数量特征的全面统计资料。（ ）
8. 典型调查既可以收集数字资料，又可以收集不能用数字反映的实际情况。（ ）
9. 重点调查中的重点单位是根据当前工作的重点来确定的。（ ）
10. 调查方案的首要问题是确定调查对象。（ ）
11. 目前，我国基本的统计调查方法是统计报表、抽样调查和普查。（ ）

二、单选题

1. 对一批商品进行质量检验，通常采用的调查方法是（ ）。
   A. 全面调查 B. 抽样调查
   C. 典型调查 D. 重点调查
2. 全面调查是对调查对象的所有单位都进行调查，下述调查属于全面调查的是（ ）。
   A. 对某种连续生产的产品质量进行调查
   B. 某地区对工业企业设备进行调查
   C. 对全国钢铁生产中重点单位进行调查
   D. 抽选部分地块进行农产量调查
3. 工业企业中的领料单和入库单是（ ）。
   A. 统计台账 B. 企业内部报表
   C. 生产进度表 D. 原始记录
4. 重点调查中的重点单位是指（ ）。
   A. 这些单位在全局中处于举足轻重的地位
   B. 这些单位的单位总量占全部单位总量的比重很大
   C. 这些单位的标志总量占全部标志总量的比重很大
   D. 这些单位是当前工作的重点单位

5．对全国各铁路交通枢纽的货运量、货物种类等进行调查，以了解全国铁路货运概况。这种调查属于（　　）。

A．不连续典型调查　　B．连续性全面调查

C．连续性重点调查　　D．抽样调查

6．调查时限是指（　　）。

A．调查资料所属的时间　　B．进行调查工作的期限

C．调查工作登记的时间　　D．调查资料的报送时间

7．对某市全部商业企业职工的生活状况进行调查，调查对象是（　　）。

A．该市全部商业企业

B．该市全部商业企业的职工

C．该市每一个商业企业

D．该市商业企业的每一个职工

8．下列调查中，调查单位与填报单位一致的是（　　）。

A．企业设备调查　　B．人口普查

C．农村耕畜调查　　D．工业企业现状调查

9．某市规定 2004 年工业经济活动成果年报呈报时间是 2005 年 1 月 31 日，则调查期限为（　　）。

A．一天　　B．一个月

C．一年　　D．一年零一个月

10．人口普查规定标准时间是为了（　　）。

A．避免登记的重复和遗漏　　B．确定调查对象的范围

C．确定调查单位　　D．确定调查时限

11．在统计调查中，调查单位和填报单位之间（　　）。

A．是完全一致的

B．是不可能一致的

C．有时是一致的

D．前者是调查对象的组成要素，而后者不是

12．作为一个调查单位（　　）。

A．只能调查一个统计标志　　B．只能调查一个统计指标

C．可以调查多个统计指标　　D．可以调查多个统计标志

13．调查项目（　　）。

A．是依附于调查单位的基本标志

B．是依附于调查对象的基本指标

C．与调查单位是一致的

D．与填报单位是一致的

14．在对总体现象进行分析的基础上，有意识地选择调查单位进行调查，这种调查方法是（　　）。

A．抽样调查　　B．典型调查　　C．重点调查　　D．普查

三、简答题

1．调查单位和填报单位有何区别与联系？试举例说明。

2．抽样调查、重点调查和典型调查这三种非全面调查的区别是什么？

3．调查对象与调查单位的关系是什么？试举例说明。

实　训

学生按4～5人分为一组，每组设计一份调查方案及调查问卷，得到老师认可后，复印、发放问卷100份进行调查资料的收集。建议：调查范围应仅限于本校为佳，调查题目选择学生日常学习生活中经常接触、谈论的话题，具体题目一般由学生自行设定，得到老师的认可方可实施。

第三章

统计整理

知识目标

通过本章学习，了解统计整理在统计研究中承前启后的地位；掌握统计分组的方法和汇总技术；进一步认识统计分布是统计整理的重要表现形式。

技能目标

学会手工汇总和 Excel 软件汇总技术；学会用 Excel 软件绘制统计表和统计图。

引导案例

北京市高校毕业生就业率近 90%

截止到 2009 年 6 月底，北京地区高校毕业生就业率达到 89.31%。

北京市人力资源和社会保障局副局长宋丰景 8 月 5 日在“北京市改善民生、构建和谐”专题发布会上公布了以上数据。

北京市 2009 年有 21 万大学生毕业。宋丰景表示，2009 年新增的劳动力比 2008 年同期还多，但企业岗位的增长和 2008 年相比是减少的，为了进一步拓宽高校毕业生就业渠道，帮助高校毕业生实现就业，北京市在 2009 年 3 月共出台了十五项促进高校毕业生就业的政策措施。

这十五项政策措施的内容，首先通过选聘 1 800 名大学生“村官”、选聘 2 600 名毕业生到社区工作、选聘 3 000 名优秀高校毕业生到科研项目单位、增加 10 000 名各类应届毕业生升学规模等方式，有效地安置一批高校毕业生就业。

其次，鼓励用人单位主动吸纳一批高校毕业生就业。对于招用高校毕业生的企业，将给予岗位补贴和社会保险补贴。

另外，通过激励高校毕业生自主创业，分流一批毕业生。相关政策规定，应届高校毕业生创办个体工商户的，免收行政事业性收费。应届高校毕业生创办公司制企业，投资人可用专利、股权等非货币资产出资等优惠政策。

最后，加强就业服务，帮助大学生实现就业。对困难高校毕业生实施就业援助工作，一对一重点帮扶，为其提供求职登记、就业指导等就业服务，帮助其实现就业。

资料来源：《参考消息》记者张淼淼，2009.8.6

案例点评

这个案例从四个方面向读者介绍了北京市十五项促进高校毕业生就业的政策，政策实施的结果是近九成的毕业生实现就业。作为学习经济统计的学生，我们更关心这89.31%的数据是怎样计算出来的，作为经济指标的就业率涵盖哪些内容。从文章中可以看出，当上“村官”算就业；“进入居委会工作”算就业；“升学”算就业（包括出国留学）等，这和一般意义上的就业是有区别的。

学习内容

第一节　统计整理的意义和步骤

统计整理是统计工作过程的中间环节，属于统计工作的第三个阶段。它既是统计调查的继续，又是统计分析的基础，在整个统计过程中起承上启下的作用。

一、统计整理的概念与意义

统计整理是根据统计研究任务的要求，对调查所搜集到的原始资料进行分组、汇总，使其条理化、系统化的工作过程。对于已整理过的原始资料进行再整理，也属于统计整理。

通过统计调查，人们取得反映总体单位特征的资料，但是它们不足以反映总体的数量特征及规律。统计整理的目的在于将表现个别单位特征的标志值转化为说明总体数量特征的指标值，使统计资料系统化，从而获得反映现象总体性和规律性的综合资料，为统计分析提供基础和前提条件。

统计整理介于统计调查和统计分析之间，是人们对社会经济现象从感性认识上升到理性认识的过渡阶段。统计整理结果的质量决定了统计资料的科学价值，也直接影响到统计分析的准确性和可靠性。可见，统计整理绝不是一个单纯的汇总技术问题，它在统计研究中占有重要的地位。

二、统计整理的步骤

统计整理的内容通常包括：根据研究任务的要求，选择分组指标并进行分组；对统计资料进行汇总、计算；对汇总结果进行描述等。统计整理的步骤由内容来决定，大体分为以下几个步骤。

（一）对调查资料的预处理

通过统计调查搜集来的原始资料需要经过检查，才能进入统计整理阶段。检查包括准确性检查和完整性、及时性检查。经过检查的原始资料，还可能会存在着调查误差。

1. 调查误差的种类与原因

调查误差是调查结果与所调查现象的真实数量之间的离差。统计调查误差有以下几点。

（1）登记性误差。即由于错误判断事实或错误登记事实而发生的误差。登记性误差又分为偶然性误差和系统性误差。偶然性误差，即由于调查人员精力不集中、技能低下、笔误、错填等产生的误差；系统性误差，即原始资料有明显的倾向性、一贯性，在数量上偏向某一方的误差，如虚报、瞒报等产生的误差。

（2）代表性误差。即用样本指标数值去推断总体指标数值时，由于样本各单位的结构情况不足以代表总体特征所产生的误差。

2．调查资料检查的方法

（1）逻辑检查。即检查调查资料的内容是否合理、项目之间有无相矛盾的地方，以及与有关资料对照，或检查数字的平衡关系，以发现逻辑上可能存在的矛盾。

（2）计算检查。即检查调查表或报表中各项数字在指标口径、计算方法和结果上有无差错，计算单位有无与规定不符等情况。

（二）统计分组

科学的分组是搞好统计整理的前提条件。统计分组是指依据一定的分组标志，将原始资料划分为若干组别的过程。通过分组，可以将总体中千差万别的总体单位划分为若干大类，达到“求同存异”的效果。分组一般不会按一个标志进行，而是按一系列标志进行分组。要汇总的指标也不仅是一个、两个，而是多个有联系的指标体系。例如，通过工业普查，搜集到某地区所有工厂按经济类型、工业部门、轻重工业等一系列标志的指标，并确定企业数、职工人数、总产值、净产值、增加值、实现利税等指标。对其进行整理、汇总，见表3-1～表3-3。

表 3-1 某地区不同经济类型的工厂的几项经济指标

经济类型	企业数/个	职工人数/个	总产值/万元	净产值/万元	增加值/万元	实现利税/万元
国有经济						
集体经济						
私营经济						
股份制经济						
外商投资经济						
港、澳、台投资经济						
其他经济						
合　计						

表 3-2 某地区各工业部门的几项经济指标

工业部门	企业数/个	职工人数/个	总产值/万元	净产值/万元	增加值/万元	实现利税/万元
冶金工业						
电力工业						
煤炭工业						
石油工业						
化学工业						
机械工业						
建材工业						
森林工业						
食品工业						
纺织工业						
造纸工业						
合　计						

表 3-3 某地区轻重工业的几项经济指标

轻重工业	企业数/个	职工人数/个	总产值/万元	净产值/万元	增加值/万元	实现利税/万元
轻工业						
重工业						
合计						

从以上资料可以看出，要整理、汇总的指标一定是总量指标，包括总体单位数和总体标志总量两类指标。

（三）汇总

汇总是继分组之后的一个重要步骤。实践表明，一项统计活动中大量的任务是把总体单位各种标志的标志值汇总起来。也就是说，既要计算各组和总体的单位总量，还要计算各组和总体的标志总量。以表 3-1～表 3-3 的例子来说，不但要把各组的企业数统计出来，还要把“依附”于企业的标志——各组数值统计出来。因此，可以把汇总看作统计整理的中心内容，特别是对大规模的统计调查来说。

汇总技术主要有手工汇总和电子计算机汇总两种。

1. 手工汇总

手工汇总使用算盘或小型计算器进行汇总。常用的手工汇总方法有以下几种：

（1）划记法。即在汇总表上划点或线作为记号的汇总方法，它适用于对总体单位数的汇总。汇总时，总体单位属于哪一组，就在汇总表上相应组内划上一个点或一条线，最后计算一组内点或线的数目，便得到各组单位数。常用的点线符号是“正”字（共五划，代表单位数为 5）。

（2）过录法。即按照汇总的要求，预先设置一种整理表，按单位顺序排列。每当有单位将报表上报时，立即加以抄录。待所属单位的报表全部报齐，数字过录完毕后，计算加总，得出各组和总体的单位和标志值的合计数，最后填入统计表。过录法既可汇总单位数，又可汇总标志值，而且便于校对，便于计算。但过录法较花费时间，因此，在总体单位不多、分组简单的情况下，比较适宜采用过录法。

（3）折叠法。即把需要汇总的统计表，按相同的项目或栏目加以折叠，并将它们一张接一张地叠放在一起进行加总，然后把加总后的数字填入汇总用的空白表内。这种方法适合用于标志值的汇总，简单易行，不需要设计汇总表，故为广大统计人员广泛采用。缺点是在汇总中发现错误时，就要从头返工，无法从汇总过程中查明差错的原因。

（4）卡片法。即利用特别的摘录卡片，根据业务活动所产生的各种原始凭证，分门别类的记载在卡片上，待需要统计资料或编制统计报表时，即可根据卡片加总，如邮政部门的信件分拣工作。

在调查资料多、分组细的情况下，采用卡片法进行汇总，比划记法准确，比过录法和折叠法简便，可以保证汇总质量和效率等。但是如果调查资料不多，采用卡片法就不是很经济。卡片法一般适合用于整理大规模专门调查材料。

2. 电子计算机汇总

电子计算机汇总包括对原始资料的加工、储存、合并、分类、逻辑检查、运算以及打印出汇总表或图形等。电子计算机汇总的全过程分为以下六步：

（1）选择合适的统计软件或编制程序。统计软件包括 SAS、SPSS、SARP、Excel 等。

（2）编码。即把调查表中的汉字信息符号（代码）化。

（3）数据录入。即将经过编码后的数据和实际数字通过输入设备记载到存储介质上。

（4）错误信息的检查和修正。即按照预先给定的一套逻辑检查规则对已输入到电子计算机的原始数据进行分析、比较、筛选、整理等。

（5）运行程序。即按照程序运行规则进行信息处理的过程。

（6）提供统计资料。即把经过运行处理后的统计资料，以汇总表或统计图的形式，通过输出设备打印出来。

（四）绘制统计表和统计图

统计表和统计图是表达统计资料整理结果的重要形式。统计表和统计图将汇总得到的各项指标数据按照表格所列的项目填列在相应的栏目内，可以更加简明、直观地反映被研究事物的发展趋势和内在规律。使用者可以根据研究目的的不同，编制形式各异的统计表和绘制形状不同的统计图。统计表和统计图在本章第四节介绍。当汇总结果体现在表或图上就意味着整理过程的终止。

第二节 统计分组

一、统计分组的概念和作用

统计分组就是根据统计研究任务的要求和现象总体的内在特点，把统计总体按照某一标志或某些标志划分为若干性质不同而又有联系的几个部分的工作过程。例如，某高职学院的教学班级按学生所学专业的不同，可分为财会专业、工商管理专业、计算机专业、艺术专业、英语专业等；某地区的企业按生产资料所有制形式不同，可分为国有企业、集体企业、股份制企业、“三资”企业等组别。

统计分组的根本作用在于区分事物的不同性质，也就是把现象之间存在着的、质的差别区别开来，把性质相同的单位归并在一起，“求同存异”，探求事物总体的发展变化规律。

应当注意的是，各组与组之间具有不同性质，同一组内是具有相同性质的。只有这样，才能有助于研究现象的特征，也有助于研究现象之间存在的数量关系。例如，某班学生按考试成绩分成五组：60 分以下为不及格、60~70 分为及格、70～80 分为中等、80～90 分为良好、90 分以上为优秀。不能把 55～65 分的同学分为一组，这里有不及格和及格的学生，没有区分事物的质，失去了分组最根本的作用。

二、统计分组的种类

统计分组的关键是确定分组标志。分组标志选择的恰当或不恰当，会直接影响到分组的效果。

（一）类型分组、结构分组和分析分组

按分组的任务和作用不同，统计分组可分为：

（1）类型分组：通过类型分组满足人们对经济现象性质的区分，从而更清楚地认识现象的本质。通常，类型分组使用品质标志做分组标志。如表 3-4 所示。

表 3-4　2000～2003 年我国按产业分类的从业人员的构成情况　　（单位：%）

年　份	2000 年	2001 年	2002 年	2003 年
第一产业	50	50	50	49.1
第二产业	22.5	22.3	21.4	21.6
第三产业	27.5	27.7	28.6	29.3
合　计	100	100	100	100

资料来源：国家统计局《中国统计年鉴（2004）》

该类分组主要用于区分总体内性质的差异，反映其质量分类特征，进而划分事物的类别。

从表 3-4 中可以看出，2000～2003 年我国在三类产业中的从业人员变动幅度不大，趋于平稳，第一、二产业从业人员略有下降，第三产业从业人员略有上升。

（2）结构分组：通过结构分组可以对经济现象的各组成部分进行划分，进而认识现象的内在数量构成。通常，结构分组使用数量标志做分组标志。见表 3-5。

表 3-5　2004 年和 2005 年某市居民人均月生活费收入分组　　（单位：%）

居民人均月生活费收入/元	2004 年	2005 年
800～900	1	0
900～1 000	3	1
1 000～1 100	15	9
1 100～1 200	27	8
1 200～1 300	17	14
1 300～1 400	18	15
1 400 以上	19	53
合　计	100	100

结构分组用于描述所研究现象的内部数量构成状况。

（3）分析分组：对研究现象总体各标志依存关系进行的分组。运用统计分组来研究现象之间依存关系是统计分析的一种重要分析方法，如表 3-6 所示。

表3-6　某城市某年一月份商店按商品流转额分组的流通费用率水平情况

按商品流转额分组/万元	商店数/家	商品流通费用率（%）
50 以下	25	11.2
50～200	70	10.4
200～400	130	9.9
400～600	75	6.7
600～800	40	5.9
800～1 000	18	5.0
1 000 以上	10	5.5

表中资料表明，商品流通费用率与商品流转额之间存在依存关系，即商品流通费用率随商品流转规模扩大而降低。

（二）简单分组和复合分组

按分组标志的多少，统计分组可分为：

（1）简单分组：分组仅按一个标志来进行。

（2）复合分组：按两个或两个以上的标志进行，如表 3-7 所示。

表 3-7　复合分组举例

按年龄分组/岁	按性别分组	工人数/人
25～35	男	20
	女	12
35～45	男	28
	女	20
45～55	男	12
	女	8

（三）品质分组和变量分组

按分组标志的表现形式，统计分组可分为：

（1）品质分组：是指原始资料按品质标志分组，按事物的质的属性分组，见表 3-8。

表 3-8　某企业职工按政治面貌分组汇总表

按政治面貌分组	人数/人	比重（%）
党员	180	18.04
团员	320	32.06
群众	498	49.90
合　计	998	100

品质分组主要用于区分总体内在的性质差异特征。

（2）变量分组：原始资料按数量标志分组，即按事物的数量特征分组，通过数量上的变化区分各组的不同类型和性质。应当注意的是，以什么数量标志为划分标准，要依据研究的任务和现象的性质来确定。

在实际工作中，变量分组常常用来分析某种指标的变动及其在各组的分配情况。这时，被研究的统计指标就成为分组的标志。如企业按产量计划完成程度、利税率分组，工人按劳动生产率分组等。

表 3-9 中，产值计划完成率在 100%以下，表示没有完成计划产值任务；达到 100%及以上，表示完成或超额完成任务。从表 3-9 可以看出该集团所属的 20 家企业中，有 8 家没有完成任务，占集团企业总数的 40%。

表 3-9　某集团所属企业某年第一季度产值计划完成情况统计表

企业按产值计划完成程度分组（%）	企业数/个	比重（%）
90 以下	3	15
90～100	5	25
100～110	8	40
110 以上	4	20
合　计	20	100

变量分组由于存在组距问题，所以比较复杂，以下分几个方面来说明。

1）单项式分组。变量有离散变量和连续变量之分。对于离散变量，如果变量值变动幅度比较小，我们可依次将每一个变量值作为一组，这种分组称为单项式分组，见表 3-10。

表 3-10 某地区连锁商店职工人数分组

按职工人数分组/人	连锁店数/个	频率（%）
12	1	11.5
15	2	22
20	1	11.5
22	3	33
25	2	22
合　计	9	100

2）组距式分组。对于离散变量，变量值变动幅度较大、项数较多时，采用单项式分组势必组数太多，这就失去了分组的意义。因此，大多数的离散变量可以采取组距式分组。

组距式分组就是把整个变量值依次划分为几个区间，各个变量值则按其大小确定所属的区间，区间的距离称为组距，这样的分组称为组距式分组，见表 3-11。

表 3-11 某地区企业按工人人数组距式分组

按工人人数分组/人	企业数/个	比重（%）
200～499	10	28.57
500～999	15	42.86
1 000～1 999	8	22.87
2 000 以上	2	5.7
合　计	35	100

而对于连续变量，由于不能一一列举它的数值，因此不能进行单项式分组，只能进行组距式分组，见表 3-12。

表 3-12 某企业按职工工资分组

按职工工资分组/元	工人数/人	比重（%）
1 000～2 000	120	10.45
2 000～3 000	300	26.1
3 000～4 000	350	30.4
4 000～5 000	280	24.35
5 000 以上	100	8.7
合　计	1 150	100

按组距式分组会使资料的真实性受到一些损害。如表 3-12 中 2 000～3 000 元的职工有 300 人，这 300 人的实际工资情况可能是均匀分布或者不均匀分布，但是分组时这些情况被抽象化了。在统计研究中，假定工资在各组内部分布都是均匀的。这显然与客观资料的真实情况是有矛盾的。

组距式分组可以把各组内部各单位的次要差异抽象化，而突出组与组之间的差异，求同存异，使得各组分配的规律可以更容易地显现出来。根据这个道理，缩小组距即增加组数，容易将属于同类的单位划分到不同的组，因而显现不出现象类型的特点。反之，扩大组距即减少组数，容易把不同性质的单位归并在一组中，失去区别事物的界限，从而达不到正确反映客观事实的目的。

应当注意的是：组距式分组中，存在组限是否重合的情况。离散变量的组限可以重合，也可以不重合。如表 3-11 按职工人数分组，组限不重合。当然，按职工人数分组还可以分为：200～500；500～1000；1000～2000；2000 以上几组。但连续变量的组限必须重合。

3）等距分组和不等距分组。

等距分组：标志值在各组保持相等的组距，各标志值的变动都限于相同的范围。

在标志值变动比较均匀的情况下，可采用等距分组，如表 3-13 所示。

表 3-13 等距分组举例（离散变量）

变 量 值	频数/个	比重（%）
20～29	5	25
30～39	7	35
40～49	3	15
50～59	5	25
合 计	20	100

当标志值变动不均匀，如标志值急剧增长、下降，变动幅度很大时，一般采用不等距分组，如表 3-14 所示。

表 3-14 不等距分组举例（某地区人口年龄构成统计表）

按年龄分组/岁	人口数/万人	比重（%）
0～6（婴幼儿组）	60	7.9
7～17（少年儿童组）	220	28.9
18～59（中青年组）	380	50
60 以上（老年组）	100	13.2
合 计	760	100

4）组限和组中值。

组限：组距两端的数值，其中，每组起点值称为下限，每组终点值称为上限。

组中值：上下限之间的中点数值，它是能代表各组标志值一般水平的数值。

组中值=（上限+下限）/2

对于开放式组距，组中值参照相邻组的组距来决定。

缺下限的最小组组中值=（上限–相邻组的组距）/2；缺上限的最大组组中值=（下限+相邻组的组距）/2。

例如，表 3-15 中第一组的组中值的计算，把这一组看作 50～60，所以组中值为 55。

表 3-15 某班英语考试成绩统计表

按考试成绩分组/分	人数/人	组中值
60 分以下	4	55
60～70	7	65
70～80	18	75
80～90	16	85
90～100	5	95
合 计	50	—

第三节 分布数列

一、分布数列的概念

在分组的基础上，把总体的所有单位按组归并排列，形成总体中各个单位在各组间的分布，称为统计分布。统计分布的实质是，把总体的全部单位按某种标志进行分组分配所形成的数列，所以又称为分配数列或分布数列。分布数列主要由变量和次数分布两部分组成。

二、分布数列的种类

（一）品质数列

品质数列是指按照品质标志进行分组所形成的分配数列，见表 3-16。

表 3-16 2010 年某企业职工性别构成情况

性 别	人数/人	比重（%）
男	180	60
女	120	40
合 计	300	100

（二）变量数列

变量数列是指按照数量标志进行分组所形成的分配数列。

变量数列又包括单项式变量数列和组距式变量数列。

（1）单项式变量数列，见表 3-17。

表 3-17 某系新生按年龄分组

年龄/岁	学生数/人	比重（%）
17	20	33
18	20	33
19	13	22
20	7	12
合 计	60	100

（2）组距式变量数列。见表 3-18。

表 3-18 某企业按职工工资分组

工资/元	工人数/人	比重（%）
1 000 以下	12	4
1 000～1 500	23	8
1 500～2 000	122	41
2 000～2 500	97	32
2 500～3 000	28	9
3 000～3 500	9	3
3 500～4 000	5	2
4 000 以上	4	1
合 计	300	100

三、分布数列的编制方法

（一）编制步骤

（1）调查资料从小到大排序。

（2）计算全距：全距=最大值–最小值

（3）确定组数：一般为 10 或 5。

（4）组距=全距/10 或组距=全距/5（四舍五入，取整）

（二）举例

2005 年某城镇 50 户居民家庭平均每人每月生活费资料如下（单位：元）：

1367	1322	1294	1273	1237	1398	1327	1298	1276	1246
1311	1355	1240	1275	1296	1324	1382	1229	1264	1288
1235	1271	1291	1319	1360	1226	1262	1286	1309	1352
1200	1253	1281	1301	1329	1212	1257	1281	1303	1332

这些资料比较分散零乱，看不出有什么特征。

第一步，我们将这些数字按大小顺序，从小到大排列起来：

1200	1212	1217	1222	1226	1229	1235	1237	1240	1246
1253	1257	1259	1260	1262	1264	1271	1273	1275	1276
1281	1281	1283	1284	1286	1288	1291	1294	1296	1298
1301	1303	1303	1304	1309	1311	1319	1322	1324	1327
1329	1332	1337	1343	1352	1355	1360	1367	1382	1398

第二步，通过序列化，可以得到一些基本的认识：50 户居民家庭人均月生活费收入的波动并不是杂乱无章的，而是呈现一定的规律性。首先，波动的幅度是在 1 200～1 398 元之间，数列两端变量值之差即全距为 198 元（1398～1200）。其次，可以看出大多数家庭生活费在 1 250～1 350 元之间，偏低或偏高的都很少。

第三步，按人均月生活费分组并列出各组工人数，编成分配数列，这种规律就可以更明显地表现出来。

第四步，根据这 50 户居民家庭人均月生活费收入序列化后所呈现出的一定规律性的认识，参照上面所说一系列分组方法原理，我们假定把变动全距分为 8 个相等的组距，则组距为 198/8=24.75 元，化整为 25 元。这里第一组最合理的下限应是 1 200 元，于是各组上下限化整为 1 200～1 225 元，1 225～1 250 元，1 250～1 275 元，1 275～1 300 元，1 300～1 325 元，1 325～1 350 元，1 350～1 375 元，1 375～1 400 元。计算每一组家庭户数及其比重，就形成了变量数列，见表 3-19。

表3-19　2005 年某城镇 50 户居民家庭平均每人每月生活费情况

居民家庭人均月生活费/元	户数/户	户数的比重（%）
1 200～1 225	4	8
1 225～1 250	6	12
1 250～1 275	8	16

（续）

居民家庭人均月生活费/元	户数/户	户数的比重（%）
1 275～1 300	12	24
1 300～1 325	9	18
1 325～1 350	5	10
1 350～1 375	4	8
1 365～1 400	2	4
合　计	50	100

从这个变量数列看出，这 50 户居民家庭人均月生活费呈现“两头小，中间大”的分布，规律是很明显的。

有时编制组距式数列，该用多大组距、组数多少，可能会比较盲目。这时，不妨先按小组距分组，然后逐步合并组距，从比较中选出最优的组距。就上例来说，若先按 10 元组距来编制数列，将发现各组单位数分散，有的组单位数很少，看不出什么规律性。当组距扩大到 20 元，甚至 50 元，规律性就十分明显了。因此，这种组距合并的方法作用十分明显。

四、分布数列的主要类型

由于社会经济现象性质的不同，各种统计总体都有不同的次数分布。概括起来，主要有以下三种类型。

（1）钟形分布：“两头小，中间大”，即靠近中间的变量值分布的次数多，靠近两边的变量值分布的次数少，其曲线图宛如一口古钟，如图 3-1 所示。社会经济现象中许多变量分布属于这种类型。前面关于居民家庭人均月生活费的举例，就是这种类型。

（2）U 型分布：“中间小，两头大”，与钟形分布恰恰相反，这种分布靠近中间的变量值分布次数少，靠近两端的变量值分布的次数多，呈 U 字形，如图 3-2 所示。例如，人口死亡现象按年龄的分布便是如此。由于人口总体中幼儿和老年死亡人数较多，而中年死亡人数最少，因而死亡人数按年龄分组便表现为 U 形分布。

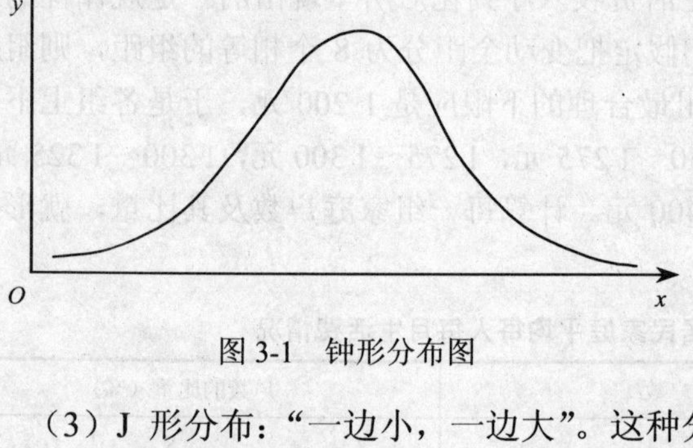

图 3-1　钟形分布图

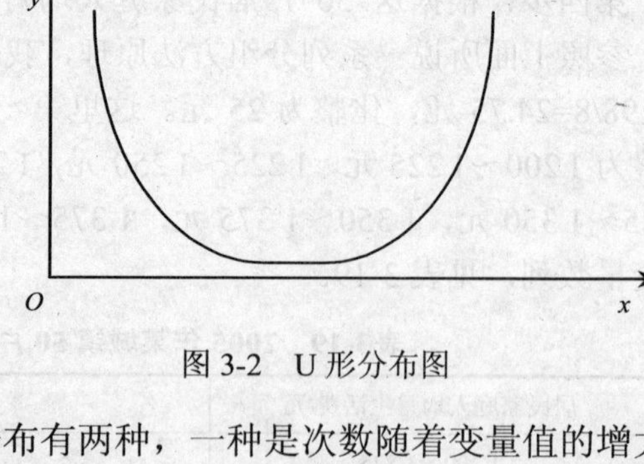

图 3-2　U 形分布图

（3）J 形分布：“一边小，一边大”。这种分布有两种，一种是次数随着变量值的增大而增多，如投资按利润率大小的分布，如图 3-3a 所示；另外一种是次数随着变量值的增大而减少，使图形变为倒 J 形。如人口总体按年龄大小的分布，如图 3-3b 所示。

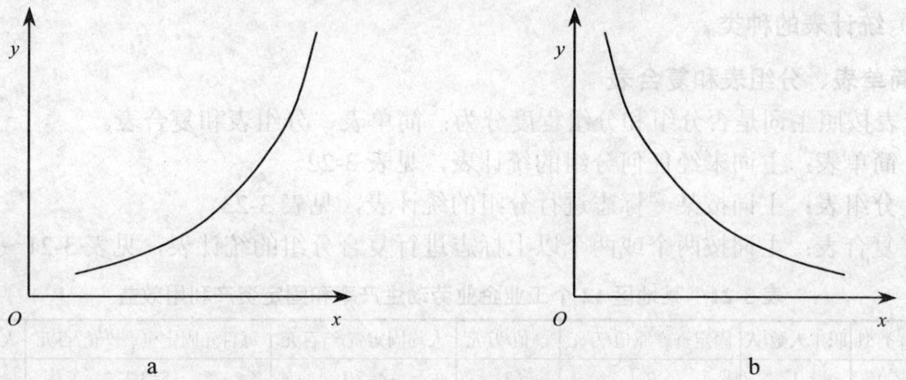

图 3-3　J 形分布图

第四节　统计整理的结果

一、统计表

经过统计汇总，得出表明社会经济现象总体单位数和一系列标志总量的资料，把这些资料按一定的顺序在表格上表现出来，这种表格就是统计表。绘制统计表是整理过程的最后一个环节。数字是统计的语言，描述与研究社会经济现象的数量关系是统计的核心，统计图、统计表可以系统地表述数字资料。

（一）统计表的结构

（1）从形式上看，统计表是由标题、横行、纵栏、数字资料等部分构成。标题分三种：

1）总标题是表的名称，放在表的上端。

2）横行标题或称横标目，写在表的左方。

3）纵栏标题或称纵标目，写在表的上方。

横标图和纵标图分别说明横行或纵栏所列数字资料的内容。

（2）从统计表的内容看，统计表包括主词和宾词两个部分。

1）主词：统计表所要说明的总体、总体的各个组成部分或各个单位的名称。

2）宾词：用来说明主词的各种指标。

统计表的结构见表 3-20。

表 3-20　我国 2003 年全国人口年龄构成表【总标题】

	按年龄分组/岁	人数/人	比重（%）	【纵栏标题】
横行标题	0～14	256 344	20.3	统计数字
	15～64	896 908	71.2	
	64 以上	107 246	8.5	
	合　计	1 260 498	100	
	【主词栏】	【宾词栏】		

注：本表为 2003 年人口变动情况抽样调查样本数据。

资料来源：国家统计局《中国统计年鉴（2004）》【表外附加部分】

（二）统计表的种类

1. 简单表、分组表和复合表

统计表按照主词是否分组和分组程度分为：简单表、分组表和复合表。

（1）简单表：主词未经任何分组的统计表，见表 3-22。

（2）分组表：主词按某一标志进行分组的统计表，见表 3-23。

（3）复合表：主词按两个或两个以上标志进行复合分组的统计表，见表 3-21～表 3-23。

表 3-21　某地区 12 个工业企业劳动生产率和固定资产利用效益

企业	经济类型	职工人数/人	固定资产原值/万元	产值/万元	人均固定资产/百元	每百元固定资产产值/百元	人均产值/百元
（甲）	（乙）	1	2	3	4=2/1	5=3/2	6=3/1
1	国有	540	459	963.90	85	210	178.5
2	国有	500	360	864.00	72	240	172.8
3	国有	480	384	844.80	80	220	176
4	集体	420	336	621.60	80	185	148
5	其他	400	288	518.40	72	180	129.6
6	集体	360	270	445.50	75	165	123.75
7	其他	360	198	277.20	55	140	77
8	国有	350	238	368.90	68	155	105.4
9	集体	340	221	309.40	65	140	91
10	集体	250	160	192.00	64	120	76.8
11	其他	240	144	165.60	60	115	69
12	其他	200	116	110.20	58	95	55.1
合计	—	4 440	3 174	5 681.50	71.5	179	128.0

表 3-22　某地区工业企业按固定资产原值分组资料

按固定资产原值分组/万元	企业/个	职工人数		人均总产值/百元	每百元固定资产产值/元
		人数/人	比重（%）		
200 以下	4	1 050	23.7	70.90	121
200～350	5	1 870	42.1	121.0	167
350～500	3	1 520	34.2	175.80	222
合计	12	4 440	100	128.00	170

表 3-23　某地区工业企业按经济类型和固定资产原值分组资料

按经济类型和固定资产原值分组/万元	企业数/个	人均固定资产/百元	每百元固定资产产值/元	人均产值/百元
国有				
200～350	1	68.0	155.0	105.4
350～500	3	79.1	222.0	175.8
小计	4	77.1	211.0	162.7
集体				
200 以下	1	64.0	120.0	76.8
200～350	3	73.8	166.4	122.9
小计	4	72.0	158.9	114.5
其他				

2. 调查表、整理表和分析表

统计表按用途可分为：调查表、整理表和分析表。

（1）调查表，指在统计调查中用于登记、搜集原始资料的表格，表中的数字是未经综合的各个单位的标志值。

（2）整理表，是在统计整理中用于表现整理过程和结果的表格，表中的数字是经过汇总的总量指标，包括总体单位数和一系列标志总量。整理表也称汇总表、综合表。

（3）分析表，指在统计分析中用于整理所得的统计资料进行统计定量分析的表格。这类表格往往与整理表结合在一起，成为整理表的延续。

（三）统计表的编制规则

统计表的编制，无论主词的内容或宾词指标的配置都要目的明确、内容鲜明，使读者能从表中看出研究现象的具体内容与情况。因此，在制表时必须注意以下几点规则：

（1）统计表的各种标题，特别是总标题的表达，应该十分简明、确切、概括地反映表的基本内容。总标题还应该标明资料所属的时间和地点。

（2）表中的主词各行和宾词各栏，一般应按先局部后整体的原则排列，即先列各个项目，后列总计。当没有必要列出所有项目时，可以先列总计，后列出其中一部分的重要项目。

（3）如果统计表的栏目较多，通常要加以编号。在主词和计量单位等栏，用（甲）、（乙）、（丙）等文字标明；宾词指标各栏，用（1）、（2）、（3）、（4）等数字编号。

（4）表中数字应该填写整齐，对准位数。当数字为 0 或因数小可忽略不计时，要写上 0；当缺乏某项资料时，用符号“…”表示；不应有数字时用符号“-”表示。

（5）统计表中必须注明数字资料的计量单位。当全表只有一种计量单位时，可以把它写在表头的右上方。如果表中需要分别注明不同单位时，横行的计量单位可以专设一栏；纵栏的计量单位，要与纵标目写在一起。

（6）必要时，统计表应加注说明或注解。此外，还要注明统计资料的来源。

此外，统计表的格式一般是“开口”式的，即表的左右两端不画纵线。好的统计表，外形应当美观。统计表一般为矩形，短边与长边的比为 0.618（黄金分割律）。

二、统计图

统计图是指用几何图形或具体符号来呈现资料整理结果并反映现象数量关系的一种重要数据表现形式。与统计表相比，统计图在表现数量关系上显得更直观、更形象、更通俗易懂。一个完整的统计图由统计图名称、图体、图例组成，根据研究的需要，统计图可以绘制成多种样式。一般用 Excel 绘图工具来完成统计图的绘制。

（一）Excel 软件中的统计图表功能

1. 柱形图

柱形图用于显示一段时间内的数据变化或说明项目之间的比较结果。通过水平组织分类和垂直组织值可以强调说明一段时间内的变化情况，如图 3-4 所示。

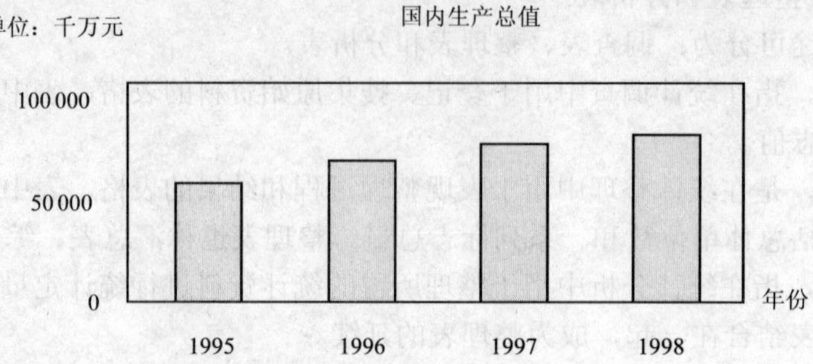

图 3-4　柱形图（国内生产总值）

2．条形图

条形图可以显示各个项目之间的比较情况。纵轴表示分类，横轴表示值，它主要强调各个值之间的比较而不太关心时间，如图 3-5 所示。

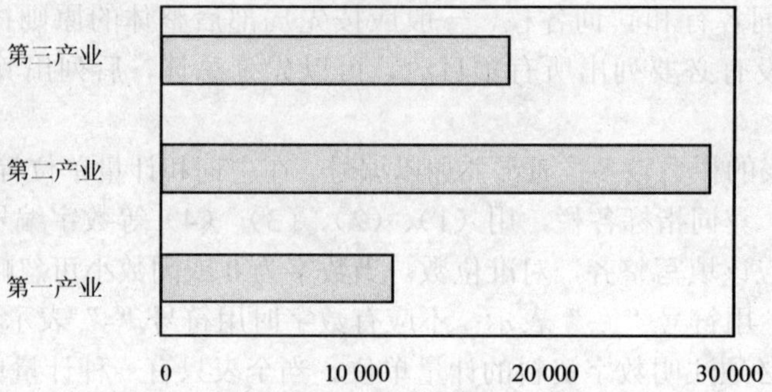

图 3-5　条形图

3．折线图

折线图可以显示相同间隔内数据的预测趋势，如图 3-6 所示。

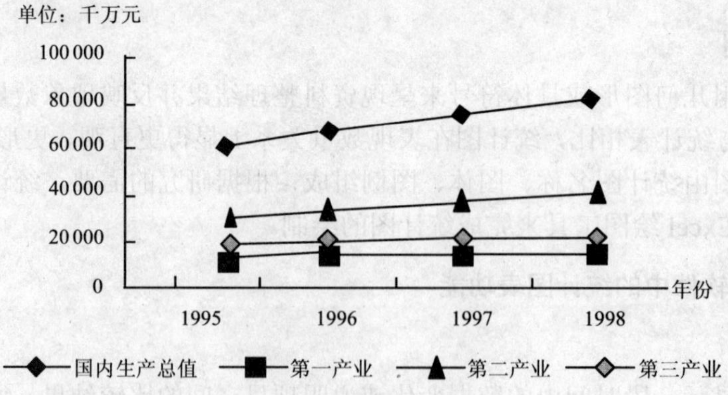

图 3-6　折线图

4. 圆饼图

圆饼图可以显示构成数据系列的项目占项目总和的比例大小。圆饼图只显示一个数据序列。当用户希望强调某个项目的相对大小时，圆饼图就很有用。圆饼图适用于定性的分类变量，如图 3-7 所示。

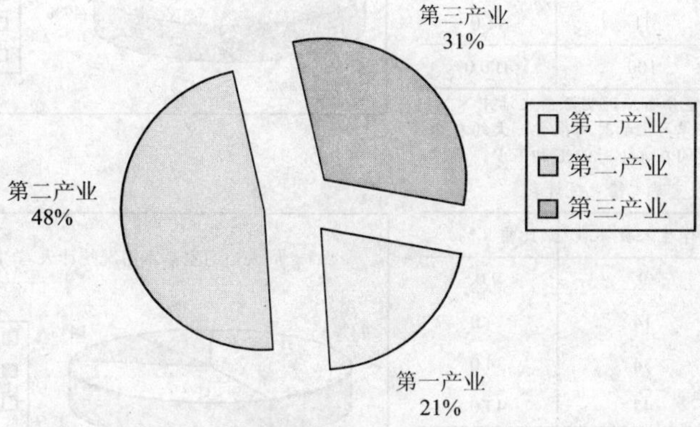

图 3-7 圆饼图

本 章 小 结

统计整理是对调查资料进行分组、汇总，使其系统化、条理化的过程。它在统计研究中起到承上启下的作用。

统计整理的步骤：

（1）对调查资料进行预处理。

（2）统计分组。

（3）对分组资料进行汇总。

（4）绘制统计分组表。

统计分组是把总体按照某一标志划分为若干性质不同又有联系的几个部分。按分组的任务和作用不同，统计分组可分为类型分组、结构分组和分析分组；按分组标志的多少，统计分组可分为简单分组和复合分组；按分组标志的性质不同，可分为品质分组和变量分组。

分配数列是统计整理结果的一种重要表现形式，也是统计分析的一种重要方法。

变量数列的编制。

社会经济现象的次数分布的主要类型：①钟形分布；②U 形分布；③J 形分布。

统计表与统计图。

统计资料示例

仍以前面某学院学生关于大学生课余生活的调查为例，看一看他们是怎样对原始资料进行整理的。（我们选 3 道问题为例）

课余时间学习情况统计表

按时间分组	学生人数/人	比重（%）
1小时	49	49.0
2小时	24	24.0
3小时	16	16.0
4小时及以上	11	11.0
合　计	100	100.0

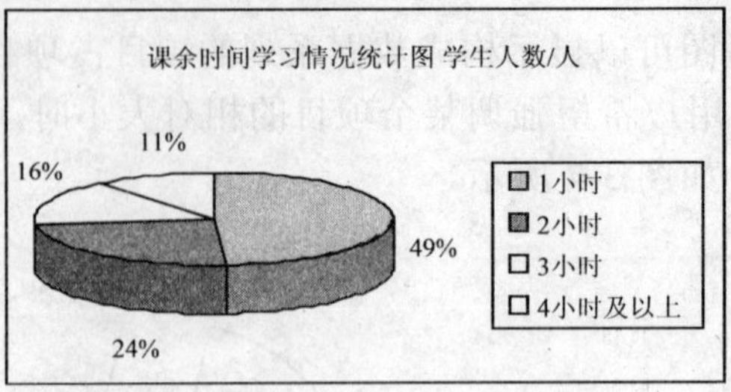

此情况呈“J”字型分布。说明课余生活中××学院大部分学生用在学习上的时间很少，大约在1小时左右，而学习时间在4小时以上却很少。

一周去自习室基本情况统计表

按次数分组	学生人数/人	比重（%）
每天都去	9	9.0
去3～4次	14	14.0
偶尔去1～2次	34	34.0
几乎不去	43	43.0
合　计	100	100.0

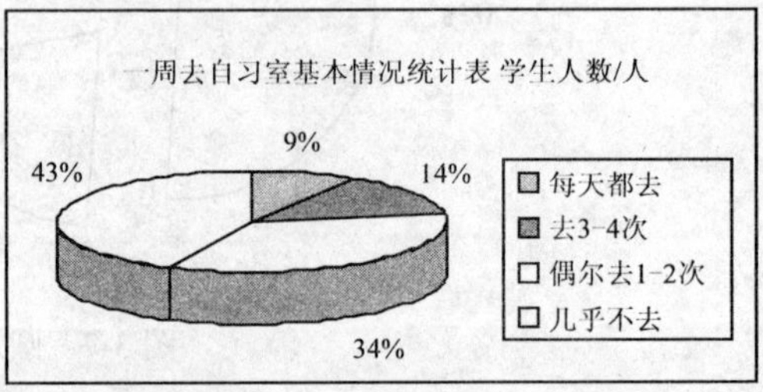

××学生在课余时间去自习室的次数基本很少，少数部分人能坚持每天都去。

上网开支情况统计表

按金额分组	学生人数/人	比重（%）
0～25元	60	60.0
25～50元	12	12.0
50～75元	8	8.0
75～100元	9	9.0
100元以上	11	11.0
合　计	100	100.0

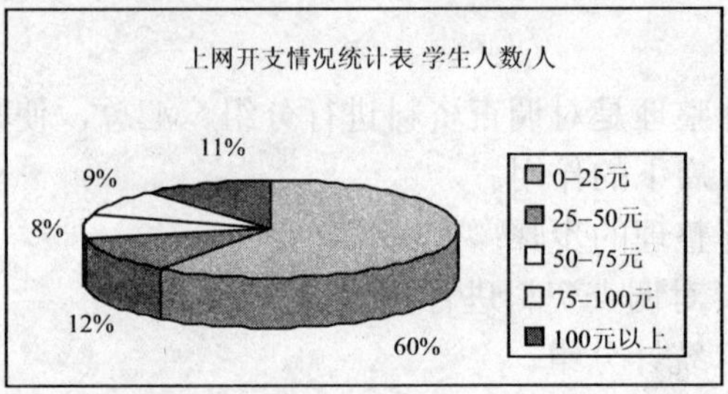

此情况呈“J”字型分布。大多数学生的上网开支在25元以内，也有少数人的开支在100元以上。

思考与练习

一、判断并改错题

1. 统计整理的关键是对各项整理的指标进行汇总。（　）
2. 能否对统计总体进行分组，是由统计总体中的各个单位所具有的“同质性”特点决定的。（　）
3. 统计分组的关键问题是确定组距和组数。（　）
4. 连续型变量可以作单项分组或组距式分组，而离散型变量只能作组距式分组。（　）
5. 在确定组限时，最大组的上限应大于最大变量值。（　）

6．分配数列的实质是把总体单位总量按照总体所分的组进行分配。（ ）

二、单选题

1．统计整理阶段最关键的问题是（ ）。

A．对调查资料的审核　　B．统计分组
C．统计汇总　　D．编制统计表

2．统计整理主要是对（ ）。

A．原始资料进行整理　　B．已加工资料进行整理
C．统计标志进行整理　　D．分组指标进行整理

3. 统计中把反映总体单位特征的大量原始资料转化到反映总体数量特征的基本统计指标和总量指标的工作过程，叫做（ ）。

A．统计设计　　B．统计整理
C．统计分组　　D．统计资料的开发与运用

4．统计分组的关键在于（ ）。

A．分组标志的正确选择
B．按品质标志分组
C．运用多个标志分组，形成一个分组体系
D．分组形式的选择

5．某管理局对所属企业的生产计划完成百分比采用如下分组，请指出哪项是正确的（ ）。

A．80%～89%
90%～99%
100%～109%
110%以上

B．80%以下
80.1%～90%
90.1%～100%
100.1%～110%

C．90%以下
90%～100%
100%～110%
110%以上

D．85%以下
85%～95%
95%～105%
105%～115%

6．在进行组距式分组时，凡遇到某单位的标志值刚好等于相邻两组上下限的数值时，一般是（ ）。

A．将此值归入上限所在的组
B．将此值归入下限所在的组
C．将此值归入上限所在组或下限所在组均可
D．另行分组

7．划分离散变量的组限时，相邻两组的组限（ ）。

A．必须是间断的
B．必须是重叠的
C．既可以是间断的，也可以是重叠的
D．应当是相近的

8．下列分组中哪个是按品质标志分组（　　）。

A．企业按年生产能力分组　　B．产品按品种分组

C．家庭按收入水平分组　　D．人口按年龄分组

9．简单分组和复合分组的区别在于（　　）。

A．选择分组标志的性质不同　　B．组数的多少不同

C．选择分组标志的多少不同　　D．总体的复杂程度不同

10．对某地区工业企业按劳动生产率计划完成程度分为五组，这种分组属于（　　）。

A．简单分组　　B．复合分组

C．按品质标志分组　　D．并列分组

11．次数分配数列是（　　）。

A．按数量标志分组形成的数列

B．按品质标志分组形成的数列

C．按数量标志或品质标志分组形成的数列

D．按总体单位数分组形成的数列

12．单项式变量分布数列和组距变量分布数列都必不可少的基本要素是（　　）。

A．组数和组距　　B．组限和组中值

C．变量与次数　　D．变量和组限

13．在编制分布数列中，组限的确定（　　）。

A．最小组下限应高于最小变量值　　B．最小组下限必须等于最小变量值

C．最大组上限高于最大变量值　　D．最大组上限应低于最大变量值

14．对总体按照一个标志进行分组后形成的统计表称为（　　）。

A．简单表　　B．简单分组表

C．复合分组表　　D．整理表

三、简答题

1．为什么说统计分组的关键在于分组标志的选择？

2．某管理局对其所属企业按生产计划完成程度进行如下四种分组：

第一种	第二种
100%以下	80%以下
100%～110%	80.1%～90%
110%以上	90.1%～100%
	100.1%～110%
	110.1%以上

第三种	第四种
90%以下	85%以下
90%～100%	85%～95%
100%～110%	95%～105%
110%以上	105%～115%
	115%以上

请指出上述四种分组中哪几组是错误的，为什么？

四、计算题

某企业资料如下：

按工龄（年）分组	工人人数/人
5 以下	90
5～10	60
10～15	22
15～20	20
20～25	18
25～30	10

根据资料回答下列问题：（1）分组标志及其类型；（2）分组方法的类型；（3）计算各组的频率；（4）指出工人按工龄分布的特征。

实　训

（一）实训主题

用 Excel 对数据进行统计分组整理，并绘制统计图。

（二）实训目标

1．能够在 Excel 上安装“分析工具库”。

2．在 Excel 上能够熟练利用函数法和直方图工具法进行统计分组和编制频数分布表。

3．会利用 Excel 绘制各种形式的统计图。

（三）实训要求

1．实训前复习 Excel 的基本操作方法。

2．熟练掌握本章的相关理论知识。

3．认真总结案例演示过程，上机独立完成实训内容。

第四章

综合指标

知识目标

了解总量指标、相对指标、平均指标、标志变异指标的含义和分类；理解总量指标、相对指标的作用，能区分时期指标和时点指标；理解平均指标和标志变异指标的概念和关系。

技能目标

能正确计算各种相对指标、平均指标和标志变异指标；能正确运用各类指标分析具体问题。

引导案例

据统计，2009 年上半年北京市海淀区人均消费性支出 8 853.41 元，同比增长 12.04%，其中人均食品支出 3 045.23 元，同比增长 12.55%；人均交通通信支出 1 497.77 元，同比增长 15.58%；人均文教娱乐支出 1 218.57 元，同比增长 13.60%。

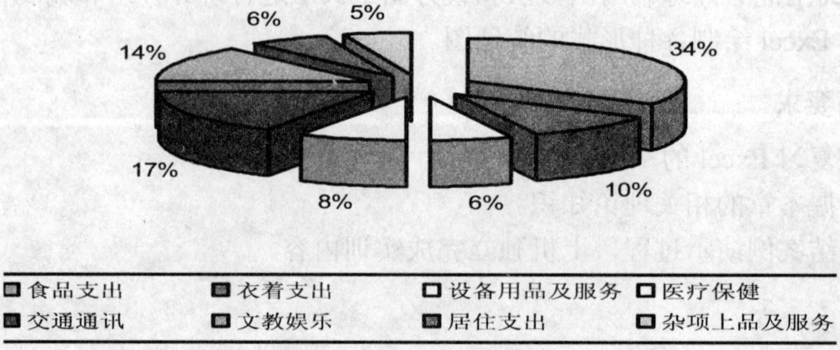

图 4-1　2009 年上半年北京市海淀区人均消费支出构成图

案例点评

案例中分别使用了平均指标、相对指标来说明 2009 年北京市海淀区上半年各种消费支出的平均水平和同比增长情况，使我们清楚了解了 2009 年北京市海淀区在上半年的各种消费支出信息。资料显示，各种消费支出都有增长，其中食品支出仍占主要比重，交通通信和文教娱乐已经在消费支出中占据重要位置。这说明，北京市海淀区的居民生活质量有了较大的提高。在众多的统计数据中，主要有哪几种，它们的特点是什么，如何使用最为恰当，这是本章要介绍的主要内容。

学习内容

第一节 总量指标

一、总量指标的概念及其意义

总量指标是指反映社会经济现象总体规模大小和水平高低的综合指标，通常用绝对数表示，也叫统计绝对数。总量指标是社会经济统计中最基础的指标。例如，某国家或地区的粮食总产量、钢材总产量、零售商品总额、人口总数、国民生产总值（GNP）等，某企业的产品产量、工业总产值、职工人数、资产总额等。

总量指标在社会经济统计中具有十分重要的作用，表现在以下几个方面：

（1）总量指标是认识社会经济现象的起点。一般而言，统计总体最初表现为一定的总量。例如，2009 年某企业的产品产量 100 万件，年末总人数 500 人，年末资产总额 2 100 万元，全年商品销售额 2 000 万元等，这些总量指标从企业的产品、人员、资金等不同方面反映了该企业在 2009 年的发展状况。

（2）总量指标是制定政策、编制计划、进行科学管理的重要依据。通常，国家经济发展计划指标是以总量指标制定的，这样便于计划执行部门分解、执行，从而有利于加强经济管理，提高经济发展效率。

（3）总量指标是计算相对指标和平均指标的基础。相对指标和平均指标是由两个有联系的总量指标对比计算出来的，它们是总量指标的派生指标。总量指标是否科学、合理，会直接影响相对指标和平均指标的准确性。

二、总量指标的种类

（一）按其说明的总体内容不同分类

1. 总体单位总量

总体单位总量是表明总体中总体单位总数量的指标，可用以说明总体本身规模的大小。例如，某地区的企业数、常住人口数，某企业的产品产量、职工人数等。

2. 总体标志总量

总体标志总量是表明总体某方面数量特征的总量指标，可用以说明总体本身的水平高低。例如，某地区的国内总产值（GDP）、零售商品总额等，某企业的工业总产值、销售总额、资产总额、成本费用总额等。

（二）按其反映的时间状况不同分类

1. 时期指标

时期指标是反映社会经济现象在一段时期内发展变化的总量指标，如 2009 年某企业产品产量、工资总额、销售额等。时期指标具有如下特点：

（1）时期指标的数值需要连续记录取得；

（2）时期长短与指标数值的大小成正比，时期越长，指标数值越大；

（3）各期数值相加可以说明较长时期内经济现象发生的总量。

2. 时点指标

时点指标是反映社会经济现象在某一时刻状况的总量指标。例如，某地区 2009 年末总人口数、年末零售商品库存量等，某企业 2009 年末职工人数、年末资产总额、年末银行存款额。时点指标具有如下特点：

（1）时点指标的数值只能间断记录，它的每个数据都表示社会经济现象发展到一定时点上所处的水平；

（2）时点数值的大小与时点之间的间隔长短没有直接联系；

（3）时点数值的相加一般没有实际意义。

（三）按其计量单位不同分类

1. 实物单位

实物单位是根据事物的自然属性和特点确定计量单位所形成的总量指标，也称实物指标。实物指标能够具体、形象地表现总体数量，但是不易于进行综合、汇总。

2. 货币单位

货币单位是以货币单位作为价值尺度来计量事物的总量指标，也称价值指标。价值指标可以弥补实物指标的局限，对不同总体可以进行综合与汇总，概括性强，但是它的抽象性较明显，不易从该数据中直接判断总体的实物形态。

3. 劳动单位

劳动单位是使用劳动时间表示计量单位的总量指标，也称劳动量指标。如使用工日、工时计量的总量指标。劳动量指标通常用于人力资源统计及劳动量统计分析。

三、应用总量指标应注意的问题

（1）统计总量指标要有明确的统计含义、范围和计算方法。只有明确总量指标的含义，才能正确地划分它的范围，正确确定它的计算方法，进而正确计算总量指标。

（2）必须注意统计对象是属于时期现象还是时点现象。

（3）在计算实物指标时，应注意现象的同类性。只有同类现象才能计算实物总量，而同类性是由事物的性质决定的。

（4）使用统一的计量单位。对同一个总量指标在不同时间、地点、单位进行计量时，其计量单位应该一致，不一致时应进行换算使之统一，以便于对比和分析。

第二节 相对指标

一、相对指标的概念和作用

在社会经济发展过程中，经济现象的变化千差万别，使用总量指标可以观察其基本数量特征，但是不便于人们观察不同规模的总体的数量差异及其内部结构特征。

相对指标是指通过对两个有联系的指标数值相比，来描述分子与分母的数量差异，其数值表现为相对数。相对指标可用以表明各种经济现象之间的数量对比关系。例如，产品的品种构成、人口的性别比例、资产负债比率等。

大部分的相对指标是以无名数表示的。无名数是一种抽象化的数值，常以系数、倍数、成数、百分数（%）表示；还有一部分是以复合单位表示的，也称为有名数。例如，人/平方公里、元/人。

在统计指标中，相对指标具有以下作用：

（1）可以反映社会经济现象的相对水平、普遍程度、比例关系和内部结构等。如某企业销售额的年增长率、某地区的产业结构等。

（2）可以使一些不能直接对比的现象找到共同的比较基础，进行更为有效的对比分析。

（3）是进行宏观经济管理和评价企业经济活动成果的主要指标。

二、相对指标的种类及计算方法

$$\text{相对指标的基本公式：}\frac{\text{被比较的指标}}{\text{比较标准的指标}}=\text{差异率}$$

评价依据：差异率大于 1，说明分子大于分母；差异率小于 1，说明分子小于分母；差异率等于 1，说明分子与分母没有数量差异。依据比较标准的指标不同，相对指标分为以下几种。

（一）结构相对指标

结构相对指标是在对总体分组的基础上，以总体总量作为比较标准，求出各组总量占总体总量的比重，从而反映总体内部组成情况的综合指标，通常用百分数表示。计算公式为

$$\text{结构相对指标}=\frac{\text{各组或部分总量}}{\text{总体总量}} \tag{4-1}$$

应当注意，结构相对指标必须以科学的分组为基础，才能正确反映总体的结构。由于结构相对指标对比的基础相同，即都是与同一总体总量相对比，因此，各部分的结构相对指标之和等于 100%，见表 4-1。

表 4-1 我国 2003 年国内生产总值构成表

按产业构成分组	增加值/亿元	比重（%）
总计（国内生产总值）	82 054	100
其中：第一产业	14 212	17.32
第二产业	40 806	49.73
第三产业	27 036	32.95

其中第一、二、三产业增加值占全国国内生产总值的比重分别为

$$\text{第一产业}\quad \frac{14\,212}{82\,054}\times 100\% = 17.32\%$$

$$\text{第二产业}\quad \frac{40\,806}{82\,054}\times 100\% = 49.73\%$$

$$\text{第三产业}\quad \frac{27\,036}{82\,054}\times 100\% = 32.95\%$$

结构相对指标的作用主要表现在以下方面：

（1）可以反映总体内部构成的性质和特征，见表 4-2。

表 4-2　2003 年人口年龄构成情况表

全部人口按年龄分组/岁	年末数/万人	比重（%）
0～14	28 559	22.1
15～64	90 976	70.4
65 以上	9 692	7.5
合　计	129 227	100

表 4-2 的资料显示了我国不同年龄段的人口所占的比重，反映了我国人口的年龄构成。

（2）通过不同时期的结构相对指标变动情况，可以反映事物的发展变化趋势，见表 4-3。

表 4-3　某企业 2006～2009 年产品销售构成

	2006 年		2007 年		2008 年		2009 年	
	销量/吨	比重（%）	销量/吨	比重（%）	销量/吨	比重（%）	销量/吨	比重（%）
内销	42 000	70	35 000	50	28 000	35	20 000	20
外销	18 000	30	35 000	50	52 000	65	80 000	80
合计	60 000	100	70 000	100	80 000	100	100 000	100

从表 4-3 中可以看出，该企业是在经过多年不断努力后才取得如此好的外销成绩的。

（3）可以用来反映事物的总体质量或工作的质量，反映人力、物力、财力的利用情况。如产品合格率、出勤率、设备利用率、资金利用率等。

（二）比例相对指标

比例相对指标是反映总体内部各组成部分之间数量对比关系的相对指标。它可以表明总体内部各个部分、各个分组之间在数量上的均衡关系。其表现形式有系数、百分数、比例数。计算公式为

$$\text{比例相对指标}=\frac{\text{总体中某一部分数值}}{\text{总体中另一部分数值}} \tag{4-2}$$

根据表 4-2 中的资料，可以计算不同年龄段人口的比例，如 0～14 岁与 65 岁以上人口的比例为 28 559:9 692=2.95:1，少年组人数多于老年组人数，意味着较高的劳动力资源储备。

（三）比较相对指标

比较相对指标是同一时期同类现象的指标数值在不同空间内（地区与地区之间、部门与部门之间、单位与单位之间）进行的对比，表明同类现象在不同地区的差异程度，它可以用百分数表示，也可以用倍数表示。计算公式为

$$\text{比较相对指标}=\frac{\text{甲地区某指标值}}{\text{乙地区某指标值}} \tag{4-3}$$

例如，甲企业2000年末职工人数为4 679人，乙企业同期职工人数为10 528人。则有

$$甲企业职工人数为乙企业职工人数的百分比=\frac{4\,679}{10\,528}\times100\%=44.44\%$$

$$乙企业职工人数为甲企业职工人数的倍数=\frac{10\,528}{4\,679}=2.25$$

比较相对指标所对比的指标可以是总量指标、相对指标或平均指标。在经济工作中，把国家或企业的各项经济指标与其他国家或其他同类企业的先进水平对比，可以帮助人们找出差距，实现超越。

（四）动态相对指标

动态相对指标是指同类现象在不同时间上的对比关系，用以反映现象在时间上发展变化的方向和程度，也称为发展速度指标。常用百分数和倍数表示。通常把作为比较基础的时期称为基期，把与基期进行对比的时期称为报告期。计算公式为

$$动态相对指标=\frac{报告期指标数值}{基期指标数值} \tag{4-4}$$

例如，我国的汽车产量1999年为163万辆，2000年为185万辆，则

$$动态相对指标=\frac{185}{163}\times100\%=113.5\%$$

动态相对指标在对事物进行动态分析时很重要，本书将在第六章中对其作详细介绍。

（五）强度相对指标

强度相对指标是将两个性质不同但又相互联系的总量指标进行对比，反映在一个经济单位中某经济现象的强弱程度、密集程度或普遍程度，一般用有名数表示（由分子和分母的计量单位组成）。计算公式为

$$强度相对指标=\frac{某一现象的指标数值}{另一有联系的指标数值} \tag{4-5}$$

例如，1999年末我国总人口为125 909万人，则

$$人口密度=\frac{125\,909}{960}\approx131（人/平方公里）$$

强度相对指标有正、逆指标之分，若强度相对指标数值的大小与所研究对象发展程度或密度成正比，则称为正指标；反之，其数值大小与所研究对象的发展程度或密度成反比，则称为逆指标。在实际统计中，是采用正指标还是逆指标，应根据哪一个指标更能清楚地说明问题来决定。

例 4-1 某城市2004年末人口为100万人，零售商店5 000个，计算该城市零售商业网密度。

$$该城市零售商业网密度（正指标）=\frac{5\,000}{100}=5（个/千人）$$

以上强度相对数为 5 个/千人，说明该市每千人有 5 个零售商业网点为他们服务。指标值越大，表示零售商业网的密度越大，它是从正方向说明零售商业密度的，所以称为正指标。若把分子和分母互换一下，则

$$该城市零售商业网密度（逆指标）=\frac{1\,000\,000}{5\,000}=200（人/个）$$

这个强度相对数为 200 人/个，说明该市每个零售商业机构所服务的人数是 200 人。指标的数值越大，说明零售商业网的密度越小，它是从反方向说明零售商业网密度的，所以称为逆指标。

（六）计划完成程度相对指标

计划完成程度相对指标，又称为计划完成相对数，是现象在某一段时间内实际完成数与计划任务数的比值，反映计划完成的情况，通常以百分数表示。计算公式为

$$计划完成程度=\frac{实际完成数}{计划完成数}\times100\% \tag{4-6}$$

式中，计划完成数是计划规定的用于衡量计划完成情况的标准，所以计划任务数只能作分母，并且分子与分母的指标含义、计算口径、计算方法、计量单位以及时间长度和空间范围都必须保持一致。

由于计划任务数下达的形式有绝对数、相对数和平均数，所以计划完成程度相对指标有不同的计算方法。

1. 计划任务数为绝对数

当计划任务数为绝对数时，短期计划完成情况的检查，又可分为两种情况：①计划数与实际数是同期的，如年度实际数与年度计划数对比，用于说明年度计划执行的结果；②计划期中某一段时间的实际累计数与全期计划数对比，用于表明计划执行的进度，计算公式为

$$计划执行的进度=\frac{累计至本期止实际完成数}{全期计划任务数}\times100\% \tag{4-7}$$

例 4-2 某企业 2004 年计划完成销售额 500 万元，年实际完成销售额 520 万元，其中前三个季度完成 380 万元。计算该企业年度销售额计划完成程度。

$$该企业年度销售额计划完成程度=520/500\times100\%=104\%$$

$$该企业前三个季度销售额计划执行的进度=380/500\times100\%=76\%$$

该企业超额 4%完成了年度销售额计划，前三个季度计划执行的进度为 76%，超额 1%完成年度进度计划。

2. 计划任务数为相对数

当计划任务数为相对数，而且以提高（或降低）的百分数表示时，则不能以实际提高百分数（或实际降低百分数）与计划提高百分数（或计划降低百分数）直接对比，而是要考虑在原有基数 100%的基础上的提高（或降低）进行对比。计算公式为

$$计划完成程度=\frac{实际为上年的百分比}{计划为上年的百分比} \quad (4\text{-}8)$$

例 4-3 某企业劳动生产率计划提高 10%，实际提高 12%，计算该企业的劳动生产率提高计划完成程度。

$$劳动生产率提高计划完成程度=\frac{1+12\%}{1+10\%}\times100\%=\frac{112\%}{110\%}\times100\%=101.82\%$$

计算结果表明劳动生产率超额 1.82%完成计划。

例 4-4 某产品单位成本计划降低 6%，实际降低 8%，计算单位成本降低计划完成相对指标。

$$降低成本计划完成程度=\frac{1-8\%}{1-6\%}\times100\%=\frac{92\%}{94\%}\times100\%=97.87\%$$

计算结果表明该产品单位成本实际比计划降低 2.13%，所以超额完成单位成本降低计划。

3．计划任务数为平均数

当计划任务数为平均数时，计算公式为

计划完成程度=实际完成数（平均数）/计划完成数（平均数）

应当注意，根据计划完成程度相对指标来判断是否完成了计划，要根据指标的性质来确定。对数值越大越好的指标，超过 100%是超额完成计划，小于 100%是没有完成计划，如产量、劳动生产率、利润、销售额等指标。对数值越小越好的指标，小于 100%是超额完成计划，大于 100%是没有完成计划，如成本、消耗量等指标。

三、正确运用相对指标的原则

由于相对指标需要经过对比计算，为了保证其科学性与合理性，客观上要求对比使用的相对指标应遵循如下原则。

（一）可比性原则

可比性就是指作为对比的分子指标和分母指标所包含的内容、计算范围要有可比性，对比的结果要有实际意义。例如计算人口密度时，人口数和土地面积必须是同一地域范围的。

（二）相对指标和总量指标结合运用的原则

总量指标能够反映现象发展的总规模和总水平，却无法反映现象之间的联系；相对指标反映现象之间的数量对比关系和差异程度，却又将现象的具体规模水平抽象掉了。因此，只有将相对指标和总量指标结合起来使用，才能克服片面性，达到对客观事物全面正确的认识。

（三）多种相对指标结合运用的原则

相对指标有很多种，每种相对指标只能从某一个侧面反映数量之间的对比关系。因此，要全面深刻地认识事物，就需要将各种相对指标结合起来进行考察和研究。

第三节 平均指标

在社会经济活动中，人们虽然可以运用总量指标和相对指标观察和分析事物的数量规模和数量关系，探寻经济现象的变化规律，但是，这些指标也存在一定的局限性，比如对总体各单位一般水平的描述，比较不同规模总体的代表水平等。为了进一步认识客观事物的数量特征，人们又使用了一种分析指标，即平均指标及其辅助指标—— 标志变异指标。

一、平均指标的概念

平均指标用以说明同质总体内某一数量标志在具体时间、地点条件下达到的一般水平，其数值表现为平均数。

总体是由许多单位构成的。在一个确定的研究目的下，各总体单位在某一方面具有某种共同的标志和不同差异的标志值。如果从整体上观察这些标志值，便会发现这些具有差异的标志值在分布上具有集中趋势，即向某一数值聚集。这个数值便可代表总体各单位在该数量特征上的标志值的一般水平或代表水平，即平均数。例如，某班学生某课程考试成绩高低不同，为了反映全班同学的整体成绩，就需要有一个值代表所有学生的成绩，这个代表值就是平均成绩。

在社会经济统计中，平均指标具有很大的作用：

（1）利用平均指标可以消除因总体范围不同而带来的总体数量差异，从而使不同的总体具有可比性。例如，比较生产同类产品的几个企业的生产情况，不能用总产值、总成本等总量指标，因为总量指标受企业规模、产品产量多少的影响，但如果用平均指标，比如单位产品成本、劳动生产率来进行对比，就可以较好的评价企业的生产情况。

（2）利用平均指标可以分析现象之间的依存关系。利用统计分组分析现象之间的依存关系，首先要用分组标志对总体进行分组，然后再计算出结果标志的平均值，所以平均指标在研究现象关系中起着重要作用。

（3）利用平均指标还可以估计和推算其他指标。如在抽样推断中利用样本平均数来估计总体平均数和推算总体总量。

二、平均指标的种类及计算方法

平均指标有多种不同的计算方法，主要有算术平均数、调和平均数、几何平均数、中位数和众数等。其中，算术平均数、调和平均数、几何平均数都是根据总体单位的全部标志值来计算的，称为数值平均数；中位数和众数是根据标志值所处的位置来确定的，称为位置平均数。

（一）算术平均数

算术平均数是应用最广泛的一种平均指标，它是总体标志总量与总体单位总量的比值。按照统计资料是否分组的条件，算术平均数分为以下几种。

1. 简单算术平均数

简单算术平均数是将总体单位的每一个标志值相加得到的标志总量除以总体单位总量求

得的平均数。简单算术平均数的计算公式为

$$\overline{x}=\frac{\sum x}{n} \tag{4-9}$$

式中 $\overline{x}$——简单算术平均数；

x——各单位标志值；

n——总体单位数。

简单算术平均数适用于总体单位数少的未分组资料。由简单算术平均数中可以看出，数值大小是由变量值 x 决定的。如果某个 x 值极大，算术平均数就偏大，反之，某个 x 值极小，算术平均数就偏小。

例 4-5　某班有 6 名同学参加考试，成绩分别为 89、73、64、78、83、72 分，求平均成绩。

$$平均成绩=\frac{89+73+64+78+83+72}{6}=\frac{459}{6}=76.5\ （分）$$

2. 加权算术平均数

对于已分组资料计算算术平均数，必须先将各组的标志值乘以相应各组单位数来求出各组的标志总量，然后加总求得总体标志总量，最后用总体标志总量除以总体单位总量，由此计算出的平均数为加权算术平均数。加权算术平均数的计算公式为

$$\overline{x}=\frac{x_1 f_1+x_2 f_2+\cdots+x_n f_n}{f_1+f_2+\cdots+f_n}=\frac{\sum xf}{\sum f} \tag{4-10}$$

式中 $\overline{x}$——加权算术平均数；

x_i——各单位标志值；

f_i——权数，即各组单位数（次数）。

例 4-6　某企业车间有 180 名工人，每人某天生产某种零件数的变量数列见表 4-4，求工人的平均日产零件数。

表 4-4　工人日产零件数情况表

按每人日产零件数分组（x）/件	工人数（f）/人	人数比重 $\left(\frac{f}{\sum f}\right)$	生产零件数（xf）/件	日产零件数乘以比重 $\left(\frac{xf}{\sum f}\right)$
15	10	0.05	150	0.75
16	20	0.11	320	0.76
17	30	0.17	510	0.89
18	50	0.28	900	5.04
19	40	0.22	760	4.18
20	30	0.17	600	3.40
合　计	180	1	3 240	18

$$工人的平均日产零件数=\frac{15\times10+16\times20+17\times30+18\times50+19\times40+20\times30}{10+20+30+50+40+30}=18（件）$$

上例中，各组每人日产零件数 x 与各组工人数 f 的乘积是各组工人日产零件合计数，即各组单位标志值之和。将各组日产零件合计数相加，可以得到全车间工人日产零件总数，再除以工人总数（即总体单位总数），可求得该车间平均每个工人日产零件数。

从加权算术平均数的公式可以看出，影响加权算术平均数的因素有两个：一个是变量值 x，即当 x 值极大或极小时，算术平均数会偏大或偏小；另一个是各组的次数 f，即算术平均数会向 f 较多的位置偏移。由于 f 在算术平均数计算过程中，对变量值 x 有调节、影响作用，通常人们把它称作权数。但实质上，起权数作用的并不是次数，而是次数的比重，因而也可用次数的比重作权重，计算加权算术平均数。

以次数比重为权重的加权算术平均数公式为

$$\overline{x}=\sum x\frac{f}{\sum f} \tag{4-11}$$

根据表 4-4 的资料，用工人比重为权数计算平均日产零件数为

$$\overline{x}=15\times0.05+16\times0.11+17\times0.17+18\times0.28+19\times0.22+20\times0.17=18（件）$$

以上是单项变量数列的加权算术平均数，对于组距数列也可以计算加权算术平均数。不同的是，组距数列首先要计算组中值，再用组中值作变量按上述方法计算。

例 4-7 某企业某月工人工资资料见表 4-5：

表 4-5 工人工资分组情况表

按月工资额分组/元	组中值（x）/元	工人人数（f）/人	各组工人工资（xf）/元
600 以下	500	180	90 000
600～800	700	350	245 000
800～1 000	900	900	810 000
1000～1 200	1 100	520	572 000
1 200 以上	1 300	50	65 000
合　计	—	2 000	1 782 000

$$工人月工资=\frac{500\times180+700\times350+900\times900+1100\times520+1\,300\times50}{2\,000}=891（元）$$

注意：月平均工资 891 元只是近似值，用组距数列的组中值计算算术平均数，是假定标志值在各组内的变动是均匀的。但实际上组内标志值的分布往往不是均匀的，所以组中值本身就是近似的代表值，所以根据组中值计算的加权算术平均数也只是实际平均数的近似值，但这种计算方法由于其计算便捷，在统计和其他经济工作中被广泛应用。

（二）调和平均数

调和平均数是根据各标志值的倒数计算的，它是标志值倒数的算术平均数的倒数。在实际工作中，有时由于缺乏总体单位数的资料，而不能直接计算平均数，这时，可采用调和平均数计算。

调和平均数有简单调和平均数和加权调和平均数两种形式。

1. 简单调和平均数

对于未分组资料，采用简单调和平均数。其计算公式为

$$H=\frac{n}{\sum\frac{1}{x}} \tag{4-12}$$

式中 H——调和平均数；

x——各单位标志值；

n——标志总量。

例 4-8 假设市场上西瓜的价格分别是早市 0.80 元/千克，中午 0.70 元/千克，晚市 0.50 元/千克，若在早中晚各买 1 元的西瓜，问平均每千克的价格是多少？

$$\text{平均每千克的价格}=\frac{1+1+1}{\frac{1}{0.80}+\frac{1}{0.70}+\frac{1}{0.50}}=\frac{3}{4.68}=0.64\ \text{（元/千克）}$$

2. 加权调和平均数

对于已分组资料，采用加权调和平均数。其计算公式为

$$H=\frac{\sum m}{\sum\frac{m}{x}} \tag{4-13}$$

式中 H——调和平均数；

x——各单位标志值；

m——各组标志总量。

例 4-9 接例 4-8，若早中晚所购西瓜金额不同，见表 4-6，计算平均每千克的价格。

表 4-6 西瓜市场价格表

	价格（x）/（元/千克）	采购金额（m）/元	采购量（f）/千克
早　市	0.80	4	5
中　午	0.70	4.9	7
晚　市	0.50	5	10
合　计	—	13.9	22

$$\text{平均每千克价格}=\frac{4+4.9+5}{\frac{4}{0.80}+\frac{4.9}{0.70}+\frac{5}{0.50}}=\frac{13.9}{5+7+10}=\frac{13.9}{22}\approx 0.63\text{(元)}$$

从例 4-9 可以看出，在用调和平均数计算平均价格时，分子是采购金额，分母是采购数量，即分子是标志总量，分母为单位总量。即调和平均数是算数平均数的变形，其实质含义、计算结果与算术平均数一致。如果所掌握的资料是各组标志值的次数，则采用加权算术平均数；如果掌握的资料是各组的标志总量，则采用调和平均数计算。

例 4-10 某商品在三个市场上的平均价格及销售量的资料见表 4-7，现依据表中资料计算总平均价格。

表 4-7 三个市场上的平均价格及销售量表

市　场	平均价格（x）/（元/千克）	销售量（f）/千克	销售额（m）/元
甲	1.8	30 000	54 000
乙	2.2	20 000	44 000
丙	1.8	25 000	45 000
合　计	—	75 000	143 000

若已知销售量，用加权算术平均数计算如下

$$总平均价格=\frac{\sum xf}{\sum f}=\frac{143\,000}{75\,000}=1.91（元/千克）$$

若未知销售量，直接掌握销售额，则用加权调和平均数计算如下

$$总平均价格=\frac{\sum m}{\sum \frac{m}{x}}=\frac{143\,000}{\frac{54\,000}{1.8}+\frac{44\,000}{2.2}+\frac{45\,000}{1.8}}=\frac{143\,000}{75\,000}=1.91（元/千克）$$

应当注意的是，在统计资料中各变量值相加之和为总体标志总量的条件下，用算术平均数和调和平均数方法计算的平均数，其代表意义较为合理。但在统计资料中的变量值不符合这个条件的情况下，应用这两种算法得出的平均数的代表意义，需要斟酌使用。

（三）几何平均数

几何平均数是把各个标志值连乘，开 n 次方根所得的平均水平。在标志值的连乘积等于总比率或总速度的条件下，可用几何平均数计算它们的平均比率和平均速度，进而反映现象的一般水平。

其计算公式为

$$简单几何平均数\quad \bar{x}=\sqrt[n]{x_1x_2\cdots x_n} \tag{4-14}$$

$$加权几何平均数\quad \bar{x}=\sqrt[f_1+f_2+\cdots f_n]{x_1^{f_1}x_2^{f_2}\cdots x_n^{f_n}} \tag{4-15}$$

（四）中位数

将总体中各单位的标志值按大小顺序排列，位于中间位置的标志值就是中位数。即中位数将全部标志值分为两部分，一半单位的标志值小于中位数，另一半单位的标志值大于中位数，以位于中心位置的标志值代表现象的一般水平，所以它不受极端数值的影响。

中位数的确定要根据所掌握的资料不同而采用不同的计算方法。

1. 由未分组资料确定中位数

将各标志值按大小顺序排列后，首先用公式 $(n+1)/2$ 确定中位数在数列中的位置，然后

根据中点位置的标志值确定中位数。如果n为奇数，则中位数就是位于中间位置的那个标志值；如果n为偶数，则中位数就是位于中间位置的两个标志值的算术平均数。

例 4-11　有甲、乙两组工人加工某种零件，日加工零件数如下：

甲组 5，6，7，8，8，10，12；乙组 5，5，6，8，8，9，9，10。求甲、乙两组的中位数。

甲组中位数位置是（7+1）/2=4，则第四个工人的日产量 8 件是中位数。

乙组中位数位置是（8+1）/2=4.5，则中位数为（8+8）/2=8。

2．由分组资料确定中位数

分组资料有单项式数列和组距数列，单项式数列确定中位数方法是先计算各组的累计次数$\sum f$，然后根据$\sum f/2$确定中位数所在的组，则该组的标志值即为中位数。

例 4-12　某班组工人按日产量分组资料见表 4-8，确定中位数。

表 4-8　某班组工人日产量分组表

按日产量分组/个	工人数/人	向上累计次数	向下累计次数
8	4	4	34
9	6	10	30
10	15	25	24
11	5	30	9
12	4	34	4
合　计	34	—	—

中位数位置为$\sum f/2$=17，而 17 包含在第三个的累计次数里，所以中位数在第三组，即中位数为 10 个。

组距数列确定中位数一般分为三步：

第一步计算累计次数$\sum f$；

第二步根据$\sum f/2$确定中位数所在的组；

第三步用近似公式计算中位数，可用上限公式与下限公式两种计算方法。

下限公式为

$$M_e = L + \frac{\frac{\sum f}{2} - S_{m-1}}{f_m} \times i \qquad (4\text{-}16)$$

上限公式为

$$M_e = U - \frac{\frac{\sum f}{2} - S_{m+1}}{f_m} \times i \qquad (4\text{-}17)$$

式中　M_e——中位数；

L——中位数所在组的下限；

i——中位数所在组的组距；

U——中位数所在组的上限；

f_m——中位数所在组的次数；

$\sum f$——总次数；

S_{m-1}——中位数所在组以前组的向上累计次数；

S_{m+1}——中位数所在组以后组的向下累计次数。

例 4-13 某企业职工月工资分组资料见表 4-9，确定中位数。

表 4-9 某企业职工月工资分组表

全部职工月工资分组/元	职工人数/人	累计次数	
		向上累计	向下累计
1 000 以下	40	40	2 800
1 000～1 200	200	240	2 760
1 200～1 400	480	720	2 560
1 400～1 600	1 050	1 770	2 080
1 600～1 800	600	2 370	1 030
1 800～2 000	280	2 650	4 430
2 000 以上	150	2 800	150
合计	2 800	-	-

$\sum f/2=1400$，从累计次数可以看出中位数在 1400～1 600 元这组内。

用上限公式为 $M_e=U-\dfrac{\sum f/2-S_{m+1}}{f_m}\times i=1600-\dfrac{1600-1030}{1050}\times 200=1529.52$（元）

用下限公式为 $M_e=L+\dfrac{\sum f/2-S_{m-1}}{f_m}\times i=1400+\dfrac{1400-720}{1050}\times 200=1529.5$（元）

（五）众数

众数是总体中出现次数最多的标志值，即最经常、最普遍出现的标志值。

在总体单位数很多，且有明显的集中趋势的情况下，可以采用众数来代表现象的一般水平，因为众数在总体中出现次数最多，在总体中占有重要地位。

众数的确定方法有两种：

（1）由单项式数列确定众数比较容易，通过观察找出出现次数最多的那个标志值即为众数。

（2）由组距式数列确定众数，首先确定众数所在的组，再用上限公式或下限公式来计算众数的近似值。

下限公式为
$$M_O=L+\frac{\Delta_1}{\Delta_1+\Delta_2}\times i \tag{4-18}$$

上限公式为
$$M_O=U-\frac{\Delta_2}{\Delta_1+\Delta_2}\times i \tag{4-19}$$

式中 M_O——众数；

i——众数所在组的组距；

L——众数所在组的下限；

U——众数所在组的上限；

Δ_1——众数组次数与前一组次数之差；

Δ_2——众数组次数与后一组次数之差。

例 4-14 某企业职工月工资分组资料见表 4-10，确定众数。

表 4-10 某企业职工月工资分组表

全部职工月工资分组/元	职工人数/人
1 000 以下	40
1 000～1 200	200
1 200～1 400	480
1 400～1 600	1 050
1 600～1 800	600
1 800～2 000	280
2 000 以上	150
合　计	2 800

众数所在的组为 1 400～1 600 元，计算众数的近似值为

$$M_O = L + \frac{\Delta_1}{\Delta_1 + \Delta_2} \times i = 1\,400 + \frac{1050 - 480}{(1\,050 - 480) + (1\,050 - 600)} \times 200 = 1\,511.76 \text{（元）}$$

$$M_O = U - \frac{\Delta_2}{\Delta_1 + \Delta_2} \times i = 1\,600 - \frac{1050 - 600}{(1\,050 - 480) + (1\,050 - 600)} \times 200 = 1\,511.76 \text{（元）}$$

三、应用平均指标的原则

（一）平均数只能在同质总体中才能进行计算

这是计算平均数的必要前提条件和基本原则。所谓同质就是总体的各个单位在某一标志上性质是相同的。只有在同质总体中，总体各单位才具有共同的特征，从而才能通过计算它们的平均数来反映其一般水平。如果总体单位是不同质的，那么计算出来的平均数，不能说明事物的性质及其规律，反而会掩盖现象之间的本质差别，甚至歪曲事实真相。

（二）用组平均数补充总平均数

按同质总体所计算的平均数，是一个“笼统平均数”，在许多情况下，还不能充分反映所研究现象的特征和规律，即在同质总体中各单位之间还存在着其他性质上的重要差别，而它们对总平均数往往有重要影响，因而应当用有关标志对总体分组，计算平均数，从而对总平均数作补充说明，揭示现象内部结构组成的影响。

（三）用分布数列来补充说明平均数

平均数只是用一个数值来说明现象的一般水平，它掩盖了总体内部各单位之间的差异及其分布情况，为了更深入地说明问题，需按被平均标志对总体进行分组，用分布数列补充说明总平均数。

第四节 标志变异指标

一、标志变异指标的意义

平均指标反映了总体各单位标志值的集中趋势，然而总体各单位标志值的差异是客观存

在的。因此，为了更全面地研究总体的数量特征，还需要计算另一种指标反映总体各单位标志值的差异程度，也就是现象的离中趋势。这类指标在统计中被称为标志变异指标。

标志变异指标在统计分析中的具体作用有以下几点：

（1）反映总体各单位标志值分布的离中趋势，说明平均指标的代表性大小。平均指标作为总体各单位标志值集中趋势的代表值，其代表性的大小与总体各单位标志值的差异程度即离中趋势有直接关系，总体的标志变异指标值越大，平均数代表性越小；反之，标志变异指标值越小，平均数代表性越大。

（2）说明现象变动的均匀性和稳定性程度。在统计分析中，人们常用标志变异指标来分析生产、供应、销售计划的执行是否均匀，产品质量是否稳定。

（3）标志变异指标在抽样调查中具有重要作用。标志变异指标的大小，与抽样方式的选择和必要抽样数目的确定有着密切关系。

二、标志变异指标的种类及其计算

（一）全距

全距是一种简单的测定变异水平的指标，它是最大标志值与最小标志值的差，用来说明标志值变动范围的大小。

全距的优点是计算简单，但是它只说明总体中两个极端标志值的变动范围，并不能全面反映各单位标志值的变异程度，这是全距的局限性。全距在误差检测与控制中有着重要作用。

（二）平均差

平均差是总体各单位标志值与其算术平均数的离差的绝对值的算术平均数。它反映的是各标志值与其平均数的平均差异水平，它是根据全部标志值计算的，能反映各单位标志值的变异离散水平。其计算公式为

$$A.D.=\frac{\sum|x-\bar{x}|}{n} \tag{4-20}$$

平均差数值越大，说明总体中各变量值差异越大，则平均数的代表性越小。

（三）标准差

标准差是总体中各单位标志值与其算术平均数的离差平方的算术平均数的平方根，又称为均方差。标准差是用平方的方法消除离差的正负号，是计算离差的平方的算术平均数再开方，因此又称为均方差。标准差是测定标准值离散水平的主要指标，用σ表示。

对于未分组资料，其计算公式为简单式为

$$\sigma=\sqrt{\frac{\sum(x-\bar{x})^2}{n}} \tag{4-21}$$

对于已分组资料，其计算公式为加权式为

$$\sigma = \sqrt{\frac{\sum (x-\overline{x})^2 f}{\sum f}} \tag{4-22}$$

表 4-11、表 4-12 和表 4-13 来说明了标准差的计算过程和代表的意义。

表 4-11　日产零件标准差计算表　（单位：件）

甲组（$\overline{x}=70$）			乙组（$\overline{x}=70$）		
日产零件数	离　差	离差平方	日产零件数	离　差	离差平方
x	$x-\overline{x}$	$(x-\overline{x})^2$	x	$x-\overline{x}$	$(x-\overline{x})^2$
68	−2	4	50	−20	400
69	−1	1	60	−10	100
70	0	0	70	0	0
71	1	1	80	10	100
72	2	4	90	20	400
合　计	0	10	合　计	0	1 000

$$\sigma_{甲} = \sqrt{\frac{\sum (x-\overline{x})^2}{n}} = \sqrt{\frac{10}{5}} = 1.414\text{（件）}$$

$$\sigma_{乙} = \sigma = \sqrt{\frac{\sum (x-\overline{x})^2}{n}} = \sqrt{\frac{1\,000}{5}} = 14.14\text{（件）}$$

表 4-11 说明甲组和乙组的平均数虽然一样，但是 $\sigma_{乙} > \sigma_{甲}$，即乙组的离散水平大，乙组的平均数代表性差。

表 4-12　标准差计算表

按日包装数分组（x）/箱	工人数（f）/人	总包装数（xf）/箱	$x-\overline{x}$	$(x-\overline{x})^2$	$(x-\overline{x})^2 f$
7	100	700	−2.05	4.202 5	420.25
8	250	2 000	−1.05	2.102 5	275.625
9	300	2 700	−0.05	0.002 5	0.75
10	200	2 000	0.95	0.902 5	180.50
11	150	1 650	1.95	3.802 5	570.375
合　计	1 000	9 050	—	—	1 447.5

$$\overline{x} = \frac{\sum xf}{\sum f} = \frac{9\,050}{1\,000} = 9.05\text{（箱）}$$

$$\sigma = \sqrt{\frac{\sum (x-\overline{x})^2 f}{\sum f}} = \sqrt{\frac{1\,447.5}{1\,000}} = 1.20\text{（箱）}$$

表 4-13 标准差计算表

按人均纯收入分组/元	农户数/户	组中值/元	总收入额/元	$x-\bar{x}$	$(x-\bar{x})^2$	$(x-\bar{x})^2 f$
	f	x	xf			
1 000 以下	44	500	22 000	3 013	9 078 169	399 439 436
1 000～2 000	79	1 500	118 500	–203	4 052 169	320 121 351
2 000～3 000	236	2 500	590 000	–1 013	1 026 169	242 175 884
3 000～4 000	260	3 500	910 000	–13	169	43 940
4 000～5 000	223	4 500	1 003 500	987	974 169	217 239 687
5 000 以上	158	5 500	869 000	1 987	3 948 169	623 810 702
合计	1 000	-	3 513 000	-	-	1 802 831 000

$$\bar{x}=\frac{\sum xf}{\sum f}=\frac{3\,513\,000}{1\,000}=3\,515\ （元）$$

$$\sigma=\sqrt{\frac{\sum(x-\bar{x})^2 f}{\sum f}}=\sqrt{\frac{1\,802\,831\,000}{1\,000}}=1\,342.70\ （元）$$

在使用这个指标的过程中，可以参照平均差的判断方法。

（四）变异系数

变异指标中的平均差或标准差都是绝对指标，其数值的大小不仅受各单位标志值差异水平的影响，而且还受到变量数列平均水平高低的影响。因此，在对比分析不同水平的变量数列之间标志值的变异程度时，还不能直接用各数列的平均差或标准差进行比较，必须要消除各变量数列平均水平高低的影响，才能直接反映出不同水平数列的离散程度。这就是变异系数，计算公式为

平均差系数 $$V_{A.D}=\frac{A.D}{\bar{x}}\times 100\% \qquad (4\text{-}23)$$

标准差系数 $$V_{\sigma}=\frac{\sigma}{\bar{x}}\times 100\% \qquad (4\text{-}24)$$

应当注意，变异系数可以直接表明不同总体的离散程度。因此，变异系数越大，说明该总体的变量值差异程度越大，其平均数的代表性也就越小。

例 4-15 甲、乙两个企业的平均工资、标准差见表 4-14，比较分析哪个企业的平均工资代表性高。

表 4-14 甲乙企业工资变动程度比较表

企 业	平均工资（$\bar{x}$）/元	标准差（σ）	标准差系数（%）
甲	1 320	32.8	2.48
乙	1 140	30.1	2.64

解：$V_{\sigma甲}=\dfrac{32.8}{1\,320}\times 100\%=2.48\%$，$V_{\sigma乙}=\dfrac{30.1}{1140}=2.64\%$

所以，甲企业平均工资的代表性高于乙企业。

第五节　是非标志的平均数和标准差

在统计中，某类现象总体的各个单位如果可以分为两组——具有某一标志具体表现的单位和不具有某一标志具体表现的单位，那么，这种用“是”和“否”、“有”和“无”、“肯定”和“否定”、“合格”和“不合格”来作为标志具体表现的标志就叫做是非标志。因为是非标志只有两个具体表现，所以可用 1 代表“是”，用 0 代表“非”。在此可以把 1 和 0 作为是非标志的标志值。

若全部总体单位数用 N 表示，标志值为 1 的单位数用 N_1 表示，标志值为零的单位数用 N_0 来表示。则

$$N = N_1 + N_0$$

是非标志的标志值为 1 的单位数占全部单位数的比重叫做成数，用 P 来表示，计算公式为

$$P = \frac{N_1}{N} \tag{4-25}$$

是非标志的标志值为 0 的单位数占全部单位数的比重也叫作成数，用 Q 来表示，计算公式为

$$Q = \frac{N_0}{N} \tag{4-26}$$

并且有 $P+Q=1$，是非标志的平均数可按表 4-15 计算：

表 4-15　是非标志平均数的计算

是非标志的标志值（x）	成　数
1	P
0	Q
合　计	1

$$\overline{x} = \sum(x\frac{f}{\sum f}) = 1\times P + 0\times Q = P \tag{4-27}$$

是非标志的标准差可按表 4-16 计算：

表 4-16　是非标志标准差的计算

是非标志的标志值（x）	成数 $\left(f\big/\sum f\right)$	$x-\overline{x}$	$(x-\overline{x})^2$	$(x-\overline{x})^2\ f\big/\sum f$
1	P	$1-P$	$(1-P)^2$	$(1-P)^2\cdot P$
0	Q	$0-P$	P^2	$P^2\cdot(1-P)$
合　计	1	—	—	$(1-P)\cdot P$

$$\sigma=\sqrt{\frac{\sum(x-\overline{x})^2 f}{\sum f}}=\sqrt{P(1-P)} \tag{4-28}$$

例 4-16 某工厂生产某种产品的合格率为 95%，不合格率为 5%，求是非标志合格的平均数和标准差。

解：$\overline{x}=P=95\%$，$\sigma=\sqrt{P(1-P)}=\sqrt{95\%\times(1-95\%)}=21.79\%$

本章小结

综合指标根据其内容的不同分为四大类，即总量指标、相对指标、平均指标和标志变异指标。这些指标分别反映总体的规模、相对关系、集中与分散特征。

总量指标是反映社会经济现象在一定条件下所达到的总规模、总水平的统计指标，用绝对数形式表现，总量指标是计算相对指标和平均指标的基础。

相对指标是指两个相互有联系的统计指标进行对比，所得的比率或比值用来反映现象的发展程度、结构、强度或比例关系，它包括计划完成程度相对指标、结构相对指标、比例相对指标、强度相对指标、比较相对指标和动态相对指标等六个指标。

平均指标用以说明同质总体内某一数量标志在具体时间、地点条件下达到的一般水平，包括算术平均数、调和平均数、几何平均数、中位数和众数等五个指标。

标志变异指标是反映总体各单位标志值差异程度的综合指标，它表明总体各单位标志值的离散程度和离中趋势。标志变异指标是衡量平均数代表性的尺度，标志变异指标越大，平均数的代表性就越小，标志变异指标越小，平均数的代表性就越大，按计算方法不同，标志变异指标可分为全距、平均差、标准差和变异系数。

统计资料示例

据统计，2006 年上半年，天津市开发区生产总值完成 382.4 亿元，比去年同期增长 27.4%；工业总产值完成 1 459.9 亿元，增长 39.2%；出口实现 75.5 亿美元，增长 21.1%；固定资产投资完成 109.4 亿元，增长 21%；财政收入实现 93.1 亿元，增长 25.4%。这些经济指标均居国家级开发区第一，增速均高于 2005 年同期水平。2006 年上半年开发区工业总产值、出口、合同外资金额分别占全市 36.4%、49.8%、43.5%。

思考题：

1. 材料中所提到的经济指标，分别属于哪一类综合指标？
2. 这些经济指标所表达的经济含义是什么？

思考与练习

一、填空题

1. 反映社会经济总体现象的总规模和总水平的指标是________。
2. 指标按其反映对象所处的不同时间状况可分为__________指标和__________指标。

3．计算和运用相对指标时必须注意分子分母的________。

4．总体部分数值与总体全部数值对比的结果叫做________相对数。

5．平均数表明同一总体各单位的________的一般水平。

6．直接利用标准差来比较两个数列平均水平代表性的前提条件是两个数列的________相等。

7．加权平均数不但受分布数列中________的影响而且也受________的影响。

二、单项选择题

1．直接反映总体规模大小的指标是（　　）。

A．平均指标　　B．相对指标
C．总量指标　　D．变异指标

2．总量指标按其反映的时间状况不同可分为（　　）。

A．数量指标和质量指标　　B．实物指标和价值指标
C．总体单位总量和总体标志总量　　D．时期指标和时点指标

3．不同时点的指标数值（　　）。

A．可以相加　　B．不能相加　　C．可加或可减　　D．以上都不对

4．下面的统计指标中，属于总量指标的是（　　）。

A．产品废品率　　B．劳动生产率　　C．工人人数　　D．平均工资

5．某厂 2004 年商品销售额为 750 万元，年末商品库存额为 60 万元，这两个总量指标（　　）。

A．都是时期指标　　B．前者是时期指标，后者为时点指标
C．都是时点指标　　D．前者是时点指标，后者为时期指标

6．计算结构相对指标时，总体各部分数值与总体数值对比求得的比重之和（　　）。

A．小于 100%　　B．大于 100%　　C．等于 100%　　D．小于或大于 100%

7．某企业计划规定某产品单位成本降低 3%，实际降低了 5%，则成本计划完成程度为（　　）。

A．101.9%　　B．167%　　C．60%　　D．97.9%

8．要比较平均水平不同的两个总体平均数的代表性高低，需用（　　）。

A．全距　　B．平均差　　C．标准差　　D．标准差系数

三、判断并改错题

1．相对指标都是用无名数形式表现出来的。（　　）

2．国民收入中积累额与消费额之比为 1:3，这是一个比较相对指标。（　　）

3．某地区某年人口出生数是时点数。（　　）

4．标志变异指标数值越大，说明总体中各单位标志值的变异越大，则平均指标的代表性就越小。（　　）

四、简答题

1．举例说明结构相对指标、比例相对指标和比较相对指标有什么不同的特点？

2．什么是变异系数？它在统计指标中具有什么意义？

五、计算题

1．某公司 2005 年、2006 年的产量情况见表 4-17。

表 4-17 某公司 2005 年、2006 年产量情况 （单位：吨）

品　种	2005 年实际产量	2006 年产量	
	实际	计划	实际
甲	35 070	36 000	42 480
乙	15 540	17 500	19 775
丙	7 448	8 350	8 016

要求：计算各产品的产量动态相对指标及 2006 年的计划完成程度相对指标。

2．某生产车间 40 名工人日加工零件数如下：

30 26 42 41 36 44 40 37 43 35 37 25 45 29 43 31 36 49 34 47 33 43 38 42 32 25 30 46 29 34 38 46 43 39 35 40 48 33 27 28

要求：（1）根据以上资料分成如下几组：25～30，30～35，35～40，40～45，45～50，编制分布数列。

（2）根据整理表计算工人生产该零件的平均日产量、中位数、众数。

3．某厂三个车间一季度生产情况见表 4-18。

表 4-18 某厂三个车间一季度生产情况表

车　间	计划完成百分比（%）	实 际 产 量/吨	单位产品成本/元
第一车间	90	198	15
第二车间	105	315	10
第三车间	110	220	8

要求：（1）计算一季度三个车间产量平均计划完成的百分比。

（2）计算一季度三个车间平均单位产品成本。

4．甲、乙两组工人按日产量分组资料见表 4-19。

表 4-19 甲、乙两组日产量分组资料表

甲　组		乙　组	
日产量/件	工人人数/人	日产量/件	工人人数/人
20 以下	2	20	3
20～30	4	25	4
30～40	5	28	5
40～50	6	30	6
50 以上	3	35	2

要求：（1）计算甲乙两组平均日产量各是多少。

（2）计算甲乙两组标准差各是多少。

（3）说明甲、乙两组的平均日产量哪个代表性大。

5．某林地上游 100 株云杉的胸径数据见表 4-20。

表 4-20　某林地上游云杉胸径数据资料表

胸　　径/厘米	株　　数/株
10～14	3
14～18	7
18～22	18
22～26	23
26～30	21
30～34	18
34～38	6
38～42	4
合　　计	100

要求：计算全距、平均差、标准差和离散系数。

实　训

（一）实训主题

运用统计指标，描述并分析经济现象的数量特征。

（二）实训目标

能够运用各种相关指标，分析某经济现象的数量特征。

（三）实训要求

从统计年鉴或其他渠道查找学生所感兴趣的两个省市或地区的经济统计数据，计算多种相对指标，分析这两个省市或地区社会经济发展水平的差异。

第五章

时间数列分析

知识目标

了解时间数列的基本概念；理解时间数列的水平、速度分析指标，掌握各种分析指标的计算公式和方法，特别是要学会各种分析指标在实际中的应用。

技能目标

能结合实际情况，恰当地运用动态分析的方法，对统计对象总体的数量特征作出动态分析比较，进而能够总结现象发展的规律，并能对未来发展作出分析预测。

引导案例

飞龙公司每年的利润情况见表 5-1。

表 5-1　飞龙公司每年利润

年　份	1997 年	1998 年	1999 年	2000 年	2001 年	2002 年	2003 年	2004 年
利润/万元	95.4	102.5	102.8	120.7	128.5	145.9	155.6	180.3

这个表示利润的时间数列，反映了飞龙公司近八年来的利润变化情况。从表中看出，飞龙公司的利润从百万元以下水平用了八年的时间实现了增长近一倍的发展。

本章的主要内容就是用时间数列通过对客观事物过去的回顾，用统计分析的方法总结其发展规律，分析其发展趋势，进而预测事物的未来。

学习内容

第一节　时间数列的意义和种类

一、时间数列的意义和构成

时间数列是将现象发展在各个时间的指标数值按时间先后顺序排列而成的数列。通过时间数列，可以观察事物发展变化的升降起伏，把事物发展变化的过程描绘得更加清楚；时间数列还可以揭示社会经济现象发展变化的规律，预测未来发展趋势。因此，时间数列是描绘社会经济现象发展变化过程的特有方法。

时间数列的构成由两个要素：一是社会经济现象所属的时间，即反映时间顺序的数列；二是现象在各个时间的指标数值，即反映各个时间的指标数值变化的数列。

需要注意，与前面所述的分布数列相比，两种数列所反映的时间特征、表达对象有所不同：分布数列是静态数列，反映的是同一时间条件下不同水平的总体单位数，而时间数列是动态数列，反映不同时间条件下同一总体的指标不同数值水平。

二、时间数列的种类

时间数列按指标数值的表现形式不同，分为三种：绝对数数列、相对数数列和平均数数列。其中，绝对数数列是最基本的时间数列，其余两种时间数列是根据绝对数数列计算而得出的派生数列。

（一）绝对数数列

绝对数数列是由同一总量指标按时间先后顺序排列而成的不同数值数列，用以反映社会经济现象的总体规模或总体水平在不同时间条件下发展变化的情况。由于总量指标按所反映的时间状况不同，分为时期指标和时点指标，所以，绝对数数列也可分为时期数列和时点数列。

1．时期数列

时间数列如果反映的是某种现象在一段时间内的发展变化过程的总量，这种数列就是时期数列，如表 5-1 所示。

2．时点数列

时间数列如果反映的是某种现象在某一时点上所达到的数量状态，这种数列就称为时点数列。见表 5-2。

表 5-2 某公司每年年末库存材料

年　份	1997 年	1998 年	1999 年	2000 年	2001 年	2002 年	2003 年	2004 年
年末库存材料/万元	65.4	70.8	76.2	77.3	78.9	89.6	92.7	94.5

时期数列和时点数列的区别见表 5-3。

表 5-3 时期数列和时点数列的区别

区别的项目	时 期 数 列	时 点 数 列
所反映现象的性质	反映现象在某一时间内发展的总量	反映现象在某一时点的状况和水平
指标有无可加性	数列中各项指标可以相加，以反映总量的变动情况	数列中各项指标不能相加，加总后的值没有意义
指标大小与时间的关系	指标值的大小与所属时期长短直接相关，时期越长，指标值越大；反之则越小	指标值大小与时间间隔的长短没有直接联系，间隔时间长不一定值就大，反之也不一定小
指标数值资料来源	指标值是通过连续统计所得	各个指标值只需在某个时点进行登记即可，不需连续统计

（二）相对数数列

相对数数列是指同一相对指标按时间先后顺序排列而成的数列，用以反映社会经济现象在不同时间条件下的比例、结构、程度、速度等及其发展变化情况。见表 5-4。

表 5-4　某公司每年市场占有率情况

年　份	1997 年	1998 年	1999 年	2000 年	2001 年	2002 年	2003 年	2004 年
市场占有率（%）	12.5	15.6	16.3	16.8	18.7	20.2	22.1	25

从表 5-4 中可以看出，该公司的市场占有率呈上升的趋势。相对数列中的各个指标是两个总量指标对比而成的，由于计算基础不同，各时间的数值不能直接相加。

（三）平均指标时间数列

平均指标时间数列是指同一平均指标按时间先后顺序排列而成的数列，用以反映社会经济现象在不同时间条件下一般水平的发展趋势。

表 5-5 反映员工工资水平在逐年增长。

表 5-5　某公司员工平均工资情况

年　份	1997 年	1998 年	1999 年	2000 年	2001 年	2002 年	2003 年	2004 年
年平均工资/元	530	560	690	850	900	1 100	1 300	1 590

平均指标时间数列中的各项指标值不能相加，相加得到的数字毫无实际意义。

三、时间数列的编制原则

编制时间数列的目的是为了进行动态对比和动态分析，以研究社会经济现象发展变化的过程、发展速度及发展趋势和规律。所以，编制动态数列应遵循一个基本原则就是可比性原则，即要保持时间数列中各个指标的可比性。可比性包括以下内容：

（一）时期数列中的各指标时期长短应一致

由于时期数列中各指标数值的大小与所属时间长短有直接的关系，只有时期长短保持一致，才能进行动态对比，对比的结果才能说明问题，才有直接的经济意义。

（二）总体范围的一致性

时间数列中各个指标所包含的总体范围应前后一致，只有总体范围前后一致，才能进行动态对比和动态分析，否则进行对比没有任何意义也不能说明问题。例如，某企业产品产量统计，有的时期包括可比产品产量，而有的时期包括全部产品产量，这样，产品的统计范围就出现了不同口径。

（三）指标的经济含义应该前后一致

经济含义是指各个指标内容的同质性和经济内容的统一性。统计指标的经济内容不一致不能进行动态对比。例如，某企业的产值统计，有的年份包括工业产值，而有的年份变化为工业增加值，这样，产值的经济内容前后不一致就不便于进行动态分析，需要调整后再进行分析。

（四）指标的计算方法前后应一致

时间数列中的各个指标的计算方法包括统计方法、计算公式、计算价格和计量单位等，这些都要前后一致，才能进行动态分析。例如，2004 年的工业总产值就不能与 1978 年的工业总产值直接进行对比，因为这两个年份工业总产值所采用的不变价格不同，如要进行对比，必须将两个年份的工业总产值都换算为按同一个不变价格计算。实物量的计量单位，过去多用国内标准，但随着我国加入 WTO，统一使用国际标准，因此也要进行换算。

第二节　时间数列的水平分析指标

为了研究社会经济现象发展变化的过程和规律，常需对时间数列进行对比分析，计算出各种分析指标，这节先学习水平分析指标，分别是发展水平、平均发展水平、增长量和平均增长量。

一、发展水平

发展水平就是时间数列中的每一项具体的指标数值，它反映社会经济现象在各个不同时期或不同时点上发展所达到的水平，记作 $a_i(i=1,2,\cdots,n)$，它既可以是总量指标，也可以是相对指标或平均指标。

发展水平指标是计算其他动态分析指标的基础，也是表明社会经济现象动态的重要基础指标。发展水平按其在时间数列中所处的位置不同，可分为最初水平、中间水平、最末水平。

最初水平，指时间数列中的第一项指标数值。

最末水平，指时间数列中的最后一项指标数值。

中间水平，指时间数列中除首尾两项指标数值之外的其余各项指标数值。

在将发展水平进行对比分析时，所要研究或比较时期的发展水平，称为报告期水平；用于作为比较标准的某个时期的发展水平，称为基期水平。需要指出，报告期和基期不是固定不变的而是随着研究目的改变而发生变化。

二、平均发展水平

平均发展水平是根据时间数列中各个不同时期发展水平加以平均而得到的平均数，又称为序时平均数，记作 $\bar{a}$，用来反映现象在较长时期内发展所达到的一般水平。它也是统计分析中常用的指标。

序时平均数的作用主要表现在：它可以消除现象在一段时间内受除长期趋势以外的其他变动因素的影响，便于各段时间进行对比；并且它可以衡量在一段时间内现象发展达到的一般水平，便于进行不同空间的对比。

平均发展水平可以根据绝对数数列计算，也可以根据相对数数列或平均数数列计算。从计算方法上讲，根据绝对数数列计算最基本的方法。分别介绍如下：

（一）由绝对数数列计算平均发展水平

1．由时期数列计算平均发展水平

由时期数列计算平均发展水平采用简单算术平均法。计算公式为

$$\bar{a}=\frac{a_1+a_2+\cdots+a_n}{n}=\frac{\sum a_i}{n} \tag{5-1}$$

式中 $\bar{a}$——平均发展水平；

$a_i(i=1,2,\cdots,n)$——各期发展水平；

n——数列中时期项数。

例 5-1 某企业 2003 年上半年产量资料见表 5-6，求该企业 2003 年上半年的月平均产量。

表 5-6 某企业 2003 年上半年产量资料

月 份	1	2	3	4	5	6
产量/万件	35	30	40	45	50	55

该企业上半年月平均产量为 $\bar{a}=\frac{\sum a}{n}=\frac{35+30+40+45+50+55}{6}=42.5$（万件）

2．由时点数列计算平均发展水平

由时点数列计算平均发展水平，因掌握的资料情况不同，具体方法也不一样，分为连续时点数列和间断时点数列。

（1）连续时点数列又分为连续变动、非连续变动。

1）连续变动的连续时点数列的平均发展水平，采用简单算术平均法计算。

计算公式为

$$\bar{a}=\frac{a_1+a_2+\cdots+a_n}{n}=\frac{\sum a_i}{n}$$

例 5-2 某车间 3 月上旬职工出勤情况见表 5-7，求该车间 3 月上旬平均职工出勤人数。

表 5-7 某车间 3 月上旬职工出勤情况变动表 （单位：人）

日 期	1日	2日	3日	4日	5日	6日	7日	8日	9日	10日
出勤人数	50	55	54	52	50	53	55	52	54	51

该车间 3 月上旬平均职工出勤人数为

$$\bar{a}=\frac{\sum a}{n}=\frac{50+55+54+52+50+53+55+52+54+51}{10}=52.6\text{（人）}$$

2）非连续变动的连续时点数列的平均发展水平，采用加权算术平均法计算，即以每次变动持续的时间间隔长度（f）为权数，对各时点数值（a_i）加权，计算公式为

$$\bar{a}=\frac{\sum af}{\sum f} \tag{5-2}$$

例 5-3 某公司四月份在册员工人数为 1～6 日每天有 400 人；7～15 日每天有 420 人；16～20 日每天有 410 人；21～30 日每天有 430 人。求该公司四月份平均每天的在册人数。

该公司四月份平均每天的在册人数为

$$\overline{a}=\frac{400\times6+420\times9+410\times5+430\times10}{30}=417.7\text{（人）}$$

（2）间断时点数列计算平均发展水平，采用二次平均法。

具体方法：

间断时点数列又分为间隔相等和间隔不等两种情况。

1）由间隔相等的间断时点数列计算平均发展水平。

计算原理：根据间隔相等的间断时点数列计算平均发展水平是在假定所研究的现象在两个相邻时点之间的变动是均匀的，因而可将相邻两个时点数值相加除以 2，求得两个时点之间的简单算术平均数，然后根据这些平均数，再用简单算术平均法计算整个所研究的时间内的现象的平均发展水平。计算公式为

$$\overline{a}=\frac{\frac{a_1+a_2}{2}+\frac{a_2+a_3}{2}+\cdots+\frac{a_{n-1}+a_n}{2}}{n-1}=\frac{\frac{a_1}{2}+a_2+\cdots+a_{n-1}+\frac{a_n}{2}}{n-1} \tag{5-3}$$

这种计算方法又称为“首尾对半法”。

例 5-4 某企业第一季度职工人数见表 5-8，求该企业第一季度平均职工人数。

表 5-8 某企业第一季度各时点职工人数 （单位：人）

日/月	1/1	1/2	1/3	1/4
职工人数	800	1 100	900	1 200

该企业第一季度平均职工人数为

$$\overline{a}=\frac{\frac{800}{2}+1\,100+900+\frac{1\,200}{2}}{3}=1\,000\text{（人）}$$

2）由间隔不等的间断时点数列计算平均发展水平。

采用加权算术平均法计算平均发展水平，其权数为两个指标值之间的间隔数，计算公式为

$$\overline{a}=\frac{\frac{a_1+a_2}{2}\times f_1+\frac{a_2+a_3}{2}\times f_2+\cdots+\frac{a_{n-1}+a_n}{2}\times f_{n-1}}{\sum f} \tag{5-4}$$

例 5-5 某企业 2004 年各时点的职工人数见表 5-9，计算该企业平均职工人数。

表 5-9 某企业 2004 年职工人数资料 （单位：人）

日/月	1/1	1/4	1/7	1/9	1/12	31/12
职工人数	300	400	380	420	500	600

该企业 2004 年平均职工人数为

$$\overline{a}=\frac{\frac{300+400}{2}\times3+\frac{400+380}{2}\times3+\frac{380+420}{2}\times2+\frac{420+500}{2}\times3+\frac{500+600}{2}\times1}{12}$$

$$=413\text{（人）}$$

应当注意的是：根据间断时点数列计算平均发展水平，是以被研究的现象在相邻两个时点之间均匀变动为前提，但实际上的变动并非完全如此，所以求出的结果只是一个近似值。为了使其计算结果尽可能反映实际情况，间断时点数列的间隔不宜过长。

3．由相对数数列计算平均发展水平

在统计分析中，除了经常考察绝对数数列的一般水平外，还要考察相对数数列的一般水平。由于相对指标比较基数不同，不能直接相加，所以不能用各指标值直接相加计算相对指标时间数列的平均发展水平。

计算相对数数列的平均发展水平的基本方法是：首先计算构成该相对指标动态数列的分子与分母数列的平均发展水平，然后再将这两个平均发展水平对比求得，计算公式为

$$\bar{c}=\frac{\bar{a}}{\bar{b}} \tag{5-5}$$

式中 $\bar{a}$——分子数列的平均发展水平；

$\bar{b}$——分母数列的平均发展水平；

$\bar{c}$——相对指标的平均发展水平。

应当注意的是：由于相对指标是由两个总量指标对比得到的，分子、分母为时期数列或时点数列，所以在应用公式计算相对数数列的平均发展水平时，首先必须分清楚分子、分母数列是属于时期数列还是属于时点数列，然后再分别计算各自的平均发展水平。具体有以下三种情况：

（1）分子数列与分母数列都表现为时期数列。计算公式为

$$\bar{c}=\frac{\frac{\sum a}{n}}{\frac{\sum b}{n}}=\frac{\sum a}{\sum b} \tag{5-6}$$

式中 a——分子数列的发展水平；

b——分母数列的发展水平。

例 5-6 甲、乙、丙三个企业 2003 年第三季度产量计划完成资料见表 5-10，计算三个企业第三季度的计划完成程度。

表 5-10 企业第三季度计划完成情况

企业	产量	七月	八月	九月
甲企业	计划产量/件	300	400	500
	实际产量/件	350	380	500
乙企业	计划产量/件	400	500	600
	计划完成程度（%）	110	100	95
丙企业	实际产量/件	500	400	300
	计划完成程度（%）	105	108	100

甲企业第三季度月平均计划完成程度：

$$\overline{c}=\frac{350+380+500}{300+400+500}=102.5\%$$

乙企业第三季度月平均计划完成程度：

$$\overline{c}=\frac{400\times110\%+500\times100\%+600\times95\%}{400+500+600}\approx100.7\%$$

丙企业第三季度月平均计划完成程度：

$$\overline{c}=\frac{500+400+300}{500/105\%+400/108\%+300/100\%}\approx95.5\%$$

计算结果表明，丙企业第三季度产量计划完成情况要好于甲、乙企业。

（2）分子数列与分母数列都表现为时点数列。基本原则还是先将该相对指标的分子与分母数列的平均发展水平计算出来，将其对比即可。计算公式为

$$\overline{c}=\frac{\dfrac{a_1+a_2}{2}\times f_1+\dfrac{a_2+a_3}{2}f_2+\cdots+\dfrac{a_{n-1}+a_n}{2}\times f_n}{\sum f}\Bigg/\frac{\dfrac{b_1+b_2}{2}\times f_1+\dfrac{b_2+b_3}{2}\times f_2+\cdots+\dfrac{b_{n-1}+b_n}{2}\times f_n}{\sum f} \tag{5-7}$$

例 5-7 某企业 2004 年上半年工人人数与职工人数的资料见表 5-11，计算该企业上半年平均工人占全部职工的比重。

表 5-11 某企业 2004 年上半年工人人数与职工人数 （单位：人）

日/月	1/1	1/3	1/6	31/6
工人人数	400	380	450	500
职工人数	500	450	500	500

利用上列公式，可计算该企业 2004 年上半年平均工人人数占全部职工人数的比重

$$\frac{\dfrac{400+380}{2}\times2+\dfrac{380+450}{2}\times3+\dfrac{450+500}{2}\times1}{6}\Bigg/\frac{\dfrac{500+450}{2}\times2+\dfrac{450+500}{2}\times3+\dfrac{500+500}{2}\times1}{6}=2\,500/2\,875=86.96\%$$

（3）分子数列和分母数列分别表现为时期数列、时点数列。计算公式仍为 $\overline{c}=\dfrac{\overline{a}}{\overline{b}}$

在公式中，一个是时期指标一个是时点指标，在具体计算中应分别按照分子分母指标的性质选用适当的方法计算。

例 5-8 某企业第一季度工业总产值及月末工人人数资料见表 5-12，计算第一季度工人平均月劳动生产率。

表 5-12　某企业第一季度的工业总产值及月末工人人数

	1月	2月	3月	4月
工业总产值/万元	80	90	98	100
月初职工人数/人	500	540	560	580

构成劳动生产率的分子的工业总产值是时期数列，构成分母的职工人数是时点数列，所以，第一季度月平均工人劳动生产率为

$$\overline{c}=\frac{\dfrac{80+90+98}{3}}{\dfrac{\dfrac{500}{2}+540+560+\dfrac{580}{2}}{3}}=\frac{89.3}{547}=0.163\,3\ (\text{万元/人})$$

4．由平均指标时间数列计算平均发展水平

平均指标时间数列由静态平均指标和动态平均指标组成，两种不同的平均指标时间数列的平均发展水平的计算方法也不相同。

对于静态平均指标所组成的时间数列，实质上就是两个总量指标时间数列对应项对比形成，即分子数列是标志总量数列，分母数列是总体单位总量数列。计算这种平均指标时间数列的平均发展水平的基本原则和方法与计算相对指标时间数列的平均发展水平一致，即先计算出该平均指标的分子、分母的平均数，再对比，计算公式为

$$\overline{c}=\frac{\overline{a}}{\overline{b}}$$

对于由动态平均指标所形成的动态数列的平均发展水平的计算，分以下两种情况：

（1）时期相等，采用简单算术平均法，即直接将各项动态平均数相加再除以项数得出，计算公式为

$$\overline{a}=\frac{\sum a}{n}$$

例5-9　某企业2003年第一季度各月的平均销售额见表5-13，计算第一季度的平均销售额。

表 5-13　某企业第一季度各月平均销售额

时　间	1月	2月	3月
平均销售额/万元	60	70	80

该企业第一季度的平均销售额为

$$\overline{a}=\frac{\sum a}{n}=\frac{60+70+80}{3}=70\ (\text{万元})$$

（2）时期不等，以不同时期为权数，采用加权算术平均法计算。计算公式为

$$\overline{a}=\frac{\sum af}{\sum f}$$

例 5-10　某企业 2003 年原材料的库存额 1 月份平均为 100 万元，2～4 月份平均为 120 万元，5～9 月份平均为 110 万元，10～12 月份平均为 130 万元。计算该企业 2003 年原材料的平均库存额。

该企业 2003 年原材料的平均库存额为

$$\bar{a}=\frac{\sum af}{\sum f}=\frac{100\times1+120\times3+110\times5+130\times3}{12}=116.67\ (\text{万元})$$

三、增长量

增长量是指社会经济现象在一定时期内所增长的绝对数量，是用报告期水平减去基期水平所得的差，用公式表示为

$$\text{增长量=报告期水平}-\text{基期水平} \tag{5-8}$$

增长量是一个绝对数，有正有负，正数表示增长或增加，负数表示减少或降低。按照选择的基期是否相同，增长量可分为逐期增长量和累计增长量。

逐期增长量是报告期水平与报告期的前期水平之差，用来说明现象逐期增减的绝对数量。

累计增长量是报告期水平与某一固定基期水平（通常为最初水平）之差，用来反映现象在较长时期内的增减数量。

用公式表示为：

（1）逐期增长量=报告期水平−相邻前期水平，即

$$a_1-a_0,a_2-a_1,a_3-a_2,\cdots,a_n-a_{n-1} \tag{5-9}$$

（2）累计增长量=报告期水平−固定期水平，即

$$a_2-a_0,a_3-a_0,a_4-a_0,\cdots,a_n-a_0 \tag{5-10}$$

二者之间的关系表现为：

逐期增加量相加之和=对应时间的累计增长量，即

$$(a_1-a_0)+(a_2-a_1)+(a_3-a_2)+\cdots+(a_n-a_{n-1})=a_n-a_0 \tag{5-11}$$

例 5-11　表 5-14 说明了增长量的计算。

表 5-14　增长量计算

年　份	1998 年	1999 年	2000 年	2001 年	2002 年	2003 年	2004 年
	a_0	a_1	a_2	a_3	a_4	a_5	a_6
产品产量/万吨	520	560	600	650	680	700	750
逐期增长量	-	a_1-a_0	a_2-a_1	a_3-a_2	a_4-a_3	a_5-a_4	a_6-a_5
	-	40	40	50	30	20	50
累计增长量	-	a_1-a_0	a_2-a_0	a_3-a_0	a_4-a_0	a_5-a_0	a_6-a_0
	0	40	80	130	160	180	230

四、平均增长量

平均增长量是指逐期增长量的平均数，用来反映现象在一定时期内平均每期增长的数量，计算公式为

平均增长量=逐期增长量之和/逐期增长量的个数，即

$$\sum[(a_1-a_0)+(a_2-a_1)+(a_3-a_2)+\cdots+(a_n-a_{n-1})]/(n-1) \tag{5-12}$$

也可以写为——平均增长量=累计增长量/（时间数列项数−1），即

$$(a_n-a_0)/n \tag{5-13}$$

第三节　时间数列的速度指标

一、发展速度

除了用相减的方法对时间数列进行对比分析外，还可以用相除的方法进行对比，由此可以得到发展速度和增长速度两类相对指标。

发展速度是同一社会经济现象在两个不同时期发展水平对比得出的动态相对数，反映社会经济现象发展变化的速度，计算公式为

发展速度=报告期水平/基期水平　　　　(5-14)

对于计算是采用不同的基期，发展速度可分为环比发展速度与定基发展速度。

（一）环比发展速度

环比发展速度是将报告期发展水平与前一期发展水平相除，用来反映现象在相应的时期内（或时间间隔内）变化的相对程度，计算公式为

$$a_1/a_0, a_2/a_1, a_3/a_2, \cdots, a_n/a_{n-1} \tag{5-15}$$

（二）定基发展速度

定基发展速度是将报告期水平与某一固定期水平（通常是最初水平）相除，用来反映现象在较长时间内变化的相对程度，计算公式为

$$a_1/a_0, a_2/a_0, a_3/a_0, \cdots, a_n/a_0 \tag{5-16}$$

环比与定基发展速度的关系：

（1）定基发展速度=同时期内的各个环比发展速度的连乘积，即

$$a_n/a_0 = a_1/a_0 \times a_2/a_1 \times a_3/a_2 \times \cdots \times a_n/a_{n-1} \tag{5-17}$$

（2）环比发展速度=同期定基发展速度/上期定基发展速度，即

$$a_n / a_{n-1} = (a_n / a_0) \div (a_{n-1} / a_0) \quad (5\text{-}18)$$

例 5-12　表 5-15 说明定基发展速度和环比发展速度的关系。

表 5-15　某钢厂 1998—2004 年钢产量情况

年　份	1998 年	1999 年	2000 年	2001 年	2002 年	2003 年	2004 年
参　数	a_0	a_1	a_2	a_3	a_4	a_5	a_6
钢产量/万吨	520	560	600	650	680	700	750
定基发展速度（%）	-	$\frac{a_1}{a_0}$	$\frac{a_2}{a_0}$	$\frac{a_3}{a_0}$	$\frac{a_4}{a_0}$	$\frac{a_5}{a_0}$	$\frac{a_6}{a_0}$
	-	107.7	115.4	125	130.8	134.6	144.2
环比发展速度（%）	-	$\frac{a_1}{a_0}$	$\frac{a_2}{a_1}$	$\frac{a_3}{a_2}$	$\frac{a_4}{a_3}$	$\frac{a_5}{a_4}$	$\frac{a_6}{a_5}$
	-	107.7	107.1	108.3	104.6	102.9	107.1

二、平均发展速度指标

由于受各种因素的影响，时间数列中各个时期的速度指标的数值都不一样，为了从整体上掌握时间数列速度变化的数量特征，需要确定各个速度指标的一般水平，这个指标就是平均发展速度。

平均发展速度是指被研究对象在一段时间内各个环比发展速度的平均数，用来说明某种现象在一个较长时期中逐年平均发展变化的速度，它将逐个环比发展速度的差异抽象化了。平均发展速度指标可以用来比较和说明各个历史阶段社会经济的一般发展水平，可以在制定社会经济发展规划时，用作预测的依据等。

平均发展速度通常采用两种方法计算，即几何平均法和方程法。

1．几何平均法（水平法）

计算原理是：从最初水平出发，逐期按其环比发展速度，就可以达到末期的发展水平。由于各环比发展速度的连乘积等于第 n 期的定基发展速度，所以平均速度用平均几何法计算。计算公式为

$$\overline{x} = \sqrt[n]{x_1 x_2 \cdots x_n} = \sqrt[n]{\Pi x} \quad (5\text{-}19)$$

式中　$\overline{x}$——平均发展速度；

x_i——各环比发展速度；

n——各环比发展速度的项数。

上式还可以写为

$$\overline{x} = \sqrt[n]{\frac{a_1}{a_0}\frac{a_2}{a_1}\cdots\frac{a_n}{a_{n-1}}} = \sqrt[n]{\frac{a_n}{a_0}}$$

例 5-13　某城市几年来旅游的游客人数资料见表 5-16，计算该城市几年来旅游业的年平

均发展速度。

表 5-16 2003—2008 年某市旅游的游客人数

年　份	2003 年	2004 年	2005 年	2006 年	2007 年	2008 年
游客人数/万人	589	674	743	711	843	1016
环比发展速度（%）	—	114.43	110.24	95.69	118.56	120.52
定基发展速度（%）	100.00	114.43	126.15	120.71	143.12	172.49

解：$\overline{x}=\sqrt[5]{114.3\%\times 110.24\times 95.69\%\times 118.56\%\times 120.52}=111.52\%$

或者 $\overline{x}=\sqrt[5]{172.49\%}=111.52\%$

例 5-14　某公司 2004 年产值是 400 万元，若今后产值每年的平均发展速度为 120%，到 2008 年产值应是多少万元？

解：$\overline{x}=\sqrt[n]{\dfrac{a_n}{a_1}}\Rightarrow a_n=a_1\cdot\overline{x}^n$，$a_4=400\times 1.2^4$=829.44（万元）

2．方程法（累计法）

这种方法计算平均发展速度的计算原理是：从最初水平出发，每期按平均发展速度发展，经过 n 期后，各期计算的理论水平之和应等于各期实际的发展水平之和。计算公式为

$$a_0\overline{x}+a_0\overline{x}^2+\cdots+a_0\overline{x}^n=a_1+a_2+\cdots+a_n$$

这个方程的正根就是根据方程法求得的平均发展速度，在实际工作中查表计算，查《平均增长速度查对表》。

计算和应用平均速度指标应注意以下问题：

（1）要结合具体研究目的适当选择基期。由于基期水平对平均速度指标影响重大，如果基期水平因受特殊因素的影响而过高或过低，用这样的资料计算平均速度，就会降低这一指标的意义，甚至会失去代表性，不能说明现象变化发展的真实情况。

（2）应用分段平均速度或用突出的个别环比速度来补充总平均速度。因为根据几何平均法求得的平均速度指标，实际只反映最初和最末水平的变化，并不能反映中间各年的实际变化。因此，当研究时间过长，为避免由于中间各期波动过大或不同的变化方向而降低平均速度指标的代表性，应计算分段平均速度指标来补充说明总平均发展速度，这对于全面、深入了解现象的整个过程的变化情况很有必要。

（3）要结合发展水平、经济效益来研究平均速度指标。在社会经济现象中，有可能出现高速度下的低水平、低效益，或者是低速度背后隐藏的高水平、高效益，如果将水平指标、经济效益及各种速度指标结合起来，对现象进行综合分析，这样更有利于揭示现象发展变化的规律。

三、增长速度指标

增长速度是指增长量与基期水平之比，用来反映社会经济现象在一定时期内增长的相对

程度，计算公式为

增长速度=增长量/基期水平=（报告期水平−基期水平）/基期水平=发展速度−1

可以看出，增长速度指标和发展速度指标之间只差一个基数。两者都是说明社会经济现象发展演变过程的，只是表达方式上有区别。后者说明现象报告期发展水平是基期发展水平的多少倍或百分之几；前者只说明增加了多少倍或减少了百分之几。当发展速度大于 1 时，增长速度为正值，表明现象的增长速度；当发展速度小于 1 时，增长速度为负值，表明现象的降低速度。

同发展速度一样，由于计算时选择了不同的基期，增长速度也分为环比增长速度和定基增长速度。

1．环比增长速度

环比增长速度是逐期增长量与前一期水平之比，表明现象逐期增长的程度。计算公式为

环比增长速度=（报告期水平−前一期水平）/前一期水平

=逐期增长量/前一期水平

=环比发展速度−1

即 $\frac{a_i}{a_{i-1}}-1$

2．定基增长速度

定基增长速度是累计增长量与固定的基期发展水平之比。说明现象累积增长（降低）的相对程度。计算公式为

定基增长速度=（报告期水平−固定的基期发展水平/固定的基期发展水平）

=累计增长量/固定的基期发展水平

=定基发展速度−1

需要指出，两种增长速度存在着必然的经济联系，但它们之间不存在两种发展速度之间那样的连乘关系，所以，两者之间不能直接推算，而需要借助两种发展速度的推算来解决。

四、平均增长速度指标

平均增长速度，是说明某种现象在一段时期内平均每年增长的程度。平均增长速度比平均发展速度更能明确地说明现象的发展变化程度，其实质是环比增长速度的平均值。

平均增长速度既不能用环比增长速度求得，也不能用增长量求得，而只能先求平均发展速度，然后用平均发展速度减 1 求得。计算公式为

平均增长速度=平均发展速度−1

例 5-15 某地区工业总产值 1999 年为 1 558.6 万元，2004 年为 2 849.4 万元，试问在 1999 年至 2004 年期间，工业总产值的平均增长速度是多少？

解：$a_0=1\,558.6$，$a_n=2\,849.4$，$n=5$

$$\text{平均增长速度为}\ \bar{x}=\sqrt[n]{\frac{a_n}{a_0}}-1=\sqrt[5]{\frac{2\,849.4}{1\,558.6}}-1=\sqrt[5]{1.828\,2}-1=0.128=12.8\%$$

第四节 动态趋势分析

编制时间数列、测算动态分析指标目的在于认识经济现象变动的趋势和规律，为我们在实际工作中制订计划，进行决策提供依据。动态趋势分析是指对数列中现象的各期发展水平的变化过程、趋势和规律进行研究分析。社会经济现象的变化与发展，要受许多因素的影响，其中既有长期因素的影响，又有季节因素的影响，还有随机因素等其他因素的影响。这些因素所起的推动与制约作用不同，彼此之间的关系也错综复杂。对时间数列进行趋势分析时，要测定上述各种因素对现象发展的影响。例如，某产品销售量的变化，既受社会制度、政策法规、风俗习惯的影响，又受消费水平、气候变换的影响，这些因素中，有的可使产品销售呈下降的趋势，有的却使销售量呈上升的趋势。

一、影响经济现象发展的因素

影响经济现象发展变动的因素虽然错综复杂，但这些因素大体上可归纳为以下几种类型：

（一）长期趋势因素

长期趋势是指现象在一个相当长的时期内持续发展变化的趋势。它是由各个时期普遍的、持续的、起决定性作用的基本因素所决定，从而使各期发展水平沿着一个方向上升或下降的趋势变动。例如，我国人民的消费水平逐年提高，其根本原因是我国经济发展水平不断提高，人们的收入不断增加。认识和掌握了事物发展的长期趋势，可以进一步把握事物变化的基本特点。

（二）季节变动因素

季节变动是指现象因受自然条件或社会因素的影响，在一年或更短的时间内所产生的具有周期性、规律性的重复变动趋势。如空调、服装有季节性的供应。季节变动有时会给社会生产与人们生活带来某些不良影响，研究季节变动的目的在于克服由于季节变动所带来的不良影响，以便于更好地组织生产，安排人们的经济生活。

（三）循环变动因素

循环变动是指现象以若干年为周期的涨落起伏相间的变动。由于引起波动的原因不同，因而波动的长短不一，波动的程度也不相同，如早期资本主义制度下的经济危机。

（四）不规则变动因素

不规则变动是指由于意外的、偶然的因素引起的无周期的变动。如海啸、地震或某些不明原因所引起的变动等。不规则变动因素是无法预知的，有些不规则变动因素会对社会经济现象产生巨大的影响。

应该注意，并不是每一组时间数列的变动都存在上述四类因素的影响。例如，按年份编制的时间数列就不存在循环变动。因此，在实际工作中，要对被研究的现象进行具体分析，实际存在哪些因素的影响，就测定哪些因素。本节主要介绍长期趋势的测定方法和季节变动的测定方法。

二、长期趋势分析的方法

认识和了解社会经济现象的长期趋势，能够把握客观现象的基本特点和长期趋势，预测现象的发展趋势。通过长期趋势的测定，使时间数列可以排除季节变动、循环变动和不规则变动等因素的影响，从而了解客观现象的发展过程和发展前景，并以此来作为预测未来的依据。

测定长期趋势的方法主要有时距扩大法、移动平均法、指数平滑法、半数平均法和最小平方法。下面主要介绍时距扩大法、移动平均法、半数平均法和最小平方法。

（一）时距扩大法

时距扩大法就是把原来的时间数列的时距加以扩大，把扩大后各时距内包含的原有数列的各个发展水平加以合并或平均，作为扩大后的各时距的发展水平来编制新的时间数列，这样就可以将由于受偶然因素影响所引起的增减波动进行相互抵消，从而比较清楚地反映出现象变动的总趋势。

用时距扩大法修匀时间数列，既可以用总量指标表示，也可以用平均指标表示。前者仅适用于时期数列，因为只有时期数列具有可加性；后者既适用于时期数列，也适用于时点数列。

例 5-16　某企业 2006 年各月的生产量资料，见表 5-17。

表 5-17　某企业 2006 年各月产量资料

月　份	1	2	3	4	5	6	7	8	9	10	11	12
产量/万件	80	85	82	86	84	88	86	85	92	94	92	98

这个时间数列，不能明显反映现象发展的趋势，因各月的产量不是逐月上升，而是有升有降。现在来采用时距扩大法，即由月扩大到季度，将每季度中各月的产量相加，则得到各季的总产量，还可以列出每季的平均月产量，见表 5-18。

表 5-18　某企业 2006 年各季产量资料

季　度	一	二	三	四
总产量/万件	247	258	263	284
平均产量/万件	82.3	86	87.7	94.7

这个新数列可以明显地反映该企业生产发展的趋势，即可以看出其产量是逐季上升的。

时距扩大法将时间跨度扩大到什么程度，要根据现象的性质而定，基本原则是应以能够显示现象的发展趋势为度。时距过短，不能消除偶然因素的影响；时距过长，又会掩盖现象在不同时间上发展变化的差异。

时距扩大法的优点是简便易行，缺点是新数列的项数过少，不能据以进行深入的趋势分析和预测。

（二）移动平均法

当原来的时间数列不能明显地反映现象发展趋势时，则可采用移动平均法，对原时间数列进行修匀。

移动平均法是先将时期扩大，计算序时平均数，并逐项移动，逐步计算序时平均数，由序时平均数构成一个新的时间数列。通过计算序时平均数，使指标之间的差异互相抵消，从而比较清楚地表现出其发展的一般水平。移动平均法实质上也是扩大原时间数列的时距，所不同的是它采取逐项递推移动的方法计算序时平均数。这种方法既考虑了现象动态发展的连续性，把原时间数列中偶然因素引起的季节变动和不规则变动加以消除，从而较明显地反映出现象发展的基本趋势，又可以基本上保留原时间数列所对应的项数，这样与实际水平更为接近。

应用移动平均法对时间数列进行修匀，关键在于确定移动平均的项数，即移动的时间长度。一般情况下，应根据研究对象的特点来确定。如果原数列中存在的自然周期，就以周期数作为移动平均的相数。如果是各年的季度资料，应取四项平均；如果是月度资料，应取十二项平均；如果是旬资料，应取三项平均，这样就可以有效地消除周期变动的影响，较准确地表现现象发展的长期趋势。如果原数列中无明显的周期变动，可采用奇数项移动平均，因为奇数项移动平均比偶数项移动平均方法简单。奇数项移动平均所得的数值对应的放在所移动的项数的中间一项的位置上；偶数项移动平均所得的数值对应的放在所移动的项数的中间两项的位置的正中间，它还需要移动平均。被移动平均的项数越多，对原数列的修匀的作用越大，但得到的新的时间数列的项数就越少。

例 5-17 以某企业各日生产是资料为例，按移动平均法编制新的时间数列见表 5-19，将该企业生产量资料作三项移动平均和四项移动平均。

表 5-19 某企业某月各日生产量资料 （单位：台）

日　期	生 产 量	三项移动平均	四项移动平均	
			第一次移动	第二次移动
(1)	(2)	(3)	(4)	(5)
1日	120	-		-
2日	122	122.3	124.3	-
3日	125	125.7	127.3	125.8
4日	130	129	128.8	128.1
5日	132	129	128.8	130.4
6日	132	130	132	133.3
7日	128	132.7	134.5	134.9
8日	138	135.3	135.3	135.3
9日	140	137.7	135.3	134.3
10日	135	134.3	133.5	133.9
11日	128	131	134.5	136.4
12日	130	134.3	138.3	141.8
13日	145	141.7	145.3	148.4
14日	150	150.3	151.5	153
15日	156	153.7	154.8	2
16日	155	156.3	157.3	156.1
17日	158	157.7	155.8	156.6
18日	160	156	153.3	154.6

（续）

日　期	生 产 量	三项移动平均	四项移动平均	
			第一次移动	第二次移动
（1）	（2）	（3）	（4）	（5）
19 日	150	151.7	155	154.2
20 日	145	153.3	157.5	156.3
21 日	165	160	163	160.3
22 日	170	169	170.5	166.8
23 日	172	172.3	171.8	171.2
24 日	175	172.3	172.3	172.1
25 日	170	172.3	173.8	173.1
26 日	172	173.3	175	174.4
27 日	178	176.7	177	176
28 日	180	178.7	180.3	178.7
29 日	178	181	—	—
30 日	185	—	—	—

三项移动平均：

第一个平均数为（120+122+125）/3=122.3（台），将这个数值对应于第二项数值；第二个平均数为（122+125+130）/3=125.7（台），将这个数值对应于第三项数值。以次类推移动平均，得出三项移动平均数列共 28 项。

四项移动平均：

第一个平均数为（120+122+125+130）/4=124.3（台），第二个平均数为（122+125+130+132）/4=127.3（台），以此类推，得出 4 年移动平均数列，由于偶数项移动平均的数值与原数列中相对应的指标值都相差半期，因此还需要进行一次移动平均，即再进行一次两相移动平均，以移正趋势值。本例表中第 5 列数值，第一个数值为（124.3+127.3）/2=125.8（台）；第二个数值为（127.3+128.8）/2=128.1（台），以次类推。

从表中可以看出，移动平均的结果使短期的偶然因素的影响被削弱，整个时间数列变得更加平滑，波动趋于平稳。运用移动平均后的结果，使原数列缩短。一般地，若移动项为 N，当（N+1）/2 项。因此，移动平均法不能用来对现象进行外推预测。

（三）半数平均法

半数平均法是把时间数列分成相等的两段，然后分别计算各半段数列的平均数。半数平均法的数学依据是，实际观察值 y 与实际计算的趋势值 y_c 之间的离差之和等于 0，即 $\sum(y-y_c)=0$。

建立直线趋势方程为 $y_c=a+bt$

求出相等两段数列的 $\overline{y}_1=\dfrac{\sum y_1}{n}$，$\overline{y}_2=\dfrac{\sum y_2}{n}$，$\overline{t}_1=\dfrac{\sum t_1}{n}$，$\overline{t}_2=\dfrac{\sum t_2}{n}$

带入直线趋势方程式，可以解出 a, b。

例 5-18 某企业 2000 年至 2007 年的产量资料，见表 5-20。

表 5-20　某企业 2000—2007 年的产量资料

年　份/份	年　次/次	产　量/台
2000 年	1	22
2001 年	2	24
2002 年	3	23
2003 年	4	25
2004 年	5	26
2005 年	6	28
2006 年	7	30
2007 年	8	33

将时间数列分为相等的两段，分别求两段数列的 $\overline{y}$ 和 $\overline{t}$ ：

$$\overline{t_1}=\frac{\sum t_1}{n}=\frac{1+2+3+4}{4}=2.5(\text{次}),\quad \overline{y_1}=\frac{\sum y_1}{n}=\frac{22+24+23+25}{4}=23.5(\text{台})$$

$$\overline{t_2}=\frac{\sum t_2}{n}=\frac{5+6+7+8}{4}=6.5(\text{次}),\quad \overline{y_2}=\frac{\sum y_2}{n}=\frac{26+28+30+33}{4}=29.25(\text{台})$$

代入标准方程式，得：

$$\begin{cases}23.5-a-2.5b=0\\29.25-a-6.5b=0\end{cases}\text{，解得：}a=19.9, b=1.44$$

所以直线方程为 $y_c=19.9+1.44t$

如果时间数列的项数为奇数项，可把时间数列的第一项删去，可以得到偶数项的时间数列。

（四）最小平方法

对于同一个表现为直线趋势的时间数列，可以配合许多个方程，画出不同的直线，但总有一条最接近趋势线，该趋势线可配合一个最佳方程式，使实际观察值 y 与实际计算的趋势值 y_c 之间的离差平方和最小。这种方法称为最小平方法，也称为最小二乘法，用公式表示为

$$\sum(y-y_c)^2=\text{最小值}$$

其直观意义是：各个观察值与趋势值的距离平均为最小。直线方程为

$$y_c=a+bt$$

式中　t——时间序号；

a——直线在 y 轴上的截距；

b——直线斜率，表示 t 每增加一个单位 y 的变动值；

y_c——根据直线方程计算出来的趋势值。

将 $y_c=a+bt$ 代入 $\sum(y-y_c)^2=\text{最小值}$，得

$$\sum(y-a-bt)^2=\text{最小值}$$

使用数学中求函数极值的方法可得出一对联立方程

$$\begin{cases}\sum y-na-b\sum t=0\\ \sum ty-a\sum t-b\sum t^2=0\end{cases}$$

求出参数 a，b，$\begin{cases}a=\bar{y}-b\bar{t}\\ b=\dfrac{n\sum ty-\sum t\sum y}{n\sum t^2-(\sum t)^2}\end{cases}$，代入 $y_c=a+bt$ 可得到直线趋势方程。

例 5-19　某化工厂纯碱产量资料见表 5-21。

表 5-21　某化工厂纯碱产量资料　（单位：万吨）

年份	1998 年	1999 年	2000 年	2001 年	2002 年	2003 年	2004 年	2005 年	2006 年	2007 年	2008 年
产量	2.1	2.3	2.5	2.6	2.4	2.3	2.6	2.8	3.0	3.2	3.1

计算表如下，表 5-22 中以 1998 年为时间 t 的原点为 0，以次后推。

表 5-22　最小平方法计算表

年　份	t	y	ty	t^2	y_c	$y-y_c$	$(y-y_c)^2$
1998 年	0	2.1	0	0	2.142	−0.042	0.001 8
1999 年	1	2.3	2.3	1	2.239	0.061	0.003 7
2000 年	2	2.5	5.0	4	2.336	0.164	0.026 9
2001 年	3	2.6	7.8	9	2.433	0.167	0.027 9
2002 年	4	2.4	9.6	16	2.530	−0.130	0.016 9
2003 年	5	2.3	11.5	25	2.627	−0.327	0.106 9
2004 年	6	2.6	15.6	36	2.742	−0.124	0.015 4
2005 年	7	2.8	19.9	49	2.821	−0.021	0.000 4
2006 年	8	3.0	24.0	64	2.918	0.082	0.006 7
2007 年	9	3.2	28.8	81	3.015	0.185	0.034 2
2008 年	10	3.1	31.0	100	3.112	−0.018	0.000 1
合　计	55	28.9	155.2	385	-	-	0.240 0

$$b=\frac{11\times155.2-55\times28.9}{11\times385-55^2}=0.097$$

$$a=\frac{28.9}{11}-0.097\times\frac{55}{11}=2.142$$

表 5-23 中以 2003 年为时间 t 的原点，以次往前往后递推。

表 5-23　最小平方法计算表

年　份	t	y	ty	t^2	y_c	$y-y_c$	$(y-y_c)^2$
1998 年	−5	2.1	−10.5	25	2.142	−0.042	0.001 8
1999 年	−4	2.3	−9.2	16	2.239	0.061	0.003 7
2000 年	−3	2.5	−7.5	9	2.336	0.164	0.026 9
2001 年	−2	2.6	−5.2	4	2.433	0.167	0.027 9
2002 年	−1	2.4	−2.4	1	2.530	−0.130	0.016 9
2003 年	0	2.3	0	0	2.627	−0.327	0.106 9
2004 年	1	2.6	2.6	1	2.742	−0.124	0.015 4

（续）

年　份	t	y	ty	t^2	y_c	$y-y_c$	$(y-y_c)^2$
2005 年	2	2.8	5.6	4	2.821	−0.021	0.000 4
2006 年	3	3.0	9	9	2.918	0.082	0.006 7
2007 年	4	3.2	12.8	16	3.015	0.185	0.034 2
2008 年	5	3.1	15.5	25	3.112	−0.018	0.000 1
合　计	0	28.9	10.7	110	—	—	0.240 0

$$b=\frac{\sum ty}{\sum t^2}=\frac{10.7}{110}=0.097$$

$$a=\frac{\sum y}{n}=\frac{28.9}{11}=2.627$$

$$y_c=2.627+0.097t$$

两种方法得到的两条直线方程是斜率相同，在 y 轴上的截距不同的直线。

三、季节变动的测定与分析

季节变动是指被研究对象由于季节改变而产生有规律的变化。例如，农副产品的加工、农业生产、商品销售、客运量等都有明显地季节变动。研究现象季节变动的目的在于掌握变动的周期、数量界限及规律，以便认识未来，消除季节变动的不利影响，克服季节变动带来的消极影响，主动安排人力、物力、财力，合理组织生产、供应，保持市场供需平衡，使社会生产和社会生活正常、有序、顺利地进行。

不同社会经济现象具有不同的季节变动周期：有的以一年为循环周期，以月或季为变动单位；有的以一个月为循环周期，以日为变动单位。测定季节变动的方法有很多，常用的方法有同期平均法、移动平均剔除法、图解法和环比法。这里主要介绍同期平均法和移动平均剔除法。

（一）同期平均法

同期平均法是把 3 年或 3 年以上同月（或同季）的资料按年排列，计算出各月（或季）的同期平均数，并与月（季）总平均数进行对比而得出相对数，即反映季节变动的测定指标—— 季节比率。具体步骤为：

（1）分别求出 3 年或 3 年以上同月（或同季）的资料的简单算术平均数。计算公式为

$$\overline{y}_i=\frac{\sum y_i}{N}$$

N ——提供资料的年数。

（2）求出 3 年或 3 年以上各月的月总平均数（或季总平均数），计算公式为

$$\overline{y}=\frac{\sum \overline{y}_i}{n}$$

n ——一年的月、季数。

（3）计算同月（季）平均数占总平均数的比率，求得季节比率 I_s，计算公式为

$$I_s = \frac{\overline{y_i}}{\overline{y}}$$

例 5-20　某地水果批发市场交易量资料及按月平均法计算的季节比率见表 5-24。

表 5-24　某地水果批发市场交易量　（单位：吨）

月份	2003 年	2004 年	2005 年	月平均数	季节比率（%）	
	（1）	（2）	（3）	（4）$=\frac{(1)+(2)+(3)}{3}$	（5）$=\frac{(4)}{\text{月总平均数}}$	（6）=（5）× 调整系数
1	54	58	68	60	115.4	115.5
2	56	54	70	60	115.4	115.5
3	50	58	64	57.3	110.2	110.3
4	49	54	60	54.3	104.4	104.5
5	44	48	56	49.3	94.8	94.7
6	47	46	48	47	90.4	90.5
7	36	38	44	39.3	75.6	75.7
8	34	38	40	37.3	71.7	71.8
9	37	42	48	42.3	81.3	81.4
10	48	54	60	54	103.8	103.9
11	52	56	60	56	107.7	107.8
12	60	64	76	66.7	128.3	128.4
合计	567	610	694	52（总平均数）	1 199	1 200

$$\text{总平均数}=\frac{567+610+694}{36}=52\text{（吨）}$$

从理论上讲，各月季节比率之和应为 1 200%，如果计算出来的季节比率之和大于或小于 1 200%，应作调整。调整方法为

$$\text{调整系数}=\frac{1\,200\%}{\text{未调整季节比率之和}}=\frac{1\,200\%}{1\,199\%}=1.000\,834\,028\,35$$

$$\text{调整后的季节比率}=\text{调整前的季节比率}\times\text{调整系数}$$

用同期平均法测定季节变动，方法简单，易于掌握。如果被测定的社会经济现象总波动中未发现有明显的长期趋势和循环波动，即可通过算术平均法消除同期不规则变动，从而显现出现象的季节变动趋势。但如果社会经济现象存在明显的长期趋势，各年同月的指标数值前后会有较大的差距，用简单算术平均数计算的季节变动比率就会掩盖长期趋势对现象发展的推动作用，使季节比率的准确性受到影响。若要克服长期趋势对测定季节变动的影响，可采用移动平均趋势剔除法。

（二）移动平均趋势剔除法

移动平均趋势剔除法是利用移动平均法来剔除长期趋势的影响后，再来测定其季节变动的方法。趋势剔除有多种不同的方法，如趋势比率法、环比法、移动平均法等。

现在以 12 个月移动平均为例，说明趋势剔除过程和季节比率的测定方法。12 个月移动平均法是把动态数据资料按年、月顺序排列，以 12 个月为一期，逐项移动求平均数。由于

12 个月的时间与 1 年、4 季的周期相等，通过 12 个月移动平均产生的新数列，消除了以月或季为变动单位，以 1 年为循环周期季节变动的影响和部分不规则影响，突出了现象的长期变动趋势和循环变动的影响。

例 5-21 以某地某商品销售额为例，用 12 个月移动平均趋势剔除法计算季节比率，见表 5-25。

表 5-25 12 个月移动平均趋势剔除法计算表 （单位：万元）

年 月	商品销售额（实际值）	12 个月移动平均	二项移动平均（趋势值）	趋势剔除后的修匀比率（%）
（1）	（2）	（3）	（4）	（5）=（2）/（4）
2004 年 1 月	54	-	-	-
2 月	52	-	-	-
3 月	50	-	-	-
4 月	48	-	-	-
5 月	44	-	-	-
6 月	42	45.75	-	-
7 月	36	46.08	45.92	78.4
8 月	32	46.25	46.17	69.31
9 月	37	46.92	46.59	79.42
10 月	46	47.42	47.17	97.52
11 月	50	47.75	47.59	105.06
12 月	58	47.92	47.84	121.24
2005 年 1 月	58	48.08	48	120.83
2 月	54	48.42	48.52	111.92
3 月	58	48.83	48.63	119.27
4 月	54	49.5	49.17	109.82
5 月	48	50	49.75	96.48
6 月	44	50.5	50.25	87.56
7 月	38	51.33	50.92	74.63
8 月	36	52.67	52	69.23
9 月	42	54.17	53.42	78.62
10 月	54	53.83	54	100
11 月	56	54.5	54.17	103.38
12 月	64	54.83	54.67	117.07
2006 年 1 月	68	55.33	55.08	123.46
2 月	70	55.67	55.5	126.13
3 月	64	56	55.8	114.61
4 月	62	56.33	56.17	110.38
5 月	56	56.67	56.5	99.12
6 月	48	57.67	57.17	83.96
7 月	44	-	-	-
8 月	40	-	-	-
9 月	46	-	-	-
10 月	58	-	-	-
11 月	60	-	-	-
12 月	76	-	-	-

采用移动平均趋势剔除法计算季节比率，需按以下步骤进行：

（1）根据各年的月份资料计算12项移动平均数，12月移动平均趋势剔除计算。

（54+52+50+48+44+42+36+32+37+46+50+58）/12=45.75（万元）

见表5-25中第3栏。

（2）由于12项移动是偶数项移动，需要采用二项移动平均，平均后的表5-26的第4栏资料为长期趋势。如

2000年7月份的趋势值=（47.5+46.08）/2=45.92（万元）。

（3）将各月的实际值除以趋势值，也就是用第（2）栏的值除以第（4）栏的值，得出修匀比率，使长期趋势对现象的影响得以消除。如

2000年7月份的修匀比率=36%/45.92%=78.4%

见表5-25第5栏。

（4）将求得的修匀比率重新按月编排，见表5-26，再计算各年同月的平均值，也就是平均季节比率。如

1月份的平均值=（120.83%+123.46%）/2=122.15%

见表5-26中第5栏。

（5）调整季节比率。各月季比率之和应为1 200%，若各月季节比率和高于或低于1 200%，应用调整系数进行调整。方法与前相同，也就是用各月的平均季节比率分别乘以调整系数。本例中的调整系数为1 200%/1 194.73%=1.000 4。如：1月份调整后的季节比率为122.15%×1.004 411=122.689%；2月份调整后的季节比率为119.03×1.004 411=119.555%。以下各月依此类推，调整结果见表5-26末栏目。

表5-26 商品销售额趋势剔除后按月平均计算表 （单位：万元）

年份/月份	2004年	2005年	2006年	同月平均值（平均季节比率）	调整后的季节比率
1	-	120.83	123.46	122.15	122.689
2	-	111.92	126.13	119.03	119.555
3	-	111.27	114.61	1 121.94	113.438
4	-	109.82	110.38	110.1	110.586
5	-	96.48	99.12	97.8	98.231
6	-	87.56	83.96	85.76	86.138
7	78.40	74.63	-	76.52	76.85
8	69.31	69.23	-	69.27	69.576
9	79.42	78.62	-	79.02	79.369
10	97.52	100	-	98.76	99.196
11	105.06	103.38	-	104.22	104.68
12	121.24	117.07	-	119.16	119.686
合 计	-	-	-	1 194.73	1 200.0

本 章 小 结

时间数列是将现象在发展中的各个时间的值标值按照时间先后顺序排列而成的数列，是描述社会经济现象发展变化过程的有效方法。

时间数列的两个构成要素
- 现象所属时间
- 现象在各个时间的指标数值

编制时间数列的四个原则
- 指标的经济含义一致
- 总体范围一致
- 计算方法一致
- 时期长短一致

时间数列的分类
- 绝对数数列
  - 时期数列
  - 时点数列
- 相对指标时间数列
- 平均指标时间数列

时期数列与时点数列具有区别：（1）数列是否具有可加性与连续统计的特性，（2）各指标值大小与时间间隔的长短是否有直接关系。

时间数列的分析指标
- 时间数列的水平分析指标
- 时间数列的速度分析指标

时间数列的水平分析指标包括发展水平、平均发展水平、增长量和平均增长量。其中，增长量包括逐期增长量和累计增长量，分别表示各期和全时期累计增长水平，它们的关系是逐期增长量之和等于相应时期的累计增长量。

$$平均增长量=\frac{逐期增长量之和}{逐期增长量的个数}=\frac{累计增长量}{时间数列项数-1}。$$

时间数列的速度指标包括发展速度、增长速度、平均发展速度和平均增长速度。其中，发展速度包含环比发展速度和定基发展速度，它们之间的关系：环比发展速度之积等于相应时期的定基发展速度。发展速度和增长速度的关系是：

$$增长速度=发展速度-1$$

影响时间数列的因素有：长期趋势因素、季节变动因素、循环变动和不规则变动因素。其中，长期趋势分析的主要方法有：时距扩大法、移动平均法、半数平均法和最小平方法。

统计资料示例

2005 年，广东省的社会经济保持了快速、协调、健康的发展势头，消费品市场供给充足，社会消费心理稳定，市场物价稳定回升，全省消费品市场呈现稳步增长的良好态势。全年实现社会消费品零售总额 6 370.42 亿元，比上年增长 13.6%。其中，批发零售额为 5 338.79 亿元，餐饮业零售额为 997.51 亿元，分别增长 14.1%和 13.7%。

分季度看，第一季度零售额为 1 571.68 亿元，第二季度为 1 459.64 亿元，第三季度为 1 571.89 亿元，第四季度为 1 767.21 亿元，分别比上年同期增长 12.9%、14.8%、13.2%和 13.8%，基本符合消费品市场运行规律，其中第二季度增速略高。

城市消费增长拉动增强，购买力继续向城市集聚，吸引部分农村购买力向城市转移。2005

年，全县及县以上城镇实现消费品零售额 4 578.77 亿元，同比增长 14.8%，增幅比 2004 年提高 3.2 个百分点，拉动零售总额增长 10.5 个百分点；占全省社会消费品零售总额比重的 71.%，比上年提高 0.8 个百分点。县以下农村实现消费品零售额 1 791.65 亿元，比上年增长 10.7%。农村市场虽稳步增长，但与城市市场的增幅，差距仍较明显。

思考题：

1．上述资料中提到了哪些类型的速度指标？它们比较的基期是什么？

2．在消费增长描述中，采用了哪几种分析指标？它们的统计意义是什么？

思考与练习

一、填空题

1．时间数列是将同一______在不同______的数值按时间先后顺序排列而成的一种数列。

2．时间数列按其指标的表现形式不同可分为______、______和______。

3．按表填空：

年 份	2000	2001	2002	2003	2004
粮食总产量/万吨	33 212	32 056	32 502	35 450	38 728
年末职工人数/万人	9 967	10 444	10 940	11 281	11 515
人均粮食产量/千克	342.5	326.5	327	351.5	379
职工平均工资/元	668	762	827	798	836

上表中______是时期数列。______是时点数列，第三行是______数列，第四行是______数列。

4．将不同时期的发展水平加以平均而求得的平均数叫______，也叫______平均数。

5．发展速度分为______和______发展速度两种，二者的关系是______。

6．时间数列的构成要素有两个：______和______。

7．某时期的定基发展速度除以上期的定基发展速度等于该时期的______。

二、判断并改错题

1．环比增长速度连乘积等于定基增长速度。（ ）

2．两个相邻的定基发展速度之商等于相应的环比发展速度。（ ）

3．已知连续 5 年的环比增占速度，用几何平均法求平均增长速度，应开 4 次方。（ ）

4．某企业 2004 年产值比 2000 年增长 1 倍，比 2002 年增长 0.5 倍，则 2002 年比 2000 年增长 0.33 倍。（ ）

三、单项选择题

1．时间数列中，每个指标值可以相加的是（ ）。

A．相对时间数列　B．时点数列　C．时期数列　D．平均数时间数列

2．已知环比增长速度为 3%、4%、6%，则定基增长速度为（ ）。

A．3%×4%×6%　B．3%×4%×6%−1

C．103%×104%×106%　D．103%×104%×106%−1

3．平均发展速度是（ ）。

A．发展速度的算术平均数　B．各个环比发展速度的算术平均数

C．环比发展速度的几何平均数　　　D．环比发展速度的调和平均数

4．时期数列有以下特点（　　）。

A．时期数列的每一项指标数值是反映现象在一段时间内发展过程的总量

B．时期数列中各项指标数值不能相加

C．时期数列中各项指标数值的大小和它所属时期的长短没有直接关系

D．时期数列中各项指标数值只反映现象在某一时点上所达到的水平

5．平均增长速度是（　　）。

A．平均发展速度-1　　　B．累计增长量开 n 次方

C．环比增长速度连乘积开 n 次方　　　D．定基增长速度开 n 次方

6．编制时间数列是从数量方面研究社会经济现象的（　　）。

A．规模和水平　　B．结构变动　　C．方向和速度　　D．一般水平

7．平均增长量等于（　　）。

A．逐期增长量之和除以时间数列的项数

B．逐期增长量之和除以时间数列的项数-1

C．平均发展速度乘期初水平

D．平均增长速度乘期初水平

8．定基增长速度等于（　　）。

A．环比发展速度的连乘积-1　　　B．环比增长速度的连乘积

C．环比发展速度之和　　　D．环比增长速度之和

四、简答题

1．时间数列的含义和编制原则是什么？

2．说明时期数列和时点数列的异同点。

3．时间数列有哪些分析指标？它们的关系如何？

4．分析时间数列长期趋势的方法有哪些？

五、计算题

1．某企业几年来的工业增加值资料如表所示，要求：计算四年来该企业平均每年的工业增加值。

年　份	2005 年	2006 年	2007 年	2008 年
增加值/万元	250	260	290	300

2．某公司各季度计划产值，实际产值及计划完成程度资料如表，要求：计算该公司每季度的平均计划完成程度。

季　度	1	2	3	4
计划产值/万元	400	420	410	430
实际产值/万元	400	430	400	450
计划完成程度（%）	100	102.3	97.6	104.7

3．某农场的粮食产量，2003 年比 2000 年增长 30%，2002 年比 2000 年增长 21%，请问 2003 年比 2002 年增长多少？

4．某种商品零售额发展情况如表所示，要求计算：

（1）逐期增长量；（2）累计增长量；（3）环比发展速度；（4）定基发展速度；（5）环比增长速度；（6）定基增长速度；（7）年平均发展速度；（8）年平均增长速度；（9）年平均增长量；（10）平均发展水平。

年　份	2000 年	2001 年	2002 年	2003 年	2004 年	2005 年
某商品零售额/万元	4 305	4 950	5 820	7 440	8 101	8 255

5．用时间数列指标的关系，通过计算填出下表中所缺的指标。

年　份	总产值/万元	环比动态指标		
		增长量/万元	发展速度（%）	增长速度（%）
2001 年	200			
2002 年		20		
2003 年			110	
2004 年				9
2005 年				12

6．某仓库 2004 年各月份库存量如表所示，要求计算：

（1）计算该仓库第一季度平均库存量。

（2）计算该仓库第二季度平均库存量。

（3）计算该仓库 2004 年平均库存量。

日　期	1 月 1 日	3 月 31 日	4 月 30 日	5 月 31 日	6 月 30 日	10 月 31 日	12 月 31 日
库存量/万元	3.5	2.8	2.7	2.5	2.2	3.1	3.6

实　训

（一）实训主题

怎样分析一个包含数据比较多的时间数列资料。

（二）实训目标

能够运用各种时间数列分析指标，分析某经济现象的变化状态及趋势。

（三）实训要求

根据统计年鉴资料，查找我国汽车年产量的发展数据，并针对汽车工业的发展过程搜集相关背景资料，分析、说明我国汽车工业的发展特点及趋势。

第六章

统计指数

学习目标

通过本章的学习，理解统计指数的概念；理解统计综合指数、平均指数的编制原理，掌握统计综合指数、平均指数的编制方法；在理解指数体系和因素分析法原理的基础上，能够运用因素分析法对影响某一经济现象变化的各因素进行分析；了解现实工作中的一些重要经济指数的意义。

技能目标

能够运用综合指数、平均指数的编制方法正确地编制综合指数和平均指数；能够运用因素分析法对经济现象的变动建立相应的指数体系，并进行因素分析；能够阅读与经济指数相关的文章，并正确理解其中的经济含义。

引导案例

据统计，我国 2009 年 5 月份，CPI 同比下降 1.4%，环比下降 0.3%。与 4 月份相比，同比跌幅缩小 0.1 个百分点，环比跌幅扩大 0.1 个百分点。

从主要分类看：5 月份食品类同比下降 0.6%，衣着类和交通通信类下降 2.3%，居住类下降 4.8%；扣除食品和能源的价格指数下降 1.3%；服务项目下降 1.3%；食品类环比下降 0.6%，居住类环比下降 0.3%。上述数据告诉我们：

（1）5 月份，CPI 环比下降 0.3%。其中，食品类下降 0.6%、居住类下降 0.3%，这两者就影响 CPI 环比下降 0.23 个百分点。食品类中，随着猪肉供应量的不断增加，猪肉价格进入下跌通道，猪肉环比下跌 7.3%，影响 CPI 下降 0.22 个百分点。

需要注意的是，1～5 月，粮食价格环比分别上涨 0.2%、1.0%、1.5%、0.4%和 0.8%，已经连续五个月上涨。粮食是许多食品的原料，也与许多农产品存在比价关系。因此，粮食价格走势的抬头，是否会影响今后 CPI 的走势，仍有待进一步的观察。

（2）扣除食品和能源的同比价格指数下降 1.3%。扣除食品和能源的价格指数就是我们通常所说的核心 CPI。5 月份核心 CPI 同比下降 1.3%，比上月增加 0.1 个百分点。

（3）服务项目价格环比持平，同比下降 1.3%。其中，一些服务价格出现上涨，衣着加工同比上涨 3.9%，家庭服务及加工维修服务上涨 5.5%，个人服务上涨 4.3%，文娱费上涨 1.5%。

资料来源：国家统计局

案例点评

这篇文章所述及的主要内容是各种商品和劳务的价格变动情况。无论是国家经济管理部门的决策者，或是企业的生产者、普通的消费者，对价格的变化都是非常敏感的，国家经济管理部门会定期或是不定期地发布各种指数的统计，如商品零售价格指数、股票价格指数等等。什么是指数？研究指数有什么意义？指数是如何计算（或编制）出来的？如何运用指数对经济现象进行分析，利用指数指导我们的经济行为？这是本章的学习内容。

学习内容

第一节 统计指数的基本问题

一、统计指数的概念

在刚开始接触统计指数的时候，我们很多人会联想到数学上的指数。其实，数学上的指数与统计指数是性质完全不同的两个概念。统计指数有广义和狭义两方面的含义。广义的统计指数是指任何可以说明经济现象变动的数据对比得到的相对数。如第四章所述的动态相对数、比较相对数、计划完成程度相对数指标均属于广义指数的范畴，它既可以反映简单现象数量变动的相对数，也可以反映复杂经济现象数量变动的相对数。简单现象是指有共同属性和特征，有共同的计量单位，其标志值可以直接加总计算的不同总体（单位）。如由不同地区的小麦总产量加总得到的全国小麦总产量是简单现象。复杂现象是指产品的属性和特征各异、无共同的计量单位、其标志值不能直接加总计算的不同总体（单位）。如某个城市各种日用消费品的零售价格便是复杂现象。狭义的统计指数概念是专门用来说明不能直接加总的复杂经济现象综合变动程度的特殊相对数，它所要解决的是复杂总体的综合可比问题。如物价总指数是说明各种不同属性的商品价格综合变动的相对数。

一般情况下，统计指数多是指狭义的统计指数。本章所讨论的统计指数均是指狭义指数。从统计指数的概念中，我们可以归纳出统计指数的性质：

1. 综合性。统计指数既然是反映复杂总体数量方面的综合变动情况，充分说明统计指数不同于一般的相对数，正是具备了综合性，统计指数才发展成为独立的理论和方法体系。如何把不同属性的商品综合到一起，如何反映多种商品的数量的综合变化情况，成为统计指数的核心课题。

2. 相对性。统计指数反映复杂总体在不同场合下的变动情况，变动的情况主要通过数据的对比来反映某一经济现象在不同时间和不同空间的相对变化，具有比较的性质，所以常用相对数或比率来反映。

3. 平均性。统计指数是反映一个复杂总体现象的代表性数值，具有抽象性和平均性。如某天股票价格指数上涨 2%，只是一个概要的、平均性的数值，并不排除有很多股票下跌的情况。

4. 代表性。在计算、编制指数时，由于复杂的总体所涉及的具体对象往往种类繁多，很难都列入计算范围，这样既不经济，又没有必要。因此，在编制指数时，通常是选择若干具有代表性的总体单位计入样本，然后根据样本的数据编制所需要的指数。因而，指数是一种代表性的数值。

二、统计指数的意义

统计指数在十七世纪产生于欧洲，当时编制的统计指数是为了反映物价的变动情况，之后统计指数编制方法及其在经济生活中的运用得到了迅速的发展和完善。现在，统计指数普遍运用于生产、消费、投资等经济领域。例如，工业生产指数、居民消费价格指数（CPI）、企业景气指数。可以说，在我们生活中的方方面面均可以看到统计指数的影子。

1．可以综合反映各种复杂经济现象总体在数量上总的变动方向和变动程度。

这是总指数的主要作用。无论是综合指数还是平均指数，计算的结果，一般都是用百分比表示的相对数；这个百分比大于或小于100%，表示升降变动的方向，大于或小于100%的部分，表示升降变动的程度。

2．可以对现象总体进行影响因素分析。

通过指数体系可以对影响现象总量变动的因素进行分析。我们可以用统计公式具体计算出各个因素对总体变动的影响程度，从绝对数和相对数两方面进行较为准确的分析。

3．可以测定现象数量变动受总体内部各组水平和总体单位结构变动的影响方向和程度。

如果对现象的某项平均指标进行分析时，可以运用指数分析法测定各组平均水平的变动、各组在总量中所占比重的变动以及它们对总平均水平变动的影响程度。

4．可以研究某一经济现象在较长的时期内发展变化的趋势和规律，这主要是借助于对连续的动态指数数列的分析和研究而完成的。

三、统计指数的分类

根据所考察对象的目的和指数的编制方法不同，可以对统计指数进行分类。

（一）个体指数和总指数

统计指数按其所反映现象的范围不同，可分为个体指数与总指数。

个体指数是说明和反映个体现象数值变动的相对数，它适用于同类简单现象数量变动的计算。例如，某一种商品的价格指数、成本指数和销售量指数等。

总指数是综合反映复杂经济现象总体变动情况的相对数，这些复杂现象的总体不能简单的加总计算，需要通过一定的统计技术处理才能加总求和。例如，全部工业品出厂价格指数、全部商品零售价格指数等。狭义的指数指的是总指数而非个体指数。

在总体分组的情况下，还可以计算出各组的组指数（类指数），用来反映现象的类或组的数量变动。这是将统计分组和指数法结合起来的运用结果。例如，我国零售商品价格总指数的计算，就是先将零售商品分为食品类、衣着类、燃料类……，在分类的基础上，可计算出食品类价格指数、衣着类价格指数、燃料类价格指数……，然后再将各大类指数汇总为零售商品价格总指数。

（二）数量指标指数和质量指标指数

按反映现象总体的性质不同，统计指数分为数量指标指数和质量指标指数。

数量指标反映经济现象的规模、数量，其常常表现为总量数字。根据数量指标编制的指数就是数量指标指数，它是表明总体在规模上数量变动状况的相对数，如产品产量指数、企业职工人数指数。

质量指标则说明经济现象的品质属性，其表现形式为相对数或平均数。根据质量指标编制的指数就是质量指标指数，它是表明总体在质量上数量变动状况的相对数，如产品成本指数、企业劳动生产率指数。

（三）综合指数和平均指数

统计总指数按计算和编制的方法不同，可分为综合指数和平均指数。

综合指数和平均指数是计算总指数的两种基本形式。

关于综合指数和平均指数的编制方法和具体运用见第二节和第三节。

（四）定基指数和环比指数

按对比的基期不同，统计指数可分为定基指数和环比指数。定基与环比的含义和发展速度中的定基与环比相同。

定基指数是反映社会现象的报告期数量与某一固定时期的数量进行对比形成的一系列相对数，即在这种指数数列中，各个指数的基期是不变的。

环比指数反映社会现象的报告期数量与报告期前一时期的数量进行对比形成的一系列相对数，即在这种指数数列中，各个指数的基期是变化的。

第二节 综 合 指 数

一、综合指数的概念和特点

综合指数是编制总指数的一种主要形式，它是通过两个有联系的综合总量指标对比计算出来的相对数。

由于复杂社会经济现象总体包含多种属性不同、计量单位不同的事物，因此不能对其直接加总求得总量指标。如果需要反映复杂现象总体在不同时期的变动情况，就要通过特定的方法解决复杂总体的综合可比问题。综合指数就是用来描述复杂现象总体综合变动的综合统计指标。

综合指数的编制特点是：先综合后对比。“先综合”是将不同属性、不同使用价值、不同度量单位、不能直接加总的各种不同事物的数量通过同度量因素过渡到有共同度量单位、可以直接加总计算的过程；“后对比”就是将综合后的两个同类现象数量的总和（总量）进行对比计算的过程。

在综合指数编制过程中，复杂现象的总量可以分解为两个或两个以上的指标，即数量指标和质量指标。它们又可归纳为两类因素：一类是同度量因素，即将总体中不同度量、不能直接加总的事物过渡到能够相加总体的媒介因素；一类是指数化因素，即我们所研究对象的某一方面变动情况需要以指数的形式表现的因素。例如，考察一个城市日用品的销售价格变动在近两年的变化过程中，需要通过价格指数反映日用品的价格变化，因此，日用品价格即是指数化因素，而由于各种不同的日用品的价格不能直接加总比较，这就需要通过媒介因素即不同的日用品的销售数量转化为可以加总的数量，因此销售数量就成为同度量因素。

表 6-1 某企业三种商品的销售资料

商品名称	计量单位	销售量		销售价格/元		销售额/元	
		基期	报告期	基期	报告期	基期	报告期
液晶电视	台	200	250	4 000	3 800	800 000	950 000
手机	部	1 000	1 050	2 000	1 800	2 000 000	1 890 000
办公家具	套	50	80	5 000	5 500	250 000	440 000

如果上表企业销售三种性质完全不同、计量单位不同的产品，要确定该企业在某个时期的总销售额，以及比较企业在基期和报告期的销售总额，为了达到使复杂总体具有可比性的目的，首先要寻找出使复杂总体能够直接相加的同度量因素。三种商品都具有价值量即销售额，“销售额”是可以加总和对比的，而商品的销售额又可以分解为商品销售量和商品单价的乘积。这样，如果需要考察复杂总体的单价变动情况，就可以通过销售量使不可比的单价转化为销售额进行对比，这样，“单价”和“销售量”分别是指数化因素与同度量因素；同理，如果要考察复杂总体的数量变动情况，我们可以通过销售单价使不可比的数量转化为销售额的对比，这里的“销售量”和“单价”就分别成为指数化因素与同度量因素了。

理解指数化因素与同度量因素，可以正确编制综合指数。

二、综合指数编制的一般原则

综合指数的编制要把握如下两个基本的原则。

（一）确定同度量因素

综合指数编制的对象是复杂的总体，对于复杂总体的加总问题我们是通过同度量因素予以解决的。如要比较某个地区两年的农产品产量变动情况，不同属性的农产品使用价值不同，计量单位不同，因而它们的产量是不能直接加总的，但是它们都具有价值，各种农产品的价值量是可以加总的，借助于价格，把各种农产品的产量乘以它们各自的市场价格，得到各种产品的产值及加总后的总产值，把不同时期的总产值进行对比得到的相对数即为综合指数。农产品的产量变动是分析和研究的对象，产量是指数化因素，而价格作为媒介因素是同度量因素，通过同度量因素，不能直接加总的农产品的产量过渡到可以加总的农产品产值才能进行对比。同理，要研究价格的变动，产品的产量作为同度量因素。

我们可以归纳出确定同度量因素的基本原则：考察数量指标的变动时，以质量指标作为同度量因素，考察质量指标的变动时，以数量指标作为同度量因素。

（二）固定同度量因素

在同度量因素确定以后，还要选择同度量因素所属的时期，通过将同度量因素固定在同一时期的水平上，以消除它们的变动对总量的影响，从而只测定所研究现象指数化因素的变动方向和变动程度。如要反映产品产量的总变动情况，需要将产品的价格固定在同一时期：或采用基期的价格，或采用报告期的价格。同样，要反映产品价格的总变动情况，也需要将产品的产量固定在同一时期：或采用基期的产量，或采用报告期的产量。

三、综合指数编制的方法

（一）数量指标综合指数的编制

如果编制的综合指数的指数化因素是数量指标时，所编制的综合指数称为数量指标综合指数。常见的数量指标综合指数有：商品销售量指数、工业产品产量指数、农副产品生产量指数。

按照综合指数编制的两个基本原则，数量指标综合指数的公式如下

$$\overline{K_q}=\frac{\sum q_1p_0}{\sum q_0p_0} \tag{6-1}$$

$$\overline{K_q}=\frac{\sum q_1p_1}{\sum q_0p_1} \tag{6-2}$$

式中 $\overline{K_q}$——数量指标综合指数；

p_0——基期产品的出厂价格或销售价格；

p_1——报告期产品的出厂价格或销售价格；

q_0——基期产品的产量或销售数量；

q_1——报告期产品的产量或销售数量。

两个公式的区别在于同度量因素的固定时期不同，式 6-1 把价格固定在基期，称为拉氏物量指数公式，式 6-2 把价格固定在报告期，称为派氏物量指数公式。

例 6-1 根据表 6-1 的资料计算三种商品的销售量变动综合指数。

销售量是指数化因素，价格是同度量因素。如果把同度量因素的销售价格固定在基期，运用拉氏物量指数公式，将表 6-1 的资料代入公式 6-1 得

$$\overline{K_q}=\frac{\sum q_1p_0}{\sum q_0p_0}=\frac{250\times4\,000+1\,050\times2\,000+80\times5\,000}{200\times4\,000+1\,000\times2\,000+50\times5\,000}\times100\%=\frac{3\,500\,000}{3\,050\,000}\times100\%\approx114.75\%$$

$$\sum q_1p_0-\sum q_0p_0=3\,500\,000-3\,050\,000=450\,000\text{（元）}$$

计算结果说明，当产品的价格固定在基期时，三种产品销售量总变动的综合指数为 114.75%，报告期比基期销售量增长了 14.75%。由于商品销售量的综合变动，该公司商品的销售额也发生了变化，报告期比基期增加了 450 000 元。

在统计实践中，除了将同度量因素价格固定在基期和报告期外，还可以将产品的价格固定在某一特定的时期，这一特定时期的价格称为固定价格或不变价格。

当产品的销售价格固定在某一特定时期，其计算公式为

$$\overline{K_\text{q}}=\frac{\sum q_1p_\text{n}}{\sum q_0p_\text{n}}$$

式中的 P_n 为某个特点时期的价格。

注意：计算商品销售量综合指数时，同度量因素的固定时期应根据指数的经济内容决定。

计算销售量指数的目的在于测定各种商品销售量的总变动。为了排除价格变动的影响，更准确的测定数量的综合变动，计算销售量综合指数时应该将同度量因素固定在基期，即按照拉氏物量指数公式计算综合指数，推而广之，计算数量指标综合指数时，同度量因素均应固定在基期。

（二）质量指标综合指数的编制

如果对质量指标编制综合指数，所编制的综合指数称为质量指标综合指数。常见的质量指标综合指数有：商品销售价格指数、工业产品价格指数、生产成本指数等。质量指标综合指数的编制原理和编制方法与前述数量指标指数的编制相类似。

如前表 6-1 中三种商品的销售价格是质量指标，要反映商品的价格变动情况，可以通过编制价格指数来反映。

与数量指标综合指数一样，同度量因素也可选择基期或报告期的水平。根据同度量因素所属时期的不同，质量指标综合指数的公式如下

$$\overline{K}_{\mathrm{p}} = \frac{\sum p_1 q_0}{\sum p_0 q_0} \tag{6-3}$$

$$\overline{K}_{\mathrm{p}} = \frac{\sum p_1 q_1}{\sum p_0 q_1} \tag{6-4}$$

公式中 $\overline{K}_{\mathrm{p}}$ 表示质量指标综合指数。式 6-3 把商品销售数量固定在基期，称为拉氏物价指数公式；式 6-4 把商品的销售量固定在报告期，称为派氏物价指数公式。

例 6-2 根据表 6-1 的资料计算三种商品的销售价格变动的综合指数。

如果选择把同度量因素销售数量固定在报告期，运用派氏物价指数公式，将表 6-1 的资料代入式 6-4 得

$$\overline{K}_p = \frac{\sum q_1 p_1}{\sum q_1 p_0} = \frac{250\times 3\,800 + 1\,050\times 1\,800 + 80\times 5\,500}{250\times 4\,000 + 1\,050\times 2\,000 + 80\times 5\,000}\times 100\% = \frac{3\,280\,000}{3\,500\,000}\times 100\% \approx 93.71\%$$

$$\sum q_1 p_1 - \sum q_1 p_0 = 3\,280\,000 - 3\,500\,000 = -220\,000\text{（元）}$$

计算结果表明，当商品的销售量固定在报告期时，三种产品销售价格总变动的综合指数为 93.71%，报告期比基期销售价格下降 6.29%。由于商品销售价格的综合变动，该公司商品的销售额也发生了变化，报告期比基期减少了 220 000 元。

同度量因素选择时期的不同是两个价格指数产生差异的根本原因。如果采用拉氏物价指数公式将同度量因素固定在基期，说明在价格变动的情况下按过去的销售量计算商品价格的变动情况，绝对数差额反映价格已经变化但实际销售量不变情况下总销售额的变化差额，这

与现实经济表现是有差异的。而采用派氏物价指数公式将同度量因素固定在报告期，说明在价格已经变化的情况下按现在的价格销售其数量的多少，反映价格变化对销售量的影响，绝对数差额反映了物价变动对总的销售额带来的影响，有着很强的现实经济意义。

因此，在计算物价综合指数时，应将同度量因素固定在报告期，即按照派氏物价指数公式计算综合指数更具有实际意义。推而广之，计算质量指标综合指数时，同度量因素均应固定在报告期。

第三节　平均指数

一、平均指数的意义和分类

平均指数，是指个体指数的加权平均数。它是以个体指数为基础，通过对个体指数的加权平均而计算的一种总指数，它是编制总指数的又一重要形式。

应用综合指数公式计算总指数，需要全面的原始资料：要有对应的不同时期的数量指标和质量指标的资料，有时这些资料很难全面取得。在原始资料不全的情况下就不能直接利用综合指数公式，因此，可以采用总指数的其他形式——平均指数计算总指数。

与综合指数相反，编制平均指数的基本方式是“先对比，后平均”，即首先通过对比计算某一经济现象的个体指数，然后将个体指数予以加权平均得到总指数。

在特定权数的条件下，平均指数的分子和分母代表的经济内容和计算结果与综合指数是一致的，其计算公式可从综合公式推导而出。因此，在特定的条件下，平均指数是综合指数的变形，同时，平均指数又作为一种独立的指数形式而广泛应用。

按照其计算形式和加权平均的方法，平均指数常用的基本形式有：加权算术平均指数，加权调和平均指数。

二、综合指数变形的平均指数

（一）加权算术平均指数

加权算术平均指数是指在已知或能够计算个体指数的基础上采用加权算术平均法进行综合平均计算的一种总指数。

在已知某一数量指标的个体指数 $k_q=\dfrac{q_1}{q_0}$ 以及基期的总量指标（产值或销售额）q_0p_0 的条件下，数量指标平均指数为

$$\overline{K}_q=\frac{\sum k_q q_0 p_0}{\sum q_0 p_0} \tag{6-5}$$

由式 6-5 可知，在特定条件下，加权算术平均指数实际是拉氏综合指数的变形。

在统计实践中，商品的销售额资料与各种商品的销售量个体指数资料比较容易取得，所以，应用平均指数计算总指数相比综合指数的计算更简单一些。

例 6-3　以表 6-2 的资料编制商品销售量平均指数。

表 6-2 某外贸公司三种出口商品的销售资料 单位：元

商品名称	计量单位	商品销售量		销售量个体指数（$k_q=\frac{q_1}{q_0}$）	基期商品的销售额
		基期（q_0）	报告期（q_1）		p_0q_0
甲	台	250	320	1.28	500 000
乙	米	5 000	6 000	1.2	100 000
丙	公斤	6 000	6 480	1.08	12 000
合计	—	—	—	—	612 000

$$\overline{K}_q=\frac{\sum k_q q_0 p_0}{\sum q_0 p_0}=\frac{1.28\times500\,000+1.2\times100\,000+1.08\times12\,000}{500\,000+100\,000+12\,000}\times100\%=\frac{772\,960}{612\,000}\times100\%\approx126.30\%$$

计算结果表明：报告期与基期相比，该外贸公司三种商品销售量的总指数为 126.30%，报告期比基期出口增加 26.30%。

（二）加权调和平均指数

加权调和平均数指数是指在已知或能够计算个体指数的基础上，采用加权调和平均法进行综合平均计算的总指数。

已知某一质量指标的个体指数 $k_p=\frac{p_1}{p_0}$ 以及报告期的总量指标（产值或销售额）q_1p_1 的条件下，质量指标平均指数公式为

$$\overline{K}_p=\frac{\sum q_1p_1}{\sum\frac{1}{k_p}q_1p_1} \tag{6-6}$$

由式 6-6 可知，在特定条件下，加权算术平均指数实际是派氏综合指数的变形。

在计算质量指标总指数时，只有将同度量因素固定在报告期才具有现实意义，即按照派氏物价指数公式计算总指数。公式 6-6 是派氏物价指数公式的变形，因此，加权调和平均指数公式一般用来计算质量指标的总指数。

在统计实践中，商品报告期的销售额资料 p_1q_1 与各种商品的销售价格指数资料容易取得，所以，应用加权调和平均指数计算总指数相比综合指数的计算更简单一些。

例 6-4 以表 6-3 的资料编制商品销售量平均指数。

表 6-3 某外贸公司三种出口商品的销售资料 单位：元

商品名称	计量单位	商品销售价格		销售价格个体指数（$k_p=\frac{p_1}{p_0}$）	报告期商品的销售额
		基期（p_0）	报告期（p_1）		（p_1q_1）
甲	台	2 000	2 200	1.1	66 000
乙	米	20	21	1.05	210 000
丙	公斤	2	1.8	0.9	10 000
合计	—	—	—	—	286 000

$$\overline{K}_p=\frac{\sum q_1p_1}{\sum\frac{1}{k_p}q_1p_1}=\frac{66\,000+210\,000+10\,000}{\frac{1}{1.1}\times 66\,000+\frac{1}{1.05}\times 210\,000+\frac{1}{0.9}\times 10\,000}\times 100\%$$

$$=\frac{286\,000}{271\,111.11}\times 100\%\approx 105.49\%$$

计算结果表明：报告期与基期相比，该外贸公司三种商品销售价格的总指数为 105.49%，报告期比基期价格上升 5.49%，这与综合指数的计算结果完全相同。

三、固定权数的平均指数

从计算形式上，综合指数变形的平均指数使用的是固定在基期或报告期的价值量作为权数来加权平均计算的一种总指数。在实际工作中，还有一种方式是将加权平均法计算中的权数以比重的形式固定下来，在一段时期不作变动，通常用 w 表示。

固定权数平均指数的计算公式如下

$$\overline{K}=\frac{\sum Kw}{\sum w}\text{（固定权数加权算术平均指数）}$$

$$\overline{K}=\frac{\sum w}{\sum\frac{w}{K}}\text{（固定权数加权调和平均指数）}$$

公式中的 K 表示个体物价指数或者个体物量指数，w 表示固定的权数或比重。

固定权数加权平均指数应用十分广泛，我国的统计工作实践中，有些常用的物价指数就是用固定权数加权平均法编制的，如商品零售物价指数的编制。其所用的权数是经过调整的基期销售额比重。

第四节 指数体系与因素分析

一、指数体系的概念和作用

统计指数是一种专门用来对复杂经济现象的综合变动进行对比分析的统计指标。一个指数通常只能反映经济现象某个具体方面的变动，不能较为全面、深入地反映经济现象的发展变化，因此，统计实践中常常需要将多个指数结合运用以求完整地反映现象变动的全貌，从而形成了相应的指数体系。

（一）指数体系的概念

指数体系有两种不同的含义。广义的指数体系泛指由若干个内容上相互关联的统计指数所构成的一个整体。如“工业经济指数体系”包括工业劳动生产率指数、工业成本指数、工业销售指数等。工业品批发价格指数、农产品收购价格指数、消费品零售价格指数等构成了“市场物价指数体系”。每个指数从不同的侧面反映某个经济现象总体的变动情况，它们之间又存在一定的联系，形成一个个完整的指数体系。

狭义的指数体系是指在经济上具有内在联系、在数量上具有一定对等关系的三个或三个以上的统计指数所构成的整体，它是由总变动指数和因素变动指数两类指数组成。由此可见，狭义指数体系更强调指数间存在的数量对等关系。本节所述的统计指数体系即是指这种狭义的指数体系。

指数体系中的各个指数之间存在着下列数量对等关系：

（1）总变动指数等于各个因素指数的乘积。

（2）总变动的绝对数差额等于各因素变动的差额之和。

指数体系中的数量对等关系是由经济现象间客观存在的关系所决定的，如

商品销售额指数=商品销售量指数×商品销售价格指数

产品产值指数=产品价格指数×产品产量指数

总成本指数=产量指数×单位产品成本指数

原材料费用总额指数=产品产量指数×单位原材料消耗量指数×单位原材料价格指数

销售利润指数=销售量指数×销售价格指数×销售利润率指数

（二）指数体系的作用

基于统计指数体系中指数关系的客观性和科学性，指数体系在统计工作和相关经济活动中具有多方面的重要作用，主要表现如下：

（1）指数体系是开展因素分析的基础。由指数体系中的指数数量对等关系可以知道，总变动指数受那些因素的影响，进而可以计算、测定各因素影响的方向和程度。

（2）推算指数体系中的某个未知指数。利用指数体系中指数间的对等关系式，根据已知或者设定的若干个指数，可以推算出体系中未知的指数，为经济决策的制定提供依据。

（3）指数体系对因素类综合指数的编制具有指导意义。在编制综合指数时，固定同度量因素的所属时期应考虑指数体系的要求。即编制数量指标因素指数时，要以基期的质量指标为同度量因素，编制质量指标因素指数时，要以报告期的数量指标为同度量因素。只有这样才能保证指数体系在经济内容上的完整和数量上对等关系的成立。

二、两因素分析（因素分析法）

（一）因素分析法及意义

因素分析法是根据指数体系理论来分析社会经济现象总变动中各个因素的影响方向和程度的一种方法。

因素分析法的研究对象是复杂的经济现象，复杂现象的变动常常受两个或两个以上因素影响的共同作用，根据指数体系中各指数的经济内容和数量上的关系，测定各个因素对总体的影响方向和程度，为经济活动分析和决策提供依据是因素分析的主要目的。

因素分析的基本方法是假定指数体系中一个因素变动，而其余因素不变为前提。如总变动指数受三个因素的影响，要测定其中某个因素的变动影响，则要假定其中两个因素不变。

按照这个方法，我们可以依次测定各个因素变动对总变动指数的影响方向和程度。

因素分析法按分析时研究对象所包含的因素多少可分为两因素分析和多因素分析。本节

将介绍两因素分析法及其运用。

（二）总量指标的两因素分析

复杂现象的总体一般通常是由许多性质不同的个体所构成，其总量指标可以分解为两个或两个以上因素指标的乘积之和。复杂总体总量指标变动的因素分析，即是利用指数体系中的数量对等关系式分析总量指标的变动受那些因素的影响，进而测定各因素对总量指标影响的方向和程度。两因素分析的基本依据是：总量指标指数等于各因素指数的乘积，因素指数可以分为数量指标指数和质量指标指数。它们之间的内在联系是综合指数因素分析法的基础。

指数体系中的基本数量关系用公式表示为

相对数关系

$$\frac{\sum q_1p_1}{\sum q_0p_0}=\frac{\sum q_1p_0}{\sum q_0p_0}\times\frac{\sum q_1p_1}{\sum q_1p_0}$$

绝对数关系

$$\sum q_1p_1-\sum q_0p_0=(\sum q_1p_0-\sum q_0p_0)+(\sum q_1p_1-\sum q_0p_1)$$

下面以表 6-6 所列的资料为例，说明总量指标两因素分析的方法及其应用。

例 6-5 某商店根据下表的资料对三种商品销售额的变动进行因素分析。

表 6-4 某商店三种商品的销售资料

商品名称	计量单位	销售价格/元		销售量		销售额/元		
		基期	报告期	基期	报告期	基期	报告期	假定
		p_0	p_1	q_0	q_1	p_0q_0	p_1q_1	p_0q_1
甲	台	750	800	200	300	150 000	240 000	225 000
乙	千克	5	6	3 000	4 000	15 000	24 000	20 000
丙	箱	200	220	480	500	96 000	110 000	100 000
合计	—	—	—	—	—	261 000	374 000	345 000

根据以上资料，进行因素分析的方法步骤如下

（1）计算三种商品的销售额指数。

$$\overline{K}=\frac{\sum q_1p_1}{\sum q_0p_0}=\frac{240\,000+24\,000+110\,000}{150\,000+15\,000+96\,000}\times100\%=\frac{374\,000}{261\,000}\times100\%\approx143.30\%$$

销售额变动的绝对差额

$$\sum q_1p_1-\sum q_0p_0=374\,000-261\,000=113\,000\text{（元）}$$

计算结果说明，该商店报告期销售额比基期增长了 43.30%，销售额的增加值为 113 000 元。

商品销售额的变动受销售量和销售价格两个因素的影响，二者对销售额变动的影响方向和程度如何，需要通过因素指数予以分析。

（2）分别计算销售量指数和销售价格指数，具体测定两因素变动的影响。

商品销售量指数

$$\overline{K}_q=\frac{\sum q_1p_0}{\sum q_0p_0}=\frac{225\,000+20\,000+100\,000}{150\,00+15\,000+96\,000}\times100\%=\frac{345\,000}{261\,000}\times100\%\approx132.18\%$$

由于销售量的增长而增加的销售额

$$\sum q_1p_0-\sum q_0p_0=345\,000-261\,000=84\,000(\text{元})$$

商品销售价格指数

$$\overline{K}_p=\frac{\sum q_1p_1}{\sum q_1p_0}=\frac{240\,000+24\,000+110\,000}{225\,000+20\,000+100\,000}\times100\%=\frac{374\,000}{345\,000}\times100\%\approx108.41\%$$

由于报告期商品价格上涨而增加的销售额:

$$\sum q_1p_1-\sum q_1p_0=374\,000-345\,000=29\,000(\text{元})$$

(3) 建立指数体系，进行因素分析。

根据以上计算建立的指数体系为

相对数关系

$$\frac{\sum q_1p_1}{\sum q_0p_0}=\frac{\sum q_1p_0}{\sum q_0p_0}\times\frac{\sum q_1p_1}{\sum q_1p_0}$$

$$143.30\%=132.18\%\times108.41\%$$

绝对数关系

$$\sum q_1p_1-\sum q_0p_0=(\sum q_1p_0-\sum q_0p_0)+(\sum q_1p_1-\sum q_1p_0)$$

$$113\,000(\text{元})=84\,000+29\,000$$

从相对关系说明，该商店由于销售量的增长使销售总额增长了32.18%，同时，销售价格的增长也使销售总额增长了8.41%，两因素共同作用使报告期的销售额比基期增长了43.30%。

从绝对量关系说明，该商店由于销售量的增长使销售总额增长了84 000元，同时，销售价格的增长也使销售总额增长了29 000元，两因素共同作用使报告期的销售额比基期增长了113 000元。

第五节　平均指标指数及分析

一、平均指标指数及其意义

平均指标指数是指同一经济现象在两个不同时期条件下数量的平均值对比计算的相对

数，它说明两个时期总平均水平变动的方向和程度。

前述的综合指数是两个不同时期的总量指标对比计算出来的相对数，而平均指标指数则是同一个总体在不同时期的两个平均数的比值，通常称之为“平均指标指数”。

在分组条件下的总平均指标的计算公式是：

$$\bar{x}=\frac{\sum xf}{\sum f} \text{或} \bar{x}=\sum x\cdot\frac{f}{\sum f}$$

公式反映了该总体的总平均水平 $\bar{x}$ 的大小受各组水平 x 和各组结构比重 $\frac{f}{\sum f}$ 的影响，所以，反映总平均水平 $\bar{x}$ 变动的平均指标指数同样也受到各组水平 x 的变动和结构 $\frac{f}{\sum f}$ 变动的影响。

编制平均指标指数并对其进行分析，旨在反映不同时期总平均水平 $\bar{x}$ 变动的方向和程度，进而说明总体内部各组水平和结构的变动对总平均水平变动的影响，为经济决策提供可靠的依据。

平均指标指数按照所反映的内容不同，可分解为可变构成指数、固定结构指数、结构影响指数三种平均指标指数，它们共同构成了相互联系的平均指标指数体系。

二、平均指标指数的编制方法

（一）可变构成指数

可变构成指数是指总体平均水平 $\bar{x}$ 对比的相对数，用来反映总体平均水平 $\bar{x}$ 的变动情况。具体而言，可变构成指数就是报告期平均水平与基期平均水平之比。

如果以 $\bar{x}_1$ 表示报告期某一总体的平均水平，$\bar{x}_0$ 表示基期同一总体的平均水平，则：

$$\bar{x}_1=\frac{\sum x_1f_1}{\sum f_1} \text{或} \bar{x}_1=\sum x_1\cdot\frac{f_1}{\sum f_1}$$

$$\bar{x}_0=\frac{\sum x_0f_0}{\sum f_0} \text{或} \bar{x}_0=\sum x_0\cdot\frac{f_0}{\sum f_0}$$

可变构成指数

$$K=\frac{\bar{x}_1}{\bar{x}_0}=\frac{\dfrac{\sum x_1f_1}{\sum f_1}}{\dfrac{\sum x_0f_0}{\sum f_0}}=\frac{\sum x_1\cdot\dfrac{f_1}{\sum f_1}}{\sum x_0\cdot\dfrac{f_0}{\sum f_0}} \tag{6-7}$$

总体报告期的平均水平比基期变动的绝对额

$$\overline{x_1}-\overline{x_0}=\frac{\sum x_1 f_1}{\sum f_1}-\frac{\sum x_0 f_0}{\sum f_0}=\sum x_1\cdot\frac{f_1}{\sum f_1}-\sum x_0\cdot\frac{f_0}{\sum f_0}$$

例 6-6 某企业三类职工的工资见下表，根据表中的资料分析企业总平均工资的变动情况，计算可变构成指数。

表 6-5 某企业的工资及人数变动资料

职工类别	月平均工资/元		职工人数/人			
	基期	报告期	基期		报告期	
	x_0	x_1	人数 f_0	比重（%） $\frac{f_0}{\sum f_0}$	人数 f_1	比重（%） $\frac{f_1}{\sum f_1}$
甲类	3 000	3 500	40	16	35	12.5
乙类	2 000	2 400	60	24	70	25
丙类	1 200	1 500	150	60	175	62.5
合　计	—	—	250	100	280	100

基期总平均工资为

$$\overline{x_0}=\sum x_0\cdot\frac{f_0}{\sum f_0}=3\,000\times16\%+2\,000\times24\%+1\,200\times60\%=1\,680\text{（元）}$$

报告期总平均工资为

$$\overline{x_1}=\sum x_1\cdot\frac{f_1}{\sum f_1}=3\,500\times12.5\%+2\,400\times25\%+1\,500\times62.5\%=1\,975\text{（元）}$$

三类职工平均工资的变动为

$$K=\frac{\overline{x_1}}{\overline{x_0}}=\frac{1\,975}{1\,680}\times100\%\approx117.56\%$$

$$\overline{x_1}-\overline{x_0}=1\,975-1\,680=295\text{（元）}$$

计算结果说明该企业三类职工的月平均工资报告期比基期增长了 17.56%，月平均工资额从基期的 1 680 元增加到报告期的 1 975 元，增加了 295 元。

（二）固定构成指数

固定构成指数是在假定各组所占的结构（或比重）固定不变的条件下，单纯反映各组平均水平变动的相对数，它说明总体内部各组水平变动的情况。通常，把结构相对指标固定在报告期，以报告期的结构为权数编制总平均水平指数。其计算公式为

固定构成指数

$$K_{\bar{x}}=\frac{\dfrac{\sum x_1 f_1}{\sum f_1}}{\dfrac{\sum x_0 f_1}{\sum f_1}}=\frac{\sum x_1\cdot\dfrac{f_1}{\sum f_1}}{\sum x_0\cdot\dfrac{f_1}{\sum f_1}} \tag{6-8}$$

根据表 6-7 的资料，固定构成指数的计算过程如下

$$K_{\bar{x}}=\frac{3\,500\times12.5\%+2\,400\times25\%+1\,500\times62.5\%}{3\,000\times12.5\%+2\,000\times25\%+1\,200\times62.5\%}\times100\%=\frac{1975}{1625}\times100\%\approx121.54\%$$

组平均工资变动对总平均工资变动影响的绝对数为

$$\frac{\sum x_1 f_1}{\sum f_1}-\frac{\sum x_0 f_1}{\sum f_1}=1975-1625=350\text{（元）}$$

计算结果说明，在企业职工人数构成不变时，三类职工的月平均工资报告期比基期上升了 21.54%，月平均工资增加了 350 元。

（三）结构影响指数

结构影响指数是假定在各组平均水平固定不变的条件下，单纯反映各组结构变动的相对数，它说明总体内部结构变动的情况。通常，计算结构影响指数会把各组平均水平固定在报告期，以报告期的结构为权数编制总平均水平指数。其计算公式为

结构影响指数

$$K_f=\frac{\dfrac{\sum x_0 f_1}{\sum f_1}}{\dfrac{\sum x_0 f_0}{\sum f_0}}=\frac{\sum x_0\cdot\dfrac{f_1}{\sum f_1}}{\sum x_0\cdot\dfrac{f_0}{\sum f_0}} \tag{6-9}$$

根据表 6-7 的资料，结构影响指数的计算过程如下

$$K_f=\frac{3\,000\times12.5\%+2\,000\times25\%+1\,200\times62.5\%}{3\,000\times16\%+2\,000\times24\%+1\,200\times60\%}\times100\%=\frac{1\,625}{1\,680}\times100\%\approx96.73\%$$

各组结构变动对总平均工资影响的绝对数为

$$\frac{\sum x_0 f_1}{\sum f_1}-\frac{\sum x_0 f_0}{\sum f_0}=1\,625-1\,680=-55\text{（元）}$$

计算结果说明，当各组职工的月平均工资不变，但各类职工的结构发生变化时，三类职工的总平均工资在报告期比基期下降了 3.27%（1−96.73%），月总平均工资在报告期比基期减少了 55 元。

（四）平均指标指数的因素分析

根据可变构成指数、固定结构指数、结构影响指数三个总平均数指数之间具有的内在联

系，可组成平均指标指数体系。依据平均指标指数体系中指数之间的数量关系，可以从绝对数和相对数两个方面对总平均数的变动进行因素分析。指数体系关系如下：

可变构成指数=固定结构指数×结构影响指数

即
$$K = K_{\bar{x}} \times K_f$$

例 6-7 某连锁商店有三家分店，在两个时期各分店的职工人数和人均销售额资料如下表，分析该连锁店的人均销售额的变动情况。

表 6-6 某连锁店的职工人数及销售额资料

分店	人均销售额/万元		职工人数/人		销售总额/万元		
	基期	报告期	基期	报告期	基期	报告期	假定
	x_0	x_1	f_0	f_1	x_0f_0	x_1f_1	x_0f_1
甲	6	8	20	30	120	240	180
乙	7	8.6	50	55	350	473	385
丙	8.5	8.4	85	80	722.5	672	680
合计	—	—	155	165	1 192.5	1 385	1 245

根据以上资料，平均指标指数因素分析的方法步骤如下：

（1）计算反映三个分店总人均销售额变动的可变构成指数

$$K = \frac{\overline{x_1}}{\overline{x_0}} = \frac{\dfrac{\sum x_1 f_1}{\sum f_1}}{\dfrac{\sum x_0 f_0}{\sum f_0}} = \frac{\dfrac{1\,385}{165}}{\dfrac{1192.5}{155}} \times 100\% = \frac{8.3939}{7.6935} \approx 109.10\%$$

总人均销售额增长率=109.10%−100%=9.10%

总人均销售额变动的绝对数

$$\overline{x_1} - \overline{x_0} = \frac{\sum x_1 f_1}{\sum f_1} - \frac{\sum x_0 f_0}{\sum f_0} = 8.3939 - 7.6935 = 0.7004\text{（万元）}$$

计算结果说明，该连锁商店人均销售额报告期比基期增长了 9.10%，人均销售额增加 7 004 元。实际情况是甲、乙两店的人均销售额均有所增长，而丙店的人均销售额在报告期有所下降，进一步的计算分析将揭示其中的原因。

（2）计算固定构成指数

$$K_{\bar{x}} = \frac{\dfrac{\sum x_1 f_1}{\sum f_1}}{\dfrac{\sum x_0 f_1}{\sum f_1}} = \frac{\dfrac{8\times30 + 8.6\times55 + 8.4\times80}{165}}{\dfrac{6\times30 + 7\times55 + 8.5\times80}{165}} \times 100\% = \frac{8.3939}{7.5455} \times 100\% \approx 111.24\%$$

$$\overline{x_1}-\overline{x_0}=\frac{\sum x_1 f_1}{\sum f_1}-\frac{\sum x_0 f_1}{\sum f_1}=8.3939-7.5455=0.8484\text{（万元）}$$

计算结果说明在组结构固定不变的情况下，人均销售额增长了 11.24%，人均销售额增加了 8484 元。

（3）计算结构影响指数

$$K_f=\frac{\dfrac{\sum x_0 f_1}{\sum f_1}}{\dfrac{\sum x_0 f_0}{\sum f_0}}=\frac{\dfrac{6\times30+7\times55+8.5\times80}{165}}{\dfrac{6\times20+7\times50+8.5\times85}{155}}\times100\%=\frac{7.5455}{7.6935}\times100\%\approx98.08\%$$

$$\overline{x_1}-\overline{x_0}=\frac{\sum x_0 f_1}{\sum f_1}-\frac{\sum x_0 f_0}{\sum f_0}=7.5455-7.6935=-0.148\text{（万元）}$$

计算结果说明由于职工人数结构的变动，使总的人均销售额下降了 1.92%，人均销售额下降了 1480 元。

（4）建立平均指标指数体系并进行因素分析

相对数关系：109.10%=111.24%×98.08%

绝对量关系：7004=8484+（−1480）

从相对关系方面分析，由于各分店职工的人均销售额增加，从而使连锁店总人均销售额增加了 11.24%；由于各分店职工人数结构的变动，使连锁店总人均销售额下降了 1.92%；两方面因素共同影响，使连锁店的总人均销售额共增加了 9.10%。

从绝对量分析，该连锁店的人均销售额从基期的 76935 元增加到 83939 元，实际增加了 7004 元。其原因是：各分店人均销售额变动，使总人均销售额增加了 8484 元，而各分店职工人数结构的变动，使总人均销售额下降了 1480 元。

第六节　常用经济指数

在当前世界经济联系越来越紧密的趋势下，各国无不重视本国的经济发展状况，同时密切关注外界的经济发展状况对本国的影响。经济指数成为洞察经济局势、制定经济政策、正确把握经济航向的指南针和必备的工具。本节将简要介绍生产、消费、流通、投资领域最常用的几种经济指数。

一、工业生产指数

工业生产指数是反映一个国家或地区各种工业产品产量的综合变动程度的指数，用以衡量某一时期工业经济的景气状况和发展趋势，同时可以表明一个国家的经济发展状况，是衡量经济增长水平的一个重要指标，大多数国家都非常重视工业生产指数的编制，但是采用的编制方法却有所不同。

（一）不变价格法

不变价格又称固定价格，这种不变价格法就是将产品某一时期的价格固定下来，分别与不同时期的产品产量相乘得出可比的总量指标，所得的数据就是工业生产指数也是工业发展的速度。

在 1997 年之前，我国一直沿用按工业不变价格总产值的计算方法来计算工业生产指数，即以相应的不变价格为同度量因素，按不变价格计算工业产品总产值对比来反映工业生产的发展动态。随着我国市场经济体制的建立和统计管理体制的不断健全，原有的工业总产值计算方法渐渐偏离了工业经济发展的实际，因此，我国工业生产指数的编制方法也进行了改革。

（二）工业生产指数法

工业生产指数法为世界上大多数市场经济国家所采用。它采用平均指数的形式来编制，故也称为加权平均指数法。它首先根据代表产品报告期与基期的产量数据，分别计算出各产品的个体指数，然后用其各自的权数对个体指数进行加权平均，计算出类指数；再对各类指数下各代表产品产量指数加权平均即为中类指数；类似的，可计算出大类及总指数，用以综合反映工业发展速度。编制工业生产指数，一般采用基期固定权数。

我国是在 1997 起在全国范围内试行用工业生产指数法，原有的用不变价格工业总产值计算工业发展速度的方法依旧维持，和工业生产指数法双轨并行。从 1999 年正式在全国范围内推行工业生产指数法。

二、商品零售价格指数和居民消费价格指数

（一）商品零售价格指数和居民消费价格指数

商品零售物价指数是全面反映市场零售物价总水平变动趋势和程度的经济指数。零售物价指数的变动直接影响到城乡居民的生活支出、企业的生产投资和国家的财政收入，最终影响到居民的购买力和市场的供需平衡。因此，计算零售价格指数可以为掌握市场商品价格的变动，分析经济活动的动向，为研究市场流通、进行国民经济核算作出正确的经济决策提供依据。

居民消费价格指数（CPI）是反映一定时期内城乡居民生活消费所必需的商品与服务项目价格变动趋势和程度的指标。居民消费价格指数还具有反映通货膨胀状况、反映货币购买力的变动以及反映价格变动对职工实际工资的影响的作用。

目前，我国的城乡消费结构和消费水平存在很大的差异，为全面反映全体居民消费价格的变动，要先分别编制城市居民消费价格指数和农村居民消费价格指数，然后再计算包括城乡两部分居民的综合消费价格指数。

（二）商品零售价格指数和居民消费价格指数的区别

1．二者所属经济领域不同，编制目的不同

居民消费价格指数属于消费领域的价格指数，它反映居民生活消费品及服务项目价格变

动的趋势和程度，它可以观察居民生活消费品及服务项目价格变动对居民生活的影响，为各级政府掌握居民消费状况，研究和制定居民消费价格政策、工资政策以及为新国民经济核算体系中消除价格变动因素的核算提供科学依据。而城市商品零售价格指数属于流通领域的价格指数，它反映一定时期市场零售价格变动趋势和变动程度，据此掌握零售商品的平均价格水平，为各级政府制定经济政策，研究市场流通和新国民经济核算体系提供科学依据。

2. 统计口径不同

居民消费价格的调查范围是居民用于日常生活消费的商品和服务项目的价格。它既包括商品，如食品、衣着、医疗保健、交通通讯工具、娱乐教育文化用品、居住等，也包括非商品与服务类项目，如学杂费、保育费等，但不包括居民一般不消费而主要供集团消费的商品，如办公用品、轿车等。计入居民消费价格指数的商品分为 8 大类。商品零售价格只反映商品，其中包括居民消费和集团消费，而不反映非商品与服务价格。计入商品零售价格指数的商品按用途分为 14 大类。

3. 权数来源不同

编制居民消费价格指数的权数来源于居民用于各类商品和服务项目的消费支出额以及各种商品、服务项目的实际消费支出额的构成比重，根据城镇居民住户调查资料计算。而编制城市商品零售价格指数的权数则来源于各类消费品零售额和各种消费品零售额的构成比重，主要根据社会消费品零售额资料计算。也就是说，前者是以社会消费品零售额构成作为权数，后者则以居民消费支出构成作为权数。例如，食品类在商品零售价格指数中的权数约 35%，而在居民消费价格指数中约为 49%。

4. 用途不同

商品零售价格指数主要用于说明市场商品价格的变动情况，分析市场供求关系，核算商业经济效益和经济规模；而居民消费价格指数则主要是用于说明价格变动对居民生活的影响程度，分析货币购买力的变动，是反映通货膨胀的重要指标。

5. 重要性不同

一般说来，商品零售价格指数的重要性弱于居民消费价格指数。居民消费价格指数是世界各国政府和居民都很关注的价格指数，在实行工资指数化的国家中表现尤为突出，所以，在各国的价格统计中都有。而前者在多数国家的价格统计中都只是一项派生指标，基本上是在后者基础上派生的。

三、股票价格指数

股票市场的表现常常被称为市场经济的晴雨表，股票价格的波动和走向通常受到政府、企业和许多投资者的广泛关注。股票价格指数，简称股价指数，是用来反映一国股票市场价格综合变动的一种相对数。股价指数的种类多种多样，各自反映不同类型的股价走势，编制方法也不尽相同，但是大多数的股价指数采用综合指数的形式。

股价指数可以按年、季、月、日来编制。为便于及时了解股市的动态，现在的股价指数一般要求编制当日指数。它确定以某年某月某日（即基日）的股价为基期股价，基日的指数定为 100，以后每日的股价同基日的股价对比计算出来的百分数，就是每日的股价指数。其基本单位以“点”数表示。

目前，世界各国主要的证券交易所都编制有自己的股票价格指数，如美国的道琼斯股票价格指数（道氏指数）、伦敦金融时报指数、日本的日经指数、香港的恒生指数，我国的上海证券交易所的上证综合指数、深圳证券交易所的成分指数和综合指数等。

小知识

上证综合指数

上证指数“全称上海证券交易所综合股价指数”，是国内外普遍采用的反映上海股市总体走势的统计指标。上证指数由上海证券交易所编制，于1991年7月15日公开发布。上证指数以“点”为单位，基日定为1990年12月19日，基日指数定为100点。

随着上海股票市场的不断发展，1992年2月21日，上交所增设了上证A股指数与上证B股指数，以反映不同股票（A股、B股）的各自走势。1993年6月1日。又增设了上证分类指数，即工业类指数、商业类指数、地产业类指数、公用事业类指数、综合业类指数，以反映不同行业股票的各自走势。目前，上证指数已发展成为包括综合股价指数、A股指数、B股指数、分类指数在内的股价指数系列。

上证指数目前为实时逐笔计算，即每有一笔新的成交，就重新计算一次指数，其中采样股上证指数每天以各种传播方式向国内、国际广泛发布。

本章小结

统计指数有广义和狭义两方面的含义。广义的统计指数是指任何可以说明经济现象变动的数据对比得到的相对数。狭义的统计指数概念是专门用来说明不能直接加总的复杂经济现象综合变动程度的特殊相对数，它所要解决的是复杂总体的综合可比问题。统计指数具有如下性质：综合性、相对性、平均性、代表性。

研究统计指数的意义：

（1）可以综合反映各种复杂经济现象总体在数量上总的变动方向和变动程度。

（2）可以对现象总体进行影响因素分析。

（3）可以测定现象数量变动受总体内部各组水平和总体单位结构变动的影响方向和程度。

（4）可以研究某一经济现象在较长的时期内发展变化的趋势和规律，这主要是借助于对连续的动态指数数列的分析和研究而完成的。

根据所考察对象的目的和指数的编制方法不同，统计指数可分为四类：个体指数和总指数、数量指标指数和质量指标指数、综合指数和平均数指数、定基指数和环比指数。

综合指数和平均指数是计算总指数的两种基本形式。

综合指数的编制特点是：先综合后对比。

综合指数的编制要把握如下两个基本的原则：确定同度量因素和固定同度量因素的所属时期。

平均指数的编制方法是 “先对比，后平均”。

指数体系是由总变动指数和因素变动指数两类指数组成。指数体系中的各个指数之间存在着数量对等关系，即总变动指数等于各个因素指数的乘积；总变动的绝对数差额等于各因素变动的差额之和。利用指数体系可以对某一总量指标或平均指标进行因素分析。

指数体系是由总变动指数和因素变动指数两类指数组成。指数体系中的各个指数之间存在着数量对等关系，即总变动指数等于各个因素指数的乘积；总变动的绝对数差额等于各因素变动的差额之和。利用指数体系可以对某一总量指标或平均指标进行因素分析。

在实际生活中，人们常用的经济指数主要有：工业生产指数、商品零售价格指数、居民消费价格指数、股票价格指数，它们分别应用于生产、流通、消费、投资领域。

统计资料示例

5 月份全国工业品出厂价格同比降幅继续扩大，环比继续上涨

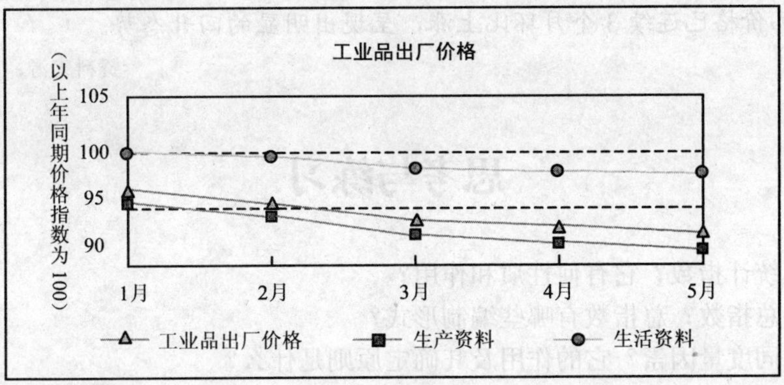

今日国家统计局公布我国 5 月份经济统计数据，我国 5 月份工业品出厂价格同比下降 7.2%，居民消费价格同比下降 1.4%，70 个大中城市房屋销售价格同比降 0.6%。国家统计局对我国 5 月份工业品出厂价格变动情况进行了解读。

5 月份，受主要工业品出厂价格下降影响，全国工业品出厂价格同比降幅继续扩大。与去年同月相比，工业品出厂价格下降 7.2%，原材料、燃料、动力购进价格下降 10.4%，降幅比 4 月份分别扩大 0.6 和 0.8 个百分点。

从构成看，生产资料和生活资料出厂价格继续下降。5 月份，生产资料出厂价格比去年同月下降 8.8%，降幅比 4 月份扩大 0.7 个百分点，影响工业品出厂价格总水平下降约 6.7 个百分点。其中，采掘业、原料业和加工业产品出厂价格比去年同月分别下降 21.8%、10.9%和 6.2%，降幅比 2009 年 4 月分别扩大 0.3、0.6 和 0.8 个百分点。生活资料出厂价格比去年同月下降 1.9%，影响工业品出厂价格下降约 0.5 个百分点。其中，食品类价格下降 2.8%，衣着类价格略降 0.2%，一般日用品类价格下降 0.8%，耐用消费品类价格下降 3%，降幅比 2009 年 4 月分别扩大 0.1、0.1、0.4 和 0.3 个百分点。

引起 5 月份工业品价格降幅继续扩大的主要原因：

一、国际金融危机对实体经济的负面影响仍在加大。尽管今年以来各国政府为应对金融危机采取了各种政策措施，一些经济指标也出现了止跌的迹象，但总体上看主要经济体国家的经济衰退还在持续中，全球需求依然低迷。尽管近 2 个月来由于流动性充裕推动一些基础

性产品价格明显反弹，但与去年高位比仍然较低，特别是工业消费品价格总体上仍处于下跌通道中。从供求看，我国工业品总体上供过于求的局面短期内难以改观，进而抑制我国 PPI 的快速回升。

二、尽管 2009 年 5 月份工业品出厂价格和原材料、燃料、动力购进价格分别比上月上涨了 0.1%和 0.6%，但由于 2008 年工业品价格在前 8 个月处于快速“爬坡”阶段，2008 年 5 月份比 4 月份工业品出厂价格和原材料、燃料、动力购进价格分别上涨了 0.8%和 1.3%，明显高于今年 5 月份的环比涨幅，因此表现为 2009 年 5 月份的工业品价格同比降幅继续扩大。

三、从月环比价格变动情况看，自今年 4 月份工业品价格首次由负转正以来已连续 2 个月上涨，从而终止了连续 7 个月的环比下降趋势。与上月价格比，2009 年 4 月和 5 月工业品出厂价格分别上涨了 0.2%和 0.1%，原材料、燃料、动力购进价格分别上涨了 0.8%和 0.6%。值得关注的是，石油和天然气开采、石油加工及炼焦、化学纤维、有色金属冶炼及压延加工等行业主要产品价格已连续 3 个月环比上涨，呈现出明显的回升态势。

资料来源：人民网-经济频道

思考与练习

1. 什么是统计指数？它有何性质和作用？
2. 什么是总指数？总指数有哪些编制形式？
3. 什么是同度量因素？它的作用及其确定原则是什么？
4. 综合指数编制的基本原则是什么？
5. 如何选择运用拉氏公式和派氏公式？
6. 平均指数常用的基本形式有哪几种？为什么可以说平均数指数是综合指数的变形？
7. 什么是平均指标指数？它有哪几种指数？
8. 什么是统计指数体系？它有何作用？
9. 某厂三种产品的产量情况如下：

三种产品的出厂价格及产量资料

产　品	计量单位	出厂价格/元		产量	
		基期	报告期	基期	报告期
A	件	8	8.5	13 500	15 000
B	个	10	11	11 000	10 200
C	公斤	6	5	4 000	4 800

要求：

（1）计算三种产品产量的个体指数及三种产品产量总指数。

（2）计算三种产品出厂价格的个体指数及三种产品出厂价格总指数。

（3）试分析出厂价格和产量的变动对总产值的影响。

10．某地区三种家电产品的销售情况如下：

三种家电产品的销售资料

家电产品	本月销售额/万元	本月比上月价格增减（%）
电视	88	-10
空调	36	12
冰箱	50	2

试计算该地区三种家电的价格指数及由于价格变动对居民消费支出的影响。

11．某百货商场2007年的商品零售额为420万元，2008年比2007年增加了30万元，零售物价指数上涨8.5%。推算该商场零售额指数、零售价格指数和零售量指数，以及由于零售物价上涨而增加的零售金额。

12．某公司下属三个厂生产某种产品的情况如下：

三个工厂的产品成本及产量资料

工厂	单位产品成本/元		产量/吨	
	上月	本月	上月	本月
甲厂	960	952	4650	4930
乙厂	1010	1015	3000	3200
丙厂	1120	1080	1650	2000

要求：

（1）根据上表资料计算该公司单位成本的可变构成指数、固定构成指数和结构影响指数，并从绝对数和相对数两方面验证三个指数的相互关系。

（2）从相对数和绝对数两方面分析该公司单位成本水平和产量结构变动对总成本的影响。

13．某地区今年比去年商品零售价格上涨18%，居民用同样多的人民币购买的商品数量呈什么趋势变动？其幅度是多少？

14．某地区粮食播种面积今年比去年减少了9.2%，单位面积产量增长了7.5%，粮食总产量如何变动？

15．某企业工人工资和人数资料如下：

某企业工人工资和人数资料

工人类别	人数/人		平均工资/（元/人）	
	基期	报告期	基期	报告期
技术工人	330	350	1600	1800
普通工人	420	430	1120	1240
合计	750	780	1331.2	1491.2

试分析：全厂工人总平均工资变动受各级工人工资变动及工人结构变动影响的相对程度和绝对额。

实 训

（一）实训主题

用指数编制原理，分析、解释经济指数的统计含义

（二）实训目标

1．能够理解并掌握指数编制原理。

2．能够结合经济指数的实际数值，解释经济现象的变化状态。

（三）实训要求

根据学生感兴趣的经济现象，查找相关资料，并根据指数数值分析说明现象产生变化的原因。

第七章

抽样推断

知识目标

通过本章的学习，理解抽样推断不仅是统计调查的方法，而且是一种统计分析方法，进而理解抽样推断的基本概念、基本原理，掌握抽样推断和抽样估计方法。

技能目标

掌握抽样平均误差和抽样极限误差的计算方法；掌握点估计法和区间估计法；能够根据具体问题选择适当的抽样组织方式进行抽样推断；掌握运用 Excel 工具进行相应的抽样推断，并能正确运用推断结果。

引导案例

提升不是重点，信心才是关键

零点研究咨询集团 2009 年 6 月 10 日完成了一项全国居民 2009 年消费信心和消费预期的系列调查报告。此次调查采用多阶段随机抽样的方式，于 2009 年 5 月 22 日至 6 月 10 日针对北京、上海、广州、武汉、郑州、长春、西安、成都 8 个城市和江苏无锡江阴、河北邯郸武安、山东青岛即墨、河南许昌长葛、湖南长沙浏阳、山西太原古交、陕西渭南韩城、云南昆明安宁 8 个地区的小城镇及农村共 3 169 名 18 周岁以上的常住居民进行了入户访问。数据结果已按各地人口规模予以加权处理，在 95%的置信度下本次调查的抽样误差为 ± 1.09%。调查结果表明：与去年同期相比，六成以上居民表示收入状况趋于稳定甚至有所提升，对未来一年的收入预期，表现出较为积极乐观的态度，其中乡镇居民尤为突出；过去半年，家庭消费支出中减幅最大的包括奢侈品、外出就餐、服装服饰、娱乐休闲及旅游等费用，而日常零食小吃和基本生活用品的开销则有一定程度的增加；健身、消费者表示报刊网络费用尽量保持不变，“身心”需求均重要。

一、居民的收入信心度提升，乡镇居民更为乐观

本次调查数据显示，31.7%居民表示其 2009 年的收入较去年相比有不同程度的下降。而在对未来一年的收入进行预测时，今年收入有所下降的居民中有近五成的人较为乐观，预期来年收入将会有所提升。

今年以来，为应对国际金融危机的不利影响，国家实施了保持经济平稳较快发展的一揽子计划，使得国民经济企稳回升。从本次调查数据来看，有 41.3%的居民今年收入没有发生

变化，另有 25.7%的居民今年收入较去年相比有不同程度的提升。

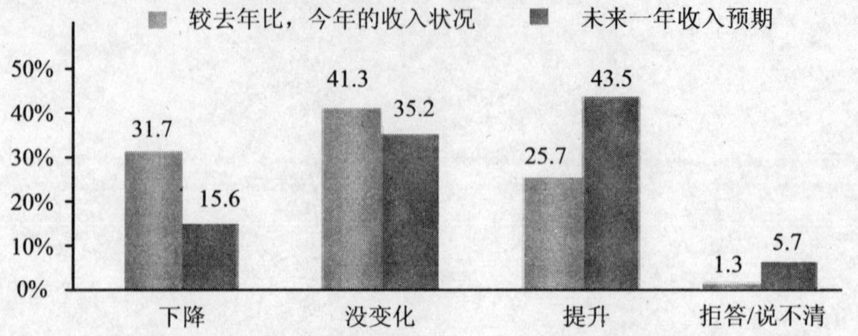

城乡居民对未来一年的收入预期存在明显差异。相对于城市居民而言，农村居民今年收入下降的比例较高（农村 36.3%，小城镇 29.1%，城市 22.3%）；而值得注意的是，小城镇和农村居民对未来一年收入的预期明显高于城市居民，分别有 47.8%的农村居民和 45.7%的城镇居民预计 2010 年收入会有所提升，有此预期的城市居民占 31.2%。研究人员认为，政府应对经济危机方面出台的一系列加大农村投资、家电下乡等相关政策，对乡镇居民的生活态度和信心产生了更为强烈的积极影响。

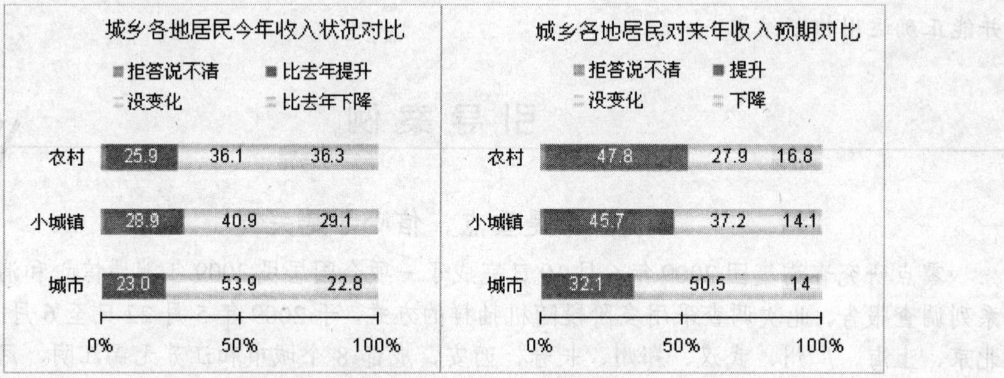

二、家庭开支增减有度，刚性需求不能丢

开源节流是老百姓家庭理财的重要途径，节省一些不必要的开支以应对不景气的经济环境，也不失为一种必要的措施。本次调查数据显示，在过去的半年里，居民家庭支出中减幅最大的包括奢侈品、外出就餐、服装服饰、娱乐休闲及旅游等费用。相反，对于日常零食小吃和基本生活用品的开销上则有一定程度的增加，可见，通过增加日常生活中的基本消费来换取心理的愉悦，也不失为居民乐观面对“危机”的一种简单而有效的方式。

通过数据我们还可以注意到，有相当部分居民在过去半年中的报刊杂志费用（63.3%）、网络使用费用（62.5%）和健身费用（60.8%）没有发生变化，可见，精神层面的满足和健康层面的保障都是居民不变的刚性需求。

经过上半年的适应与缓解，居民的信心回升，对未来一年的收入预期趋于乐观。研究人员认为，居民对未来一年经济形势较为乐观的态度，也可以看作对经济继续回暖的一个积极反应。与此相对应的，经济波动对居民生活所产生的影响也在逐渐地变弱。

资料来源：摘自“HORIZONKEY—— 零点指标数据网”

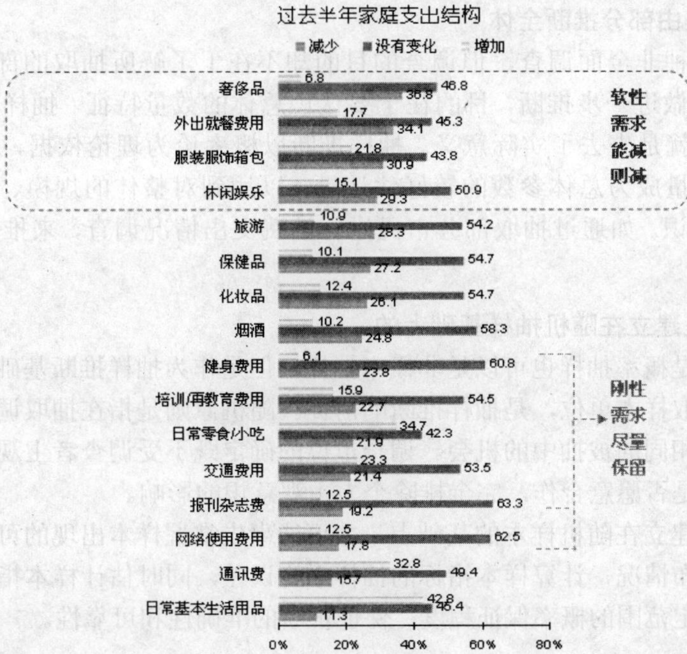

案例点评

这篇文章里的数据是通过抽样调查方式获得的，在此基础上进行了推断分析。抽样推断是目前实际工作中运用最普遍的调查方式之一。本章主要介绍抽样推断方法。

学习内容

第一节 抽样推断概述

一、抽样推断的概念及意义

（一）抽样推断的概念和特点

抽样推断是在抽样调查的基础上，利用样本的实际资料计算样本指标，并据以推算总体相应数量特征的一种统计分析方法。在很多实际的统计工作中，往往不太可能通过对总体的所有单位进行全面调查获得有关总体数量特征，而是通过抽样调查，取得样本的实际资料，并据此估计和推断总体的数量特征，以达到对现象总体的认识。例如，要了解市民的信用意识，理论上可以对每一个市民进行调查，了解市民的信用意识，但一般一个城市的居民人数有几十万或几百万，做全面调查的成本太高，不太可能进行全面调查，这时通常采用抽样推断方法，即随机抽取一部分市民，对这部分市民进行调查，然后根据这些调查数据来对所有市民的信用意识进行合理地推断。

抽样推断具有下列几个特点：

1．抽样推断是由部分推断全体

抽样调查是一种非全面调查，但调查的目的却不在于了解所抽取的部分单位的情况，而是要在此基础上做进一步推断，目的在于要认识总体的数量特征。抽样调查资料如果不进行抽样推断，也就是失去了实际意义。抽样推断以概率论为理论依据，抽取足够的样本单位，使样本统计量成为总体参数的较好估计量，以达到对整体的规模、水平、结构、比例等数量特征的认识。如通过抽取部分市民进行消费支出情况调查，来推断所有市民的消费水平。

2．抽样推断是建立在随机抽样基础上的

抽样调查可以是概率抽样也可以是非概率抽样，但是作为抽样推断基础的必须是概率抽样，按随机原则抽取样本单位，是抽样推断的前提。随机原则是指在抽取调查单位时，总体中的每个单位都有相同的被抽中的机会。调查单位的确定既不受调查者主观愿望的影响，也不取决于被调查者是否愿意合作，完全排除个人主观意识的影响。

抽样推断只有建立在随机样本的基础上，才可能事先掌握样本出现的可能性大小，提供样本指标数值的分布情况，计算样本指标的抽样平均误差，同时估计样本指标与总体指标的抽样误差不超过一定范围的概率保证程度，保证推断的准确性和可靠性。

3．抽样推断主要运用概率估计的方法

在抽样推断中，利用样本指标来估计总体参数，主要运用不确定的概率估计方法。这是因为样本数据和总体参数之间并不存在严格对应的自变量和因变量的关系，因此不能利用一定的函数关系来推算总体参数。抽样推断主要是通过抽取一个样本，计算样本指标值作为相应总体指标的估计值，并计算用这样的样本指标值来代表相应的总体指标值的可靠程度究竟有多大，而这正是概率估计所要解决的问题。

4．抽样误差可以事先计算并加以控制

由于抽样推断是由样本推断总体，以样本指标估计的总体指标必然会存在一定的误差，但抽样误差范围可以事先通过有关资料和相关方法加以计算，并且可以采取必要的组织措施（如增加样本单位数、改善抽样组织等）来控制抽样误差范围，保证抽样推断的结果达到预定可靠程度的要求。

（二）抽样推断的作用

抽样推断的特点决定了它在统计工作中具有广泛的适用性，在诸如科学研究、社会经济管理、工商经营、质量管理等方面已经得到普遍使用。从产品质量、售后服务、电视收视率到公众对某项政策、某个领导人、某重大事件的态度和看法等，都可以通过抽样推断迅速得到了解和掌握。同时，伴随着抽样理论和实用技术的不断发展，抽样推断方法在各国统计工作中的地位越来越高，越来越受到重视。

抽样推断主要有以下作用：

1．适用于不可能进行全面调查的无限总体

对于无限总体，统计上无法进行全面调查了解，只有借助于抽样推断的方法来认识总体的数量特征，如对空气质量的调查。

2. 适用于不可能进行全面调查而又需要了解全面情况的社会经济现象

在实际工作中，许多产品的例行质量检验常常带有破坏性或消耗性，如灯泡寿命试验要一直长期将灯泡点亮直到烧毁，这是破坏性试验；烟、酒的质量品尝均属消耗性质量检验。这些总体都无法进行全面调查，只能进行抽样推断。

3. 适用于不必要进行全面调查的现象

对于某些现象，虽然可以进行全面调查，但需要花费大量的人力、物力、财力和时间，若采用抽样调查，则可以达到事半功倍的效果。如要了解森林的木材蓄积量、居民对主要耐用消费品的需求量等，适宜采用抽样推断方法。

4. 可用于对全面调查的资料进行评价与修正

抽样调查和全面调查同时进行，可以发挥相互补充和检查调查质量的作用。如我国人口普查规定，在人口普查工作完毕后，还要按照规定的抽样方法抽取若干地区的人口进行复查。用抽样调查的资料，计算人口全面调查的差错率，再根据这个比率去修正普查资料，从而保证人口调查资料的质量，进一步提高调查的准确性，使调查结果更接近于实际的数值。

5. 适用于工业生产过程的质量控制

抽样推断不仅可用于生产结果的核算和估计，而且也可有效地用于对成批或大量连续生产的产品生产过程的质量控制。对于成批或大量连续生产的产品生产过程，通过抽样方法可以及时收集有关产品质量信息，分析各种可能的原因，以便采取措施，排除故障，使生产过程保持正常，从而起到对生产过程进行质量控制的作用。

二、抽样推断的几个基本概念

（一）全及总体和抽样总体

1. 全及总体

全及总体简称总体或母体，它是指所要调查研究对象的全体。全及总体的单位数一般用字母N表示。例如，研究某学校6 000名学生的学习情况，则该学校的6 000名学生即构成全及总体。全及总体是样本所赖以抽取的母体。对于某一具体问题来说，全及总体是唯一确定的。

2. 抽样总体

抽样总体简称样本或子样，它是指从全及总体中按随机原则抽取的那部分单位所构成的集合体。例如，从全校6 000名学生中抽取100人进行学习状况调查，这100人即构成一个抽样总体。抽样总体的单位数称为样本容量，通常用字母n表示。通常样本容量n远小于总体单位数N。一般来说，样本容量$n \geqslant 30$的样本称为大样本，$n<30$的样本属于小样本。由于一个总体可以抽取很多个不同的样本，所以样本总体不是唯一确定的，而是可变的。

（二）全及指标和抽样指标

1. 全及指标

全及指标也称为母体参数或总体指标，它是根据全及总体各单位的标志值或标志特征计算的，反映总体某种属性的综合指标。由于全及总体是唯一确定的，根据全及总体计算的全及指标也是唯一确定的。如上例某学校 6 000 名学生的平均成绩和及格率，都是总体指标。常用的总体指标有全及总体的平均数、成数、方差和标准差，分别用符号 $\overline{X}$（或μ）、P、σ^2 和σ 表示。

2．样本指标

样本指标也称样本统计量或抽样指标，它是根据抽样总体各单位的标志值或标志特征计算的综合指标。由于可以从一个全及总体中抽取许多个不同的样本，不同的样本其分布结构也会有差异，抽样指标的数值也就不同，所以抽样指标的数值不是唯一确定的。抽样指标是样本变量的函数，它本身也是随机变量。例如，根据从某学校 6 000 名学生中抽取出来的 100 名学生的调查资料计算得到的学习情况指标，就是一个样本指标。常用的样本指标有样本总体的平均数、成数、方差和标准差，分别用符号 $\bar{x}$、p、S^2 和 S 表示。

（三）抽样方法

从抽样的方法方面来看，抽样有重复抽样和不重复抽样两种。

1．重复抽样

重复抽样也称重置抽样、回置抽样，即指从全及总体 N 个单位中，每次随机抽取一个总体单位进行调查，把结果登记下来后再把它放回总体中参加下一次的抽取，直到抽取 n 个总体单位。重复抽样的样本是由 n 次相互独立的连续抽样构成的。运用这种方法，每一次抽样是在完全相同的条件下进行，总体都保持相同的单位数目（N），每个单位中选的机会在各次都完全相等，即每一个总体单位被抽中的概率都相等（均为 $1/N$），每一个总体单位都有可能再次被抽中，这样组成的样本的总体单位会出现重复。

从总体 N 个单位中，用重复抽样的方法，随机抽取 n 个单位构成一个样本，则共可抽取 N^n个样本。例如，总体共有甲、乙、丙、丁四个单位，要从中以重复抽样的方法抽 2 个单位构成样本，即 N=4，n=2。可以先从 4 个单位中取 1 个，共有 4 种取法，登记结果后再放回，然后再从相同的 4 个单位中取 1 个，也有 4 种取法，前后取两个构成一个样本。全部可能抽取的样本数目为 $4^2=4\times4=16$。它们分别是：

甲甲，甲乙，甲丙，甲丁，乙甲，乙乙，乙丙，乙丁，
丙甲，丙乙，丙丙，丙丁，丁甲，丁乙，丁丙，丁丁。

2．不重复抽样

不重复（置）抽样也称不重置抽样、不回置抽样，即从全及总体 N 个单位中，每次抽取一个总体单位进行调查，把结果登记下来后不再把它放回总体中参加下一次的抽取，依此抽选直到抽取 n 个总体单位。不重复抽样的样本由 n 次连续抽取的结果构成，实质上等于一次同时从总体中抽 n 个样本单位，连续 n 次抽选的结果不是相互独立的，每次抽取的结果都影响下一次抽取，每一次抽样时总体的单位数目都会比上一次少一个，样本的总体单位也不会出现重复，每个单位的中选机会在各次都不相同，即每一个总体单位的中选概率均不相同。

从总体 N 个单位中，用不重复抽样的方法，抽取 n 个单位样本，全部可能抽取的样本数目为 N（N−1）（N−2）…（N−n+1）个。例如，从甲、乙、丙、丁四个单位的总体中，用不重

复抽样的方法从中抽取两个单位构成样本。先从 4 个单位中取 1 个，共有 4 种取法，第二次再从留下的 3 个单位中取 1 个，共有 3 种取法，前后两个构成一个样本，全部可能抽取的样本数目为 4×3=12。它们分别是：

甲乙，甲丙，甲丁，乙甲，乙丙，乙丁，丙甲，丙乙，丙丁，丁甲，丁乙，丁丙。

第二节 抽样误差

一、抽样误差概念

（一）抽样误差的含义

调查误差是指调查所获得的统计数据与调查总体未知真实数据之间的差别，它包括登记性误差和代表性误差两种。

登记性误差是指在调查过程中由于主客观原因而引起的登记性差错所造成的误差。如由于测量、记录、计算所造成的差错或由于被调查者所报材料不实或调查者有意虚报、瞒报资料所造成的差错等等。对于这类误差可以通过做好调查的宣传组织工作，不断提高调查人员素质，广泛采用电子计算机技术等措施加以解决。

代表性误差是指用样本指标数值去推算总体指标数值时，由于样本各单位的结构情况不足以代表总体特征所产生的误差。这类误差又可分为两种：一种是由于没有遵守随机原则而造成的误差，通常称为系统性误差。例如，调查者有意挑选较好或较差的单位作为样本造成的误差；另一种误差是即使遵守了随机原则，也会由于被抽取的样本各种各样，导致样本内部各单位的分布比例结构与总体实际分布状况有偶然性的差异，从而使不同的随机样本得出不同的估计量，造成样本指标数值与总体指标数值之间产生差距，如抽样平均数与总体平均数的离差（$\bar{x}-\bar{X}$），抽样成数与总体成数的离差（$p-P$）等。这类误差通常称为抽样误差或随机误差。一般来说，只要遵循随机原则，系统性误差是可以消除的。但是，用样本估算总体，两者之间总是要出现差距的，所以抽样误差是抽样法本身所固有的误差，它不可避免，也无法消除，只能加以控制。本部分主要是研究代表性误差里的抽样误差。

（二）抽样误差的影响因素

影响抽样误差大小的因素主要有以下几点：

1．样本单位数（样本容量 n）

在其他条件相同的情况下，抽样单位数越多就越能反映总体，误差就越小。当抽样单位数接近总体单位数时，此时的抽样调查已接近于全面调查，抽样误差接近于零；反之，抽样单位数越少，误差越大。

2．总体各单位标志变异程度（总体方差 σ^2）

在其他条件不变的情况下，所研究总体的标志变异程度越小，说明总体各单位标志值之间的差异越小，这样抽样指标与总体指标之间的误差也就越小；相反，如果总体各单位的标志变异程度越大，则抽样指标与总体指标之间的误差也越大。

3．抽样方法

抽样方法不同，抽样误差也不同。抽样方法有重复抽样和不重复抽样两种。一般来说，在其他条件相同时，不重复抽样的抽样误差小于重复抽样的误差，这是因为不重复抽样避免了总体单位的重复中选，因而更能反映总体结构，所以抽样误差较小。

4．抽样组织方式

采取不同的抽样组织方式，所抽出的样本对于总体的代表性也不相同，因此不同的抽样组织方式就有不同的抽样误差，而且同一种组织形式的合理程度也会影响抽样误差的大小。在实践中，我们可以利用不同抽样组织方式下抽样误差的大小来判断不同方式的有效性。

二、抽样平均误差

（一）抽样平均误差的概念

根据实际研究的目的和任务，在进行抽样时，从总体中可以抽取一个样本，也可以抽取多个样本。在抽取多个样本时，就其中每个样本来说，都有其相应的样本指标。由于样本是按随机原则抽取的，则在同一总体中，按相同的抽样数目，可以抽出许多相同和不同的样本，而每次抽出的样本都可以计算出相应的抽样指标，如抽样平均数、抽样成数和抽样误差等，即从理论上说可以计算出很多个抽样误差，它们带有偶然性，有的可能是正误差，有的可能是负误差，有的误差可能大一些，有的误差可能小一些。因此有必要用一个指标来衡量抽样误差的一般水平，抽样平均误差正是反映抽样误差一般水平的指标。

抽样平均误差是指以全部可能样本指标为变量，以总体指标为平均数计算得到的标准差，以符号μ_θ表示。它反映了抽样指标与总体指标的平均离差程度。抽样平均误差的主要作用表现在它能够说明样本指标代表性的大小。一般来说，抽样平均误差大，说明样本指标对总体指标的代表性低，反之，则代表性高。通常以$\mu_{\bar{x}}$代表平均数的抽样平均误差，以μ_p代表成数的抽样平均误差，以M代表可能组成的样本总数。

（二）抽样平均误差的计算公式

抽样平均误差的一般计算公式如下

$$\mu_\theta=\sqrt{\frac{\sum(\text{样本指标}-\text{总体指标})^2}{\text{可能组成的样本总数}}} \tag{7-1}$$

即

$$\mu_{\bar{x}}=\sqrt{\frac{\sum(\bar{x}-\bar{X})^2}{M}} \tag{7-2}$$

$$\mu_p=\sqrt{\frac{\sum(p-P)^2}{M}} \tag{7-3}$$

这些公式表明了抽样平均误差的关系。但是由于不知道总体平均数和总体成数，而且也不一定能计算全部样本的抽样指标值，所以按上述公式来计算抽样平均误差实际上是不可能的。在实际工作中要通过其他方法加以推算。

1. **平均数的抽样平均误差**

平均数的抽样平均误差分为重复抽样和不重复抽样两种情况。

(1) 在重复抽样条件下，平均数的抽样平均误差和总体的变异程度（σ）以及样本容量大小（n）两个因素有关。公式如下

$$\mu_{\bar{x}}=\sqrt{\frac{\sigma^2}{n}}=\frac{\sigma\sqrt{n}}{n}=\frac{\sigma}{\sqrt{n}} \tag{7-4}$$

(2) 在不重复抽样的条件下，平均数的抽样平均误差不但和总体变异程度（σ）、样本容量（n）有关，而且还要考虑总体单位数（N）。公式如下

$$\mu_{\bar{x}}=\sqrt{\frac{\sigma^2}{n}\left(\frac{N-n}{N-1}\right)} \tag{7-5}$$

当总体单位数 N 很大时，$\mu_{\bar{x}}=\sqrt{\frac{\sigma^2}{n}\left(1-\frac{n}{N}\right)}$ (7-6)

在计算平均数的抽样平均误差时，通常得不到全及总体标准差（σ）的数值，一般用样本的标准差（S）来代替，得到近似值。

样本标准差 S 的计算公式为

$$S=\sqrt{\frac{\sum(x-\bar{x})^2}{n-1}} \tag{7-7}$$

式中 x—— 样本变量；

$\bar{x}$ ——样本平均数；

n–1——样本变量自由度。

例 7-1 某大学有 6 000 名学生，从中随机抽取 10%的学生，调查学生每月生活费用支出情况。抽样结果显示，学生平均每人每月生活费支出 500 元，标准差 120 元。试求学生平均每月生活费支出的抽样平均误差。

已知：N=6 000，n=6 000×10%=600，$\bar{x}$=500，s=120

①在重复抽样情况下，学生平均每月生活费支出的抽样平均误差为

$$\mu_{\bar{x}}=\frac{S}{\sqrt{n}}=\frac{120}{\sqrt{600}}=4.90 \text{（元）}$$

②在不重复抽样情况下，学生平均每月生活费支出的抽样平均误差为

$$\mu_{\bar{x}}=\sqrt{\frac{S^2}{n}\left(\frac{N-n}{N-1}\right)}=\sqrt{\frac{120^2}{600}\left(\frac{6000-600}{6000-1}\right)}=4.65 \text{（元）}$$

2．成数的抽样平均误差

也分为重复抽样和不重复抽样两种情况。

（1）在重复抽样条件下，成数的抽样平均误差和总体的成数（P）以及样本容量大小（n）两个因素有关。公式如下

$$\mu_p=\sqrt{\frac{P(1-P)}{n}} \tag{7-8}$$

（2）在不重复抽样的条件下，成数的抽样平均误差不但和总体的成数（P）、样本容量（n）有关，而且还和总体单位数（N）有关。公式如下

$$\mu_p=\sqrt{\frac{P(1-P)}{n}(\frac{N-n}{N-1})} \tag{7-9}$$

当总体单位数N很大时，$\mu_p=\sqrt{\frac{P(1-P)}{n}(1-\frac{n}{N})}$ （7-10）

计算成数的抽样平均误差时，若得不到全及总体成数（P）的数值，则一般用样本的成数（p）来代替。

例 7-2 某大学有 6 000 名学生，从中随机抽取 10%的学生，调查学生每月生活费用支出情况。抽样结果显示，学生生活费用支出在 1 000 元以上的学生占全部学生的 8%。试求生活费用支出在 1 000 元以上的学生比率的抽样平均误差。

已知：N=6 000，n=6 000×10%=600，p=8%

① 在重复抽样情况下，生活费用支出在 1 000 元以上学生比率的抽样平均误差为

$$\mu_p=\sqrt{\frac{p(1-p)}{n}}=\sqrt{\frac{8\%(1-8\%)}{600}}=1.11\%$$

② 在不重复抽样情况下，生活费用支出在 1 000 元以上学生比率的抽样平均误差为

$$\mu_p=\sqrt{\frac{p(1-p)}{n}(\frac{N-n}{N-1})}=\sqrt{\frac{8\%(1-8\%)}{600}(\frac{6\,000-600}{6\,000-1})}=1.05\%$$

三、抽样极限误差

（一）抽样极限误差的概念

抽样极限误差是从另外一个角度考虑抽样误差问题。以样本的抽样指标来估计总体指标，要达到完全准确毫无误差，这几乎是不可能的事情。所以在估计总体指标的同时就必须同时考虑估计误差的大小。一方面，不希望误差太大，误差愈大样本的价值便愈小；另一方面，也不是误差愈小愈好，因为在一定限度之后减少抽样误差势必增加很多费用。所以在做抽样估计时，应该根据所研究对象的变异程度和分析任务的要求确定可允许的误差范围，在这个范围内的数字都算是有效的。我们把这种可允许的误差范围称为抽样极限误差。抽样极限误差是指样本指标可允许变动的上限或下限与总体指标之差的绝对值，是以样本估计总体所允许的最大误差范围。

（二）抽样极限误差的计算

设$\Delta_{\bar{x}}$、Δ_p分别表示平均数的抽样极限误差和成数的抽样极限误差，则有

$$\Delta_{\bar{x}}=|\bar{x}-\bar{X}| \tag{7-11}$$

$$\Delta_p=|p-P| \tag{7-12}$$

由于$\Delta_{\bar{x}}$和Δ_p是预先给定的抽样方案中所允许的误差范围，所以利用$\Delta_{\bar{x}}$和Δ_p可以反过来估计未知的全及指标的取值的可能范围。将上面的等式变形可得

$$\bar{x}-\Delta_{\bar{x}}\leqslant\bar{X}\leqslant\bar{x}+\Delta_{\bar{x}} \tag{7-13}$$

$$p-\Delta_p\leqslant P\leqslant p+\Delta_p \tag{7-14}$$

公式7-13表示被估计的总体平均数是以抽样平均数$\bar{x}$为中心，在$\bar{x}-\Delta_{\bar{x}}$至$\bar{x}+\Delta_{\bar{x}}$之间变动。区间（$\bar{x}-\Delta_{\bar{x}}$，$\bar{x}+\Delta_{\bar{x}}$）称为平均数的估计区间或平均数的置信区间，在这个区间内样本平均数与总体平均数之间的绝对离差不超过$\Delta_{\bar{x}}$。

公式7-14表示被估计的总体成数是以抽样成数p为中心，在$p-\Delta_p$至$p+\Delta_p$之间变动。区间（$p-\Delta_p$，$p+\Delta_p$）称为成数的估计区间或成数的置信区间，在这个区间内样本成数与总体成数之间的绝对离差不超过Δ_p。

（三）抽样误差的概率度与估计的可靠程度

基于概率估计的要求，以绝对数表示的抽样极限误差$\Delta_{\bar{x}}$或Δ_p通常需要以抽样平均误差$\mu_{\bar{x}}$或μ_p为标准单位来衡量。用极限误差$\Delta_{\bar{x}}$或Δ_p分别除以抽样平均误差$\mu_{\bar{x}}$或μ_p得到相对数t，表示误差范围为抽样平均误差的t倍。t称为抽样误差的概率度，是测量抽样估计可信程度的一个重要参数。

平均数抽样误差的概率度的计算公式为

$$t=\frac{\Delta_{\bar{x}}}{\mu_{\bar{x}}}=\frac{|\bar{x}-\bar{X}|}{\mu_{\bar{x}}} \tag{7-15}$$

即
$$\Delta_{\bar{x}}=t\mu_{\bar{x}} \tag{7-16}$$

成数抽样误差的概率度的计算公式为

$$t=\frac{\Delta_p}{\mu_p}=\frac{|p-P|}{\mu_p} \tag{7-17}$$

即
$$\Delta_p=t\mu_p \tag{7-18}$$

第三节　简单随机抽样估计的方法

抽样估计是指通过实际调查计算的样本指标值来估计相应的总体指标的数值。由于总体指标是表明总体数量特征的参数，所以也称为参数估计。总体参数估计有点估计和区间估计两种。在对总体参数估计进行估计时，首先要考虑估计量的优良性。

一、抽样估计的优良标准

在实际抽样中，根据同一套样本数据用不同的方法来估计同一个总体参数，可能会得到不同的估计量。但哪一个估计量更好一些，通常采用下面三个评判标准来衡量：

1. 无偏性

无偏性是以抽样指标估计总体指标，要求抽样指标值的平均数等于被估计的总体指标值本身。也就是，虽然每一次的抽样指标值和总体指标值之间都可能有误差，但在多次反复的估计中，各个抽样指标值的平均数应该等于所估计的总体指标值本身，即抽样指标的估计，平均来说是没有误差的。

由于抽样平均数的平均数等于总体平均数，抽样成数的平均数等于总体成数，即：

$$E(\bar{x})=\bar{X}\text{，}\ E(p)=P$$

这说明样本均值$\bar{x}$、样本成数 p 分别是总体均值$\bar{X}$、总体成数P的无偏估计量。

2. 有效性

如果根据无偏性来选择总体参数的估计值，往往可以找到不止一个值满足要求。例如，也可用随机抽取一个个体 x 作为总体均值的估计值。因为它也满足$E(\bar{x})=\bar{X}$的无偏性要求。可见一个无偏的估计量只是估计值的平均数等于待估计参数的真值，并不意味着它就非常接近被估计的参数，它还必须与总体参数的离散程度比较小。例如，用抽样平均数或总体某一变量值来估计总体平均数，虽然两者都是无偏的，而且在每一次估计中，两种估计量和总体平均数都可能有离差，但样本平均数更靠近于总体平均数，平均来说其离差比较小。所以对比说来，抽样平均数是更为有效的估计量。

3. 一致性

除了无偏性和有效性外，一个好的估计值还应当随着样本容量的增大以更大的概率接近被估计参数的值。

一致性是指随着样本容量的增大，估计量的值越来越接近总体的参数。也就是说一个大样本给出的估计量要比一个小样本给出的估计量更接近总体的参数。由于抽样平均数和抽样成数的抽样平均误差和样本单位数的平方根成反比例变化，样本单位数愈多则平均误差便愈小，当样本单位数接近于总体单位数时，平均误差也就接近于零。即样本平均数$\bar{x}$和样本成数 p 作为总体平均数$\bar{X}$和总体成数 P 的估计量符合一致性的标准，即随着 n 越来越大，$\bar{x}$和 p 接近于$\bar{X}$和 P 的概率越来越大。

二、总体参数的点估计

点估计是指是以抽样得到的样本指标作为总体指标的估计量，并以样本指标的实际值直接作为总体未知参数的估计值的一种推断方法，即通过样本数据计算出一个值用来估计总体未知的参数，由于它只是一个点值，因此称为参数的点估计。比如，用样本均值 $\overline{x}$ 直接作为总体均值 $\overline{X}$ 的估计值，用样本成数 p 直接作为总体成数 p 的估计值，用样本方差 S^2 直接作为总体方差 σ^2 的估计值等等。假定我们要估计一个班学生数学考试成绩的平均分数，根据一个抽出的随机样本计算的平均分数为 80 分，我们就用 80 分作为全班考试成绩的平均分数的一个估计值，这就是点估计。点估计常用的方法有矩估计法、最大似然估计法、最小二乘法等。

（一）总体参数的点估计公式

对于参数的点估计是对于分布或参数未知的总体用其样本的一次观测值 $x_1, x_2, \cdots, x_n$ 计算出的统计量，用来对总体的参数做出点估计。

1. 总体均值的点估计值

可以用样本均值 $\overline{x}$ 作为总体均值 $\overline{X}$ 的点估计值。

$$\overline{x} = \frac{1}{n}\sum_{i=1}^{n} x_i \tag{7-19}$$

2. 总体方差与标准差的点估计值

可以用样本方差 S^2 作为总体方差 σ^2 的点估计值。

$$S^2 = \frac{1}{n-1}\sum\left(x_i - \overline{x}\right)^2 \tag{7-20}$$

样本方差 S^2 的平方根，称作样本标准差 S，得到公式

$$S = +\sqrt{S^2} \tag{7-21}$$

样本标准差 S 可作为总体标准差 σ 的点估计值。

3. 总体成数点估计值

当 x_i 表示的是定类变量，其取值有

$$x_i = \begin{cases} 1 \text{ 当观测值为所研究的 A 类} \\ 0 \text{ 其他} \end{cases}$$

$\sum_{i=1}^{n} x_i = m$ 表示在样本 n 次观测中，A 类共出现 m 次。可以用样本成数 p 作为总体成数估计值。

$$p = \frac{1}{n}\sum_{i=1}^{n} x_i = \frac{m}{n} \tag{7-22}$$

（二）参数点估计值计算

例 7-3 根据抽样调查，10 名在校大学生每月生活费支出数据见表 7-1，求总体的均值、方差、标准差的点估计值。

表 7-1 每月生活费支出

学 生	月生活费支出/元	学 生	月生活费支出/元
A	480	F	400
B	450	G	550
C	500	H	600
D	580	I	420
E	620	J	500

【解】根据抽样调查，求出样本均值$\overline{x}$，样本方差S^2和样本标准差S，计算表见表 7-2。

表 7-2 计算表

x_i	$x_i-\overline{x}$	$(x_i-\overline{x})^2$
480	−30	900
450	−50	2 500
500	−10	100
580	70	4 900
620	110	12 100
400	−110	12 100
550	30	900
600	90	8 100
420	−90	8 100
500	10	100
$\sum x_i=5100$	—	$\sum(x_i-\overline{x})^2=51\,600$

具体计算步骤如下：

第 1 步，计算样本均值$\overline{x}$

$$\overline{x}=\frac{1}{n}\sum x_i=\frac{1}{10}(5\,100)=510\text{（元）}$$

第 2 步，计算样本方差S^2与标准差S

1）计算离差即每个x_i与平均数$\overline{x}$的差（$x_i-\overline{x}$）；

2）计算离差的平方$(x_i-\overline{x})^2$；

3）将离差平方和除以样本量（n–1），计算出样本方差S^2；

4）将样本方差S^2求平方根，计算出标准差S。

$$S^2=\frac{1}{n-1}\sum(x_i-\overline{x})^2=\frac{1}{9}\times 51\,6000=5\,733.33$$

$$S=+\sqrt{S^2}=\sqrt{5\ 733.33}=75.72 \text{（元）}$$

因此总体均值的点估计值为 510 元；方差的点估计值为 5 733.33；标准差的点估计值为 75.72 元。

三、总体参数的区间估计

区间估计就是以一定的概率保证估计包含总体参数的一个区间，即根据样本指标和抽样平均误差推断总体指标的可能范围。其中这个给定的概率值称为置信度、置信概率或置信水平，指的是总体参数值落在样本统计值某一区间内的概率。这个建立起来的包含待估计参数的区间称为置信区间，是指在某一置信水平下，样本统计值与总体参数值之间的误差范围。置信区间的最小值称为置信下限，最大值称为置信上限。区间估计通常在点估计的基础上，给出总体参数估计的一个区间范围，该区间通常是由样本统计量加减抽样误差得到的。它包括两部分内容：一是这一可能范围的大小；二是总体指标落在这个可能范围内的概率。区间估计既表明估计结果的准确程度，又同时给出这个估计结果的可靠程度。

以均值为例，由样本均值的抽样分布可知，在重复抽样或无限总体抽样的情况下，样本均值的数学期望等于总体均值，即 $E(\bar{x})=\bar{X}$ ，样本均值的抽样平均误差为 $\mu_{\bar{x}}=\dfrac{\sigma}{\sqrt{n}}$，可以证明，样本均值 $\bar{x}$ 落在总体均值 $\bar{X}$ 的两侧，落在一个抽样平均误差范围内（$\mu_{\bar{x}}$）的概率为 68.27%；落在两个抽样平均误差范围（$2\mu_{\bar{x}}$）内的概率为 95.45%，落在三个抽样平均误差范围（$3\mu_{\bar{x}}$）内的概率为 99.73%等等。如图 7-1 所示。

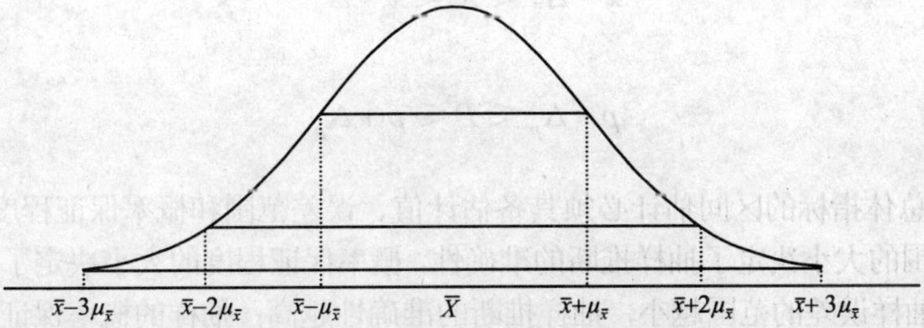

图 7-1 样本指标的置信度

即 $$P(\bar{X}-\mu_{\bar{x}}\leqslant\bar{x}\leqslant\bar{X}+\mu_{\bar{x}})=P(|\bar{x}-\bar{X}|\leqslant\mu_{\bar{x}})=68.27\%$$

$$P(\bar{X}-2\mu_{\bar{x}}\leqslant\bar{x}\leqslant\bar{X}+2\mu_{\bar{x}})=P(|\bar{x}-\bar{X}|\leqslant 2\mu_{\bar{x}})=95.45\%$$

$$P(\bar{X}-3\mu_{\bar{x}}\leqslant\bar{x}\leqslant\bar{X}+3\mu_{\bar{x}})=P(|\bar{x}-\bar{X}|\leqslant 3\mu_{\bar{x}})=99.73\%$$

图 7-1 中的曲线为正态分布曲线，它表明全部可能样本指标的分布状况。一般来说，总体单位的标志值如果是正态分布，其全部可能样本也一定是正态分布；如果总体单位的标志值不是正态分布的，只要是大样本（即 n>30），全部可能样本指标也会接近正态分布。从正态分布图中，可以总结两个特点：一是样本指标高于或低于总体指标的概率分布完全是对称的；二是样本指标接近于总体指标的概率越大（小），出现的可能性也越大（小）。

（一）总体参数的区间估计公式

通过上节可知，平均数的误差范围（$\Delta_{\bar{x}}$）与概率度（t）和抽样平均误差（$\mu_{\bar{x}}$）三者之间的关系为

$$\Delta_{\bar{x}} = t\mu_{\bar{x}}$$

成数的误差范围（Δ_p）与概率度（t）和抽样平均误差（μ_p）三者之间的关系为

$$\Delta_p = t\mu_p$$

其中，抽样估计的概率保证程度（即抽样估计的置信度）与概率度（t）是函数关系，表示为F（t）。

$$P(|\bar{x} - \bar{X}| \leqslant t\mu_{\bar{x}}) = F(t) \tag{7-23}$$

$$P(|p - P| \leqslant t\mu_p) = F(t) \tag{7-24}$$

在实际工作中，给定t值，可以通过“正态分布概率表”查出抽样估计的置信度；同样，给定置信度，也可以通过“正态分布概率表”查出t值。

总体平均数和总体成数的区间估计公式分别为

$$\bar{x} - \Delta_{\bar{x}} \leqslant \bar{X} \leqslant \bar{x} + \Delta_{\bar{x}} \tag{7-25}$$

$$p - \Delta_p \leqslant P \leqslant p + \Delta_p \tag{7-26}$$

由此可见，总体指标的区间估计必须具备估计值、误差范围和概率保证程度三个基本要素。其中抽样误差范围的大小决定了抽样推断的准确性，概率保证程度的大小决定了抽样推断的可靠性。换句话说，抽样误差的范围越小，抽样推断的准确性越高；抽样的概率保证程度越大，抽样推断的可靠性也越大。对于同一次抽样估计来讲，抽样推断的准确性与可靠性是一对矛盾。也就是说，提高估计准确性的要求，估计的概率保证程度就会随之降低。因此，在设计抽样调查方案时应谨慎取舍，先对估计的准确性提出要求，再推断估计的可靠性；或者先对估计的可靠性提出要求，再去推断可能的误差范围。如果推算的结果不能满足实际工作的要求，就需要采取如增加抽样数目、改善抽样的组织方式等措施，重新进行抽样，从而满足研究目的。

（二）参数区间估计值计算

例7-4 某大学有6 000名学生，从中以不重复抽样形式随机抽取10%的学生，调查学生每月生活费用支出情况。抽样结果显示，学生平均每人每月生活费支出500元，标准差120元，学生生活费用支出在1 000元以上的学生占全部学生的8%。要求在95.45%的概率保证程度下估计全体学生月平均生活费支出的可能范围，以及月生活费支出在1 000元以上学生所占比重的可能范围。

具体计算步骤如下：

第 1 步，计算概率度 t、误差范围 $\Delta_{\bar{x}}$、Δ_p

根据前面的计算可知：$\bar{x}=500$，$\mu_{\bar{x}}=4.65$，$p=8\%$，$\mu_p=1.05\%$

且 F（t）=95.45%，查“正态分布概率表”可得：t=2

则 $\Delta_{\bar{x}}=t\mu_{\bar{x}}=2\times4.65=9.3$（元）

$$\Delta_p=t\mu_p=2\times1.05\%=2.1\%$$

第 2 步，计算总体平均数和总体成数的区间估计

根据公式可得全体学生月平均生活费支出的可能范围为：

$500-9.3\leqslant\bar{X}\leqslant500+9.3$，即 $490.7\leqslant\bar{X}\leqslant509.3$

根据公式可得月生活费支出在 1 000 元以上学生所占比重的可能范围为：

$8\%-2.1\%\leqslant P\leqslant8\%+2.1\%$，即 $5.9\%\leqslant P\leqslant10.1\%$

第四节 抽样组织设计

抽样推断以有效取得各项实际资料为基础，要保证推断的准确性和可靠性，事先必须结合一定的抽样调查组织方式做好抽样设计工作。根据随机抽样的原则，结合具体研究对象的性质以及调查工作的目的和条件，在实际统计工作中主要采用五种抽样调查组织方式，即简单随机抽样、类型抽样、等距抽样、整群抽样和多阶段抽样。

一、简单随机抽样

简单随机抽样也称为纯随机抽样，是指直接从总体中随机抽取一部分单位来组成样本的抽样组织方式。抽样的原埋是以纯随机抽样为基础阐述的，它是抽样中最简单又最基本的抽样组织方式，是设计其他复杂抽样组织方式的基础。简单随机抽样适用于总体各部分都具有相同的分布且总体单位数较少的情况。简单随机抽样在抽取调查单位时，可以采用重复（置）抽样的方法，也可以采用不重复（置）抽样的方法。

（一）简单随机抽样操作方法

采用简单随机抽样方式抽取样本，首先要将总体各个单位进行编码，然后按随机原则抽取若干数码，所有中选数码所对应的单位即构成样本。具体做法主要有两种：

1. 抽签

当给总体各单位编号后，把号码写在结构均匀的签上，将签混合均匀后即可以从中抽取。采用这种方法简便易行，然而对较大的总体来说，编号做签的工作量很大，而且混匀有困难，因此，这种方法的应用有一定局限性。

2. 随机数字

随机数字可以借助于计算机获得，也可应用随机数表。随机数表中数字是按照完全随机的方法产生的，从 0～9 中任何一个（一组）数字出现的概率与其他（组）数字出现的概率完全相同。

随机数表的使用要遵守随机原则。首先，给总体编号，据编号的最大位数确定将要使用随机数表的列数，然后从表中任意一列，任意一行开始，由纵向或横向画线取数，遇到属于总体单位编号范围内的数组就确定为样本单位，然后继续往下找，直到取足要求的单位数为止。

（二）简单随机抽样的样本单位数的确定

在设计简单随机抽样时，可以根据所研究问题的性质确定允许的误差范围（即Δ）和必要的概率保证程度或概率度（即 t），并根据历史资料或其他试点资料估计总体的标准差（σ），通过抽样平均误差公式来计算必要的样本单位数。

1. 总体平均数必要的样本单位数

（1）在重复抽样下，样本平均数的极限抽样误差公式为

$$\Delta_x = t\mu_x = \frac{t\sigma}{\sqrt{n}}$$

则推断总体平均数必要的样本单位数为：

$$n = \frac{t^2\sigma^2}{\Delta_x^2} \tag{7-27}$$

（2）在不重复抽样下，样本平均数的极限抽样误差公式为

$$\Delta_x = t\mu_x = t\sqrt{\frac{\sigma^2}{n}(1-\frac{n}{N})}$$

则推断总体平均数必要的样本单位数为：

$$n = \frac{Nt^2\sigma^2}{N\Delta_x^2 + t^2\sigma^2} \tag{7-28}$$

2. 总体成数必要的样本单位数

（1）在重复抽样下，推断总体成数必要的样本单位数为

$$n = \frac{t^2 p(1-p)}{\Delta_p^2} \tag{7-29}$$

（2）在不重复抽样下，推断总体成数必要的样本单位数为

$$n = \frac{Nt^2 p(1-p)}{N\Delta_p^2 + t^2 p(1-p)} \tag{7-30}$$

从上面的公式可以看出，必要的样本单位数受允许的极限误差的制约，极限误差要求越小则样本单位数就要越多。

二、类型抽样

类型抽样又称分类抽样或分层抽样，是指先将总体按某个主要标志进行分组或分类，然

后再按随机原则从各组中抽取一定单位构成样本的一种抽样方式。类型抽样通过分组或分类，可以把总体中标志值比较接近的单位归为一组，使组内各单位的分布比较均匀，再从各组抽取样本单位。在总体单位标志值大小悬殊的情况下，运用类型抽样比简单随机抽样有更大的代表性，抽样误差相对缩小，从而可以得到比较准确的结果。在实际抽样工作中，类型抽样得到广泛的应用。

类型抽样的样本单位数在各类型之间的分配有三种方法：

1. 等数分配类型抽样法

等数分配类型抽样法是在各类型组中分配同等的样本单位数的方法。这种方法只在各类型的总体单位数相等或差异不大时才能使用，运用这种分配方法可使综合计算比较简单。

2. 等比例类型抽样法

等比例类型抽样法是按照类型的大小以相等的比例分配样本的方法。由于类型抽样是按有关的主要标志分组或分类，各组的单位数一般不同。类型抽样通常是按各组总体单位数占全及总体单位数的一定比例来抽取样本，单位数较多的组应该多取样，单位数少的组则少取样，以保持各组样本单位数与样本总容量之比等于各组总体单位数与全及总体单位数之比。

即 $\frac{n_1}{N_1}=\frac{n_2}{N_2}=\cdots=\frac{n_k}{N_k}=\frac{n}{N}$

则各组的样本单位数为

$$n_i=\frac{nN_i}{N}\quad (i=1, 2, \cdots, k) \tag{7-31}$$

采用等比例抽样是为了使样本的结构接近总体的结构，避免样本平均数由于各组比重差异而引起的误差。由于等比例类型抽样法对样本单位的分配比较合理，在实际工作中应用较多。

3. 不等比例类型抽样法

不等比例类型抽样法是在各类型组中按不同的比例分配样本单位的方法，也称为最优分配法。一般来说，如果各类型组的单位数相差悬殊或标志变异程度相差较大，等数分配类型抽样和等比例类型抽样两种样本分配方法的抽样效果较差。这时，可以采用不等比例类型抽样法抽取样本，即标志变异程度大或单位数多的组其抽样比例可高一些，多抽取一些单位；标志变异程度小或单位数少的组其抽样比例可低一些，少抽取一些单位。

各组的抽样比例按下式计算

$$\frac{n_i}{n}=\frac{w_i\delta_i}{\sum w_i\delta_i} \tag{7-32}$$

式中 δ_i——第 i 层（组）内的标准差；

w_i——第 i 层（组）单位数占总体单位数的比重。

三、等距抽样

等距抽样也称为机械抽样或系统抽样，是先将总体各单位按某一标志顺序排列，然后按一定顺序和相等距离或间隔抽取样本单位的抽样组织方式。由于这种抽样是在各单位大小顺序排队基础上，再按某种规则依一定间隔取样，因此可以保证所取得的样本单位比较均匀地分布在总体的各个部分，有较高的代表性。

作为总体各单位顺序排列的标志，可以是无关标志，也可以是有关标志。

（一）按无关标志排序

所谓无关标志，是指排列的标志与单位标志值的大小无关或不起主要影响作用，如时间、地理位置、门牌号码、姓氏比划标志等等。

设总体由 N 个单位构成，现在需要抽取一个容量为 n 的样本。先将总体 N 个单位按某一无关标志排队，然后将 N 划分为 n 个单位相等部分，每部分包含 k 个单位，即 $\frac{N}{n}=k$，则等距抽样每个样本单位的间隔均为 k。等距抽样的第一个样本单位的抽取，如果是按无关标志排队，可以从第一个间隔内的任意一个单位开始抽取。

（二）按有关标志排序

所谓有关标志，是指作为排队顺序的标志与单位标志值的大小有密切关系。在对总体各单位的变异情况有所了解的情况下，可以采用有关标志进行总体单位排队。如职工生活水平调查按职工平均工资排队来抽取调查企业或调查户。按有关标志排队，实质上是运用类型抽样的一些特点，有利于提高样本的代表性。

按有关标志顺序排队进行等距抽样的方法主要有两种：

1．半距中点取样

半距中点取样即抽取每一部分的处于中间位置的单位构成样本。设总体由 N 个单位构成，需要抽取一个容量为 n 的样本。在将总体单位按顺序分为 n 等份后，如果采用半距中点取样方法，则第一部分顺序为 1，2，…，k 个单位中取第 $\frac{k}{2}$ 个单位，第二部分取第 $1\frac{1}{2}k$ 个单位，以此类推，第 n 部分取第 $(n-1)\frac{1}{2}k$ 个单位，每个单位的间隔都是 k，共抽取 n 个单位构成样本。如图 7-2 所示。

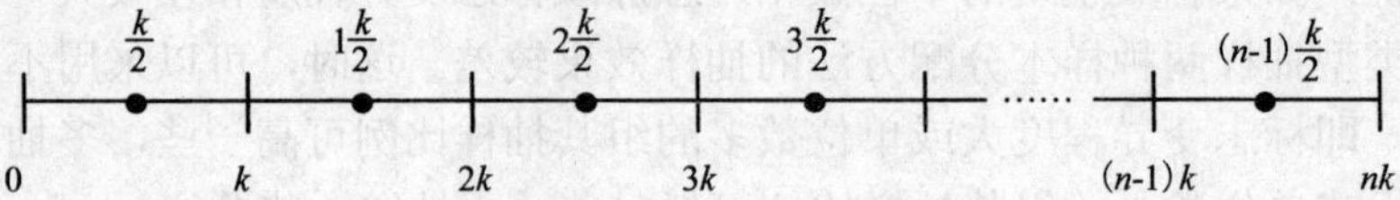

图 7-2 半距中点取样

2．对称等距取样

即经过有关标志按大小顺序排队之后，第一部分随机取第 i 个单位，第二部分则取这部分倒数第 i 个单位，如此反复使两组保持对称等距。设总体由 N 个单位构成，需要抽取一个容量为 n 的样本。在将总体单位按顺序分为 n 等份后，如果采用对称等距取样方法，则第一部分顺序为 1，2，…，k 个单位中随机取第 i 个单位，第二部分取第 $2k-i+1$ 个单位，第三部分取第 $2k+i$ 个单位，第四部分取 $4k-i+1$ 个单位，以此类推，第 $n-1$ 部分取第（$n-2$）$k+i$ 个单位，第 n 部分取 $nk-i+1$ 个单位，共抽取 n 个单位构成样本。如图 7-3 所示。

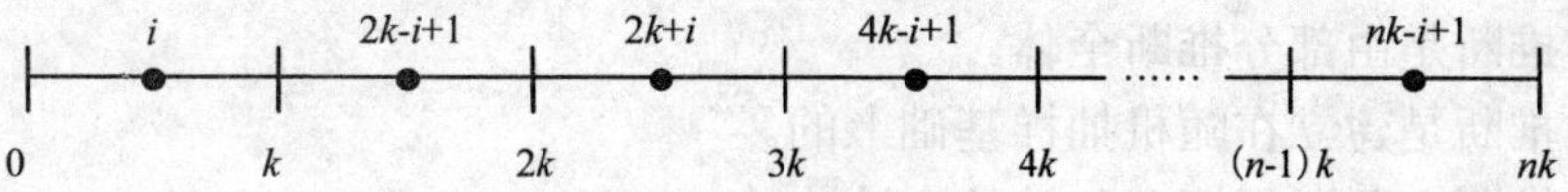

图 7-3　对称等距取样

在等距抽样中，不论是按无关标志还是有关标注排序，都要注意避免抽样间隔与现象本身的周期性节奏相重合，从而引起系统误差的影响。

等距抽样法的特点是组织简便、易于实施，只要确定了抽样间隔和起点，整个样本的所有单位就都确定了。而且，当按有关标志排序时，能保证样本单位在总体中均匀地分布，所抽样本对总体的代表性较好，有利于降低抽样误差。

四、整群抽样

整群抽样也称集团抽样、区域抽样或分群随机抽样，它是将总体各单位按时间或空间形式划分成许多群，然后按纯随机抽样或机械抽样方式从中抽取部分群，对中选群的所有单位进行全面调查的抽样组织方式。例如，要调查农村家庭副业发展情况，在抽样时不是直接抽取居民户，而是以村为单位，从中随机抽取若干村，然后对中选村的全体居民户进行调查。

整群抽样因为是对中选群的全面调查，所以调查单位很集中，大大简便抽样工作，易于组织而且节省经费开支。但由于调查的总体单位过于集中在少数样本群中，导致整群抽样的样本代表性较低，通常需要通过扩大样本群的数目来提高代表性。

五、多阶段抽样

多阶段抽样，也称为多级抽样、多阶抽样、套抽样，是指在抽取样本时，分为两个及两个以上的阶段从总体中抽取样本的一种抽样调查方法。其具体操作过程是：第一阶段，将总体分为若干个一级抽样单位，从中抽选若干个一级抽样单位入样；第二阶段，将入样的每个一级单位分成若干个二级抽样单位，从入样的每个一级单位中各抽选若干个二级抽样单位入样……，依此类推，直到获得最终样本。

多阶段抽样也是实际工作中常用的抽样方法之一。当全及总体单元数很庞大，而且分布范围很广时，如果使用前面所学习的单阶抽样方法，不仅工作量大，而且在精度上很难把握，此时如果改用多阶段抽样方法，就会避免上述困难，从而达到理想的抽样效果。

多阶段抽样区别于分层抽样，也区别于整群抽样。其优点在于适用于抽样调查的面特别广，没有一个包括所有总体单位的抽样框，或总体范围太大，无法直接抽取样本等情况，可以相对节省调查费用。其主要缺点是抽样时较为麻烦，而且从样本对总体的估计比较复杂。

本 章 小 结

抽样推断是在抽样调查的基础上，利用样本的实际资料计算样本指标，并据以推算总体相应数量特征的一种统计分析方法。

抽样推断具有下列特点：

（1）抽样推断是由部分推断全体。

（2）抽样推断是建立在随机抽样基础上的。

（3）抽样推断主要运用概率估计的方法。

（4）抽样误差可以事先计算并加以控制。

抽样推断在统计工作中具有广泛的适用性，适用于不可能进行全面调查的无限总体；不可能进行全面调查而又需要了解全面情况的社会经济现象；不必要进行全面调查的现象；对全面调查的资料进行评价与修正以及对工业生产过程的质量控制。

抽样推断的基本概念包括：全及总体和抽样总体、全及指标和样本指标。

从抽样的方法来看，抽样有重复抽样和不重复抽样两种。

调查误差是指调查所获得的统计数据与调查总体未知真实数据之间的差别，它包括登记性误差和代表性误差两种。影响抽样误差大小的因素主要有：样本单位数（样本容量 n）、总体各单位标志变异程度（总体方差 σ^2）；抽样方法、抽样组织方式等。

抽样平均误差是指以全部可能样本指标为变量，以总体指标为平均数计算得到的标准差，是反映抽样误差一般水平的指标；抽样极限误差是指样本指标可允许变动的上限或下限与总体指标之差的绝对值，是以样本估计总体所允许的最大误差范围。

抽样估计是指通过实际调查计算的样本指标值来估计相应的总体指标的数值，有点估计和区间估计两种方法。

在实际统计工作中常用的五种抽样调查组织方式包括简单随机抽样、类型抽样、等距抽样、整群抽样和多阶段抽样。

统计资料示例

2005 年全国 1%人口抽样调查方案

一、调查的组织实施

为了摸清 2000 年以来我国人口数量、构成以及居住等方面的变化情况，研究未来人口状况的发展趋势，为制定经济社会发展规划和有关政策提供客观准确的依据，国务院决定于 2005 年进行全国 1%人口抽样调查。为做好这次调查工作，制订本方案。

二、调查的标准时间、调查对象和内容

（一）这次调查的标准时间为 2005 年 11 月 1 日 0 时。

（二）这次调查的对象是在被抽中的调查小区内具有中华人民共和国国籍并符合以下条件之一的全部人口：

1. 2005 年 10 月 31 日晚居住在本调查小区。

2. 户口在本户，2005 年 10 月 31 日晚未居住在本户。

中国人民解放军现役军人由军队领导机关统一进行调查。

（三）这次调查以户为单位进行登记。户分为家庭户和集体户。

以家庭成员关系为主的人口，居住一处共同生活的作为一个家庭户；单身居住独自生活的也作为一个家庭户。

相互之间没有家庭成员关系，集体居住在单位集体宿舍或其他居所共同生活的人口作为集体户。

（四）《2005 年全国 1%人口抽样调查表》（以下简称调查表）分为按户填报的项目和按人填报的项目。

按户填报的项目包括户的基本情况和住户情况。

按人填报的项目包括人的基本情况、迁移流动状况、人口素质情况、就业和社会保障状况、婚姻生育状况等。

2004 年 11 月 1 日 0 时至 2005 年 10 月 31 日 24 时期间有死亡人口的户，还要填报《死亡人口调查表》。

三、抽样方法、区域划分和地址编码

这次调查的全国样本量共约 1 300 多万人。各省、自治区、直辖市的样本量按其人口规模由全国 1%人口抽样调查办公室确定。最终样本单位为调查小区。

抽样采用三阶段、分层、整群、概率比例的方法。

第一阶段抽取乡级样本单位，由全国 1%人口抽样调查办公室组织省级 1%人口抽样调查办公室实施。

第二阶段抽取村级本单位，由省级 1%人口抽样办公室组织实施。

第三阶段抽取调查小区，由省级 1%人口抽样调查办公室组织实施。

四、调查指导员和调查员的选调和培训

（一）这次调查每个调查小区至少配备一名调查员，平均每两个调查小区配备一名调查指导员。

（二）调查指导员和调查员的选调工作由县级 1%人口抽样调查领导小组负责。调查指导员和调查员从机关、企事业单位和基层组织人员中选调，或从社会上临时招聘。地方各级人民政府要高度重视调查指导员和调查员的选调和招聘工作，确保选调和招聘人员的质量。

（三）这次调查的培训工作分级进行。全国 1%人口抽样调查办公室负责对省级 1%人口抽样调查办公室的业务骨干进行培训；省级 1%人口抽样调查办公室负责对地市级和县级 1%人口抽样调查办公室的业务骨干进行培训；县级 1%人口抽样调查办公室负责培训调查指导员和调查员。

五、调查的宣传、试点和物资准备

（一）各级 1%人口抽样调查领导小组要组织本地区宣传部门和新闻媒体做好这次调查的宣传工作，动员群众积极配合参与调查。

（二）全国 1%人口抽样调查办公室负责组织这次调查的国家级试点。省级 1%人口抽样调查办公室负责组织本地区的试点。

（三）这次调查所需的物资由各级 1%人口抽样调查办公室根据所承担的工作任务负责准备，具体要求由全国 1%人口抽样调查办公室提出。

六、调查摸底、现场登记和复查

（一）调查登记以前，调查员和调查指导员要对调查小区的人口状况进行摸底工作，明确调查登记的范围、绘制调查小区地图、编制调查小区姓名底册。

（二）这次调查的现场登记工作时间为 2005 年 11 月 1 日至 10 日。登记采用调查员入户查点询问、现场填报的方式进行。调查员应当按照调查表中的项目逐户逐人询问，逐项填写，做到不重不漏、准确无误。

积极参加2005年全国1%人口抽样调查登记，如实申报调查项目，是公民应尽的义务。调查登记时，各户申报人应当根据调查员的询问如实回答调查内容，不得谎报、瞒报、拒报调查项目。

各级政府工作人员，要动员和支持群众如实申报调查项目，不得授意、指使、强迫群众不如实申报；不得伪造、篡改调查表；不得对如实申报调查项目的群众打击报复。

各级1%人口抽样调查办公室工作人员和调查指导员、调查员，对各户申报的情况，必须保守秘密，严格限定于人口调查的目的，不得向任何单位和个人提供或者泄露。严禁公开个人和家庭的登记资料。

（三）现场登记结束后，调查指导员组织调查员按照规定的方法进行全面复查，发现差错，经核实后，予以改正。

复查工作在2005年11月15日以前完成。

七、事后质量抽查

（一）复查工作完成后进行这次调查的事后质量抽查。全国1%人口抽样调查办公室负责事后质量抽查样本的抽取，省级1%人口抽样调查办公室负责事后质量抽查工作的组织实施。

（二）事后质量抽查工作在2005年11月25日以前完成。事后质量抽查数据于2005年11月30日前报全国1%人口抽样调查办公室。

（三）事后质量抽样结果只作为评价全国1%人口抽样调查数据质量的依据。

八、调查数据的处理、发布和管理

（一）现场登记复查工作结束后，由调查员对调查表进行非专项编号，县级1%人口抽样调查办公室负责组织调查表的专项编码（包括地址、民族、行业和职业编码）。专项编码前应对编码人员进行严格的培训。编码工作在2005年11月30日以前完成。

（二）全国1%人口抽样调查办公室负责制定这次调查的数据处理总体方案。

（三）数据汇总分为两步进行，第一步，对主要数据进行汇总，2006年1月15日以前完成；第二步，对全部数据进行汇总，2006年6月底以前完成。

（四）全国和省级1%人口抽样调查办公室负责对调查数据质量进行分析评估，2006年2月10日以前分别发布国家和省、自治区、直辖市的主要调查数据公报。

（五）现场登记、复查工作结束后，调查表以调查小区为单位分别装入包装袋。调查表在运送过程中，必须妥善包装，专人护送，保证完整无损。运送单位和接收单位要按规定的程序办理交接手续。数据录入工作完成以后，调查表由省级1%人口抽样调查办公室妥善保管。

（六）调查表仅供数据汇总使用，不得作为行政管理、表彰和处罚的依据。

九、工作总结

调查工作全部结束后，各级1%人口抽样调查办公室要对这次调查工作进行全面的总结，并报同级人民政府和上级调查领导小组。县以上各级1%人口抽样调查办公室要对这次调查的组织实施、项目设置、调查方法等技术业务问题进行总结，并报上一级1%人口抽样调查办公室。

全国1%人口抽样调查办公室根据本方案制定这次调查的各项工作实施细则和有关技术文件。

本方案由全国1%人口抽样调查办公室负责解释。

资料来源：摘自“国家统计局网站”

思考与练习

一、判断题

1. 相同条件下，重复抽样的抽样误差一定小于不重复抽样的抽样误差。（ ）
2. 抽样调查就是凭主观意识，从总体中抽取部分单位进行调查。（ ）
3. 所有可能的样本平均数的平均数，等于总体平均数。（ ）
4. 抽样误差是不可避免的，但人们可以调整总体方差的大小来控制抽样误差的大小。（ ）
5. 抽样误差是指由于破坏了抽样随机性原则而产生的误差。（ ）
6. 简单随机抽样是按照随机的原则，直接从总体中抽取样本。（ ）
7. 允许误差越大，则抽样估计的可靠性越小。（ ）
8. 抽样估计中的点估计就是被估计的总体指标直接等于样本指标。（ ）
9. 多阶段抽样就是整群抽样。（ ）
10. 抽样推断既适用于有限总体，也适用于无限总体。（ ）

二、单选题

1. 抽样推断的主要目的是（ ）。

A．计算和控制抽样误差　　B．计算必要抽样误差

C．用样本指标推断总体指标　　D．研究样本单位特征值

2. 抽样推断是在抽样调查方法的基础上，利用样本的实际资料计算（ ），并据以推算总体相应特征值（总体参数）的一种统计分析方法。

A．样本指标　　B．总体指标　　C．个体指标　　D．任意指标

3. 成数的抽样平均误差表明各样本成数和总体成数绝对离差的（ ）。

A．最高水平　　B．最低水平　　C．一般水平　　D．大致水平

4. 所谓大样本是指样本单位数在（ ）。

A．30个以上　　B．50个以上　　C．80个以上　　D．100个以上

5. 如果各群的规模大小差异很大时，使用（ ）为宜。

A．随机抽样　　B．等距抽样　　C．类型抽样　　D．整群抽样

三、多选题

1. 评价估计量优良的标准有（ ）。

A．无偏性　　B．一致性　　C．有效性

D．可靠性　　　E．随机性

2．常用的样本指标有（　　　）。

A．样本平均数　　B．样本成数　　C．抽样误差

D．样本方差　　E．标准差

3．在总体 2 000 个单位中，抽取 20 个单位进行调查，下列各项正确的是（　　　）。

A．样本单位数是 20 个　　B．样本个数是 20 个

C．一个样本有 20 个单位　　D．总体单位数是 20 个

E．是一个小样本

4．抽样平均误差的大小取决于（　　　）。

A．样本单位数的多少　　B．样本平均数的大小

C．采用的抽样方法　　D．总体平均数的大小

E．总体方差的大小

5．允许误差与抽样平均误差的关系是允许误差（　　）抽样平均误差。

A．一定大于　　B．可能小于　　C．不能小于

D．可能等于　　E．不能等于

四、简答题

1．什么是抽样推断？它有哪些特点？

2．什么是抽样误差？影响抽样误差的因素主要有哪些？

3．样本和总体有什么联系和区别？

4．抽样估计主要有哪几种方法？

5．抽样组织形式主要包括哪几种？请举例说明。

五、计算题

1．简单随机重复抽样中，如果抽样单位数增加 3 倍，则抽样平均误差如何变化？如果抽样允许误差扩大为原来的 2 倍，则抽样单位数如何变化？如果抽样允许误差缩小为原来的 1/2 时，抽样单位数又如何变化？

2．某大学共有 3 000 名男生，从中随机抽取 50 名进行身高调查，得其平均身高为 172 厘米，已知该大学全体男生的标准差为 9 厘米，要求在 95.45%的概率保证程度下估计全体男生身高的可能范围。

实　训

根据实际数据利用 Excel 进行抽样推断。

（一）实训目标

1．能够根据实际数据在 Excel 上进行简单随机抽样。

2．能够根据实际数据在 Excel 上进行等距抽样。

（二）实训要求

1．实训前复习 Excel 的基本操作方法。

2．熟练掌握抽样推断的相关理论知识。

3．认真总结案例演示过程，上机独立完成实训内容。

（三）案例演示与实训内容

为了了解某班 50 名学生的月生活费支出情况，随机从中抽取 10 名学生进行调查。

具体操作步骤如下：

1．进入 Excel，打开新工作簿，在 A1 单元格输入“学号”两字，在 A2:A51 单元格中按学号的顺序输入学生的学号，学号从 20090302001 到 20090302050，如图 7-4 所示。

图 7-4 某班 50 名学生的学号数据

2．在“工具”菜单栏中加载“数据分析”功能。

“数据分析”作为一种“宏”程序，在初装 Excel 时可能没有被加载，若想在功能菜单中加载这项功能就需要先执行“加载宏”。

① 单击“工具”菜单栏中的“加载宏”，如图 7-5 所示。

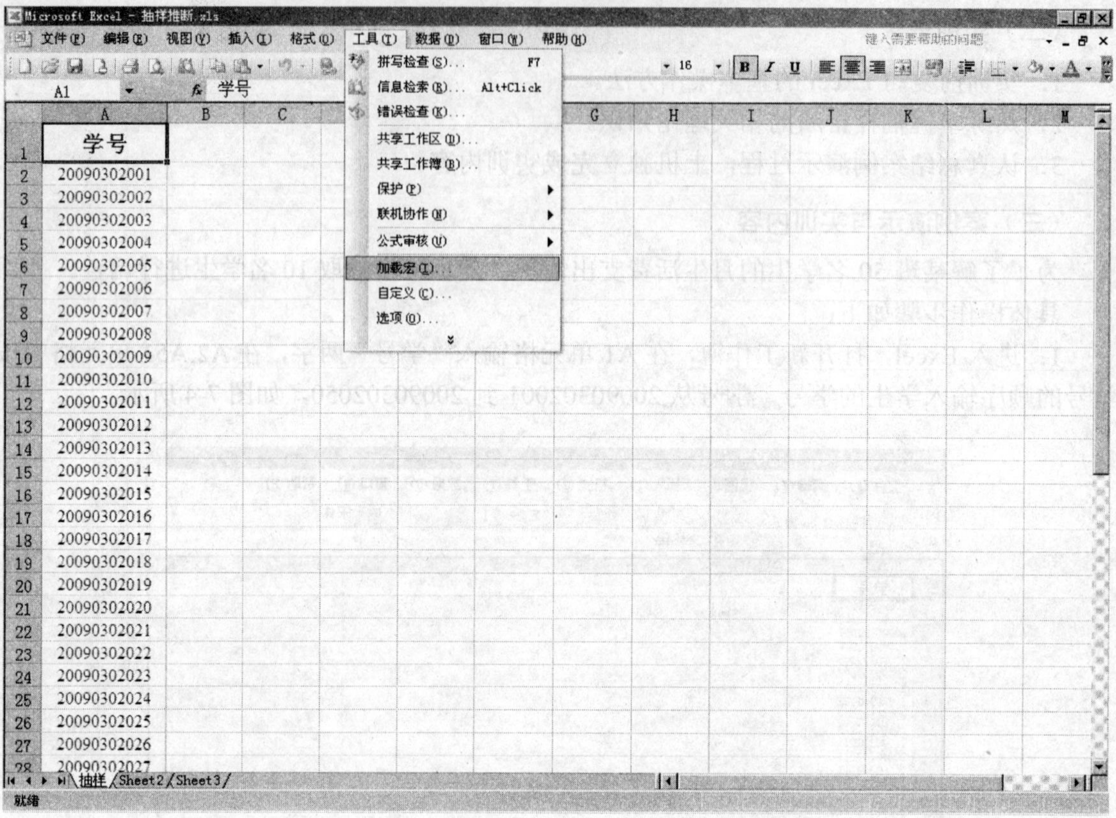

图 7-5

② 在弹出的“加载宏”对话框中选中“分析工具库”，如图 7-6 所示。

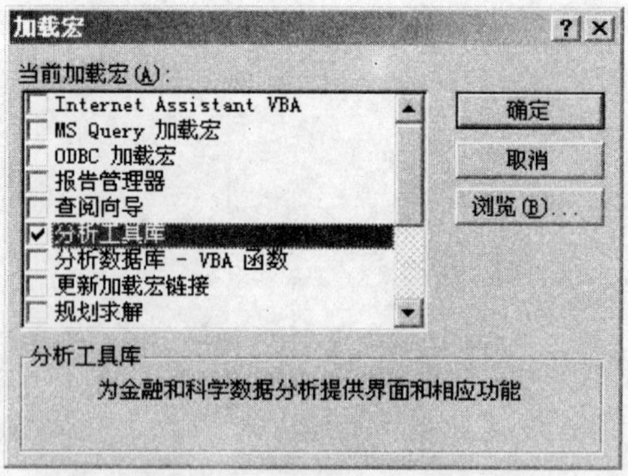

图 7-6 加载宏对话框

③ 单击“确定”，这时再查看“工具”菜单栏，就出现了“数据分析”选项，如图 7-7 所示。

3. 选择“工具”菜单栏中的“数据分析”选项，在数据分析对话框中选择“抽样”，如图 7-8 所示。

4．单击“确定”后，出现抽样对话框，在“输入区域”方框内输入$A$2:$A$51（或用鼠标拖选）（如果在“输入区域”方框内输入$A$1:$A$51，则应选中“标志”）；在“输出选项”方框内选择“$C$2”作为结果输出区域，如图7-9所示。

图7-7 数据分析选项图

图7-8 数据分析对话框

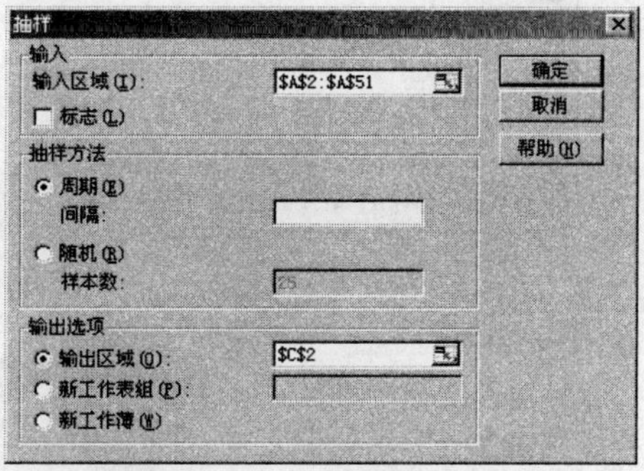

图7-9 抽样对话框

① 简单随机抽样。如果采用简单随机抽样方法，则在抽样方法中选择“随机”，在“样本数”方框内输入10，如图7-10所示。

单击“确定”即得简单随机抽样结果，结果如图7-11所示。

② 等距抽样。如果采用等距抽样方法，则在抽样方法中选择“周期”，在“间隔”方框内输入5，如图7-12所示。

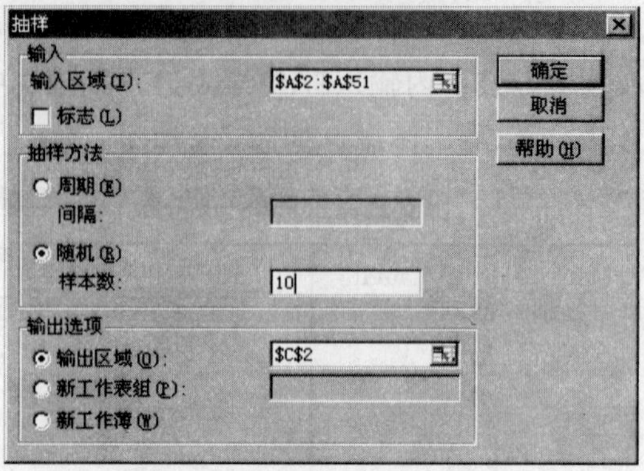

图 7-10　简单随机抽样对话框

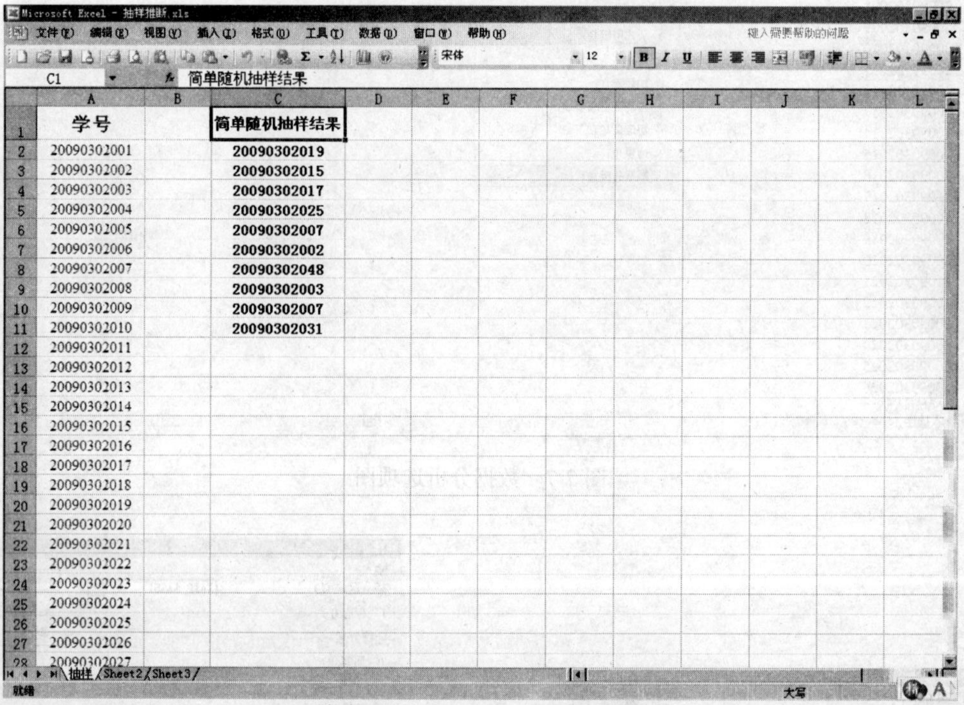

图 7-11　简单随机抽样结果

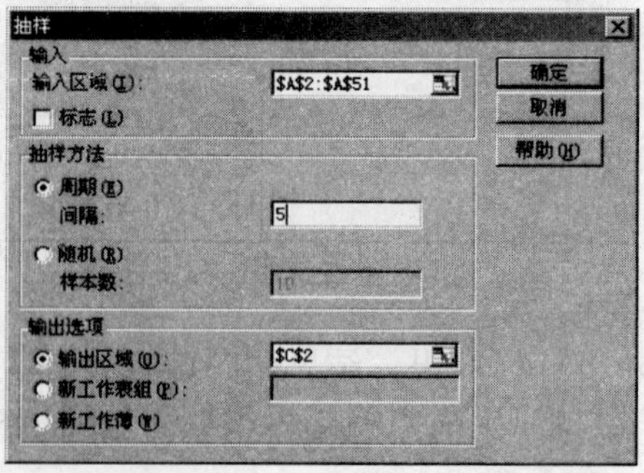

图 7-12　等距抽样结果

单击“确定”即得等距抽样结果，结果如图 7-13 所示。

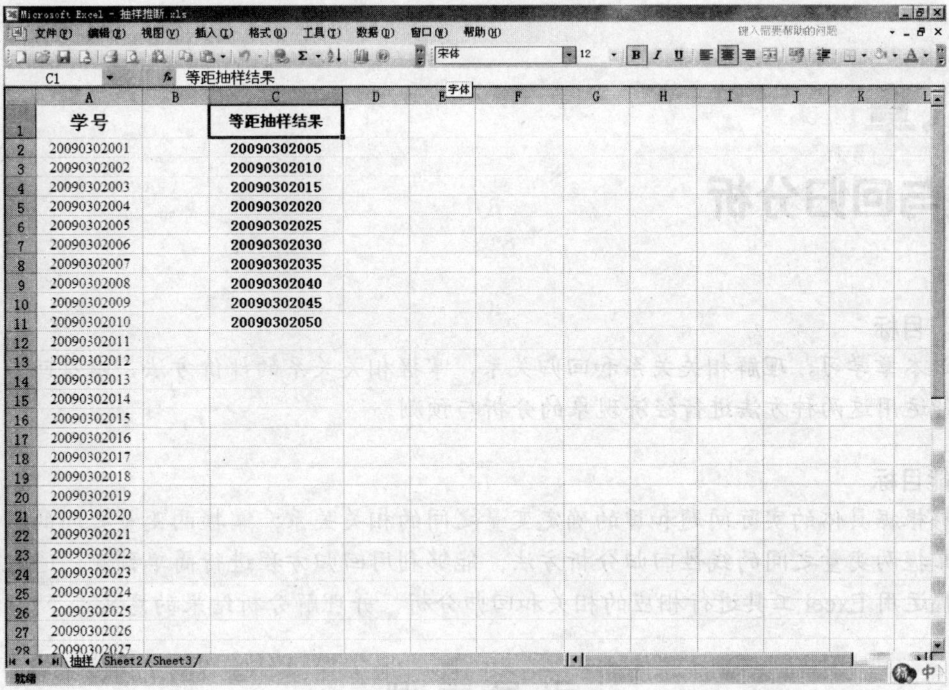

图 7-13 等距抽样结果

第八章

相关与回归分析

学习目标

通过本章学习，理解相关关系和回归关系，掌握相关关系的评价方法，以及回归分析方法，并能运用这两种方法进行经济现象的分析与预测。

技能目标

能够根据具体的实际问题和目的确定变量之间的相关关系；掌握两变量之间的相关分析方法；掌握两变量之间的线性回归分析方法；能够利用回归方程进行简单预测；通过本章学习，掌握运用 Excel 工具进行相应的相关和回归分析，并理解分析结果的意义。

引导案例

我们知道，人的身高和体重有一定的关系。为了确切了解身高和体重之间的关系，随机抽取某地 15 名 12 岁男童进行调查，调查结果如表 8-1 所示。

表 8-1　身高与体重调查数据

序　号	身高/厘米	体重/千克
1	135.1	32.0
2	139.9	30.4
3	163.6	46.2
4	146.5	33.5
5	156.2	37.1
6	156.4	35.5
7	167.8	41.5
8	149.7	31.0
9	145.0	33.0
10	148.5	37.2
11	165.5	49.5
12	135.0	27.6
13	153.3	41.0
14	152.0	32.0
15	160.5	47.2

案例点评

从表 8-1 中的数据可以大致看出，身高较高则体重较重，而身高较矮则体重较轻，这两个变量确实是存在一定的依存关系的。那么，身高和体重到底是什么样的关系？关系的密切程度如何？要进一步分析身高和体重之间的数量关系，就需要对其进行相应的相关分析和回归分析。本章主要介绍相关分析和回归分析方法。

学习内容

第一节 相关分析的意义和内容

一、相关关系的概念

自然界和人类社会中的许多现象，彼此之间是相互联系、相互依赖、相互制约的。一些现象在数量上的发展变化，往往取决于另一些现象数量上的发展变化，也可能影响其他现象的发展变化。为了深入分析研究这些现象，往往需要对现象之间的关系进行分析，根据实际的统计数据确定变量之间的关系形态及其关联的程度，探索这些变量之间内在的数量变化规律。相关分析和回归分析正是分析研究变量之间数量关系的最常用方法。

在对变量进行相关分析和回归分析之前，首先要判断变量之间数量关系的类型。变量之间的数量关系，存在着两种不同的类型：一种是函数关系；一种是相关关系。

（一）函数关系

函数关系是指变量之间存在着严格的、确定性的、一一对应的依存关系。在这种关系中，对于某一变量的每一个数值，都有另一个变量完全确定的值与之相对应，并且这种关系可以用一个数学表达式反映出来。例如，正方形的面积 s 与边长 a 之间存在着函数关系，即 $s=a^2$。当正方形的边长确定以后，其面积也随之确定。又如，销售收入 R 与所销售商品的数量 Q 之间也存在着函数关系，即 $R=PQ$（P 为单位商品的价格）。社会现象中广泛存在着这种函数关系。

（二）相关关系

相关关系是指现象之间客观存在的，但关系数值是不确定的、不严格的一种相互依存关系。它具有以下两个特征：

1．现象之间确实存在数量上的相互依存关系

相关关系表现为变量之间数量上的相互依存关系，即当一个现象发生数量上的变化时，另一个现象也会相应发生数量上的变化。例如，随着家庭收入的增加，家庭消费支出会相应增加；公司广告费支出的增加，会影响其销售额的增长；商品价格的高低，会影响其销售量的大小等等。通常，把在相关关系中起着影响作用的那个变量称作自变量，用符号 x 表示；而把受到自变量变动影响而发生变动的变量称作因变量，用符号 y 表示。在上面举例中的家庭收入、公司广告费支出、商品价格就是自变量，而家庭消费支出、销售额、销售量则是因变量，它们之间存在着因果关系。但也有一些存在相关关系的变量之间无法区别哪是“因”，

哪是“果”，或者说它们之间互为因果。例如，人的身高和体重，到底哪一个在影响另一个并不明显。

2．现象之间的数量依存关系是不确定的和不严格的

在相关关系中，虽然现象之间存在着数量上的依存关系，即表现为当一个现象发生数量变化时，另一个现象也相应发生数量变化，但其数值是不固定的，它们之间的关系并不能用一个确定的函数关系表达出来。因而当一个变量取定值后，另一个变量不能以确定值与之对应而是可能有若干个值与之相对应。例如，家庭收入与家庭支出之间存在着一定的数量关系，通常收入多的家庭，其消费支出也较多一些，但收入水平相同的家庭，他们的消费支出额往往也不同；反之，消费支出相同的家庭，他们的收入水平也可能不同。可以看出，家庭收入的高低与消费支出的多少并不具有严格的确定性的数量关系。这是因为家庭消费支出的多少除了与家庭收入多少有关以外，还受到许多其他因素的影响，如供养人口、物价高低、理财方式、消费心理等多种因素都直接影响家庭消费支出的数值。但是，不管有多少因素影响储蓄存款的变化，收入都是和消费支出关系非常密切的一个因素，只是它们之间的这种关系在数量表现上是不确定的。又如，一般来说，公司广告费支出越多，其销售额就越高，但销售额不能完全由广告费支出的多少来确定。因为销售额还受到商品的价格、人们的消费偏好等其他很多因素的影响，所以，广告费支出和销售额之间也是不确定性的数量关系。

二、相关关系的分类

现象之间的相关关系种类很多，它们各以不同的方向、不同的程度相互作用着，并表现出不同的类型和形态。

（一）按相关的密切程度不同分为完全相关、不完全相关和不相关

如果一个变量的数量变化完全由另一个变量的数量变化所唯一确定，则称这两个变量之间的关系为完全相关。例如，银行的 1 年期定期存款利率为 2.25%，x 表示存入的本金，y 表示到期的本利和，则 $y=(1+2.25\%)x$。这里的 y 与 x 表现为一种线性函数关系，如图 8-1 所示。在这种情况下，相关关系实际上是函数关系，也就是说函数关系是相关关系的一个特例。

如果两个变量之间彼此互不影响，其数量变化各自独立，这两个变量之间的关系称为不相关，其关系图如图 8-2 所示。例如，高校大学生的毕业人数与小轿车使用寿命是不相关的。

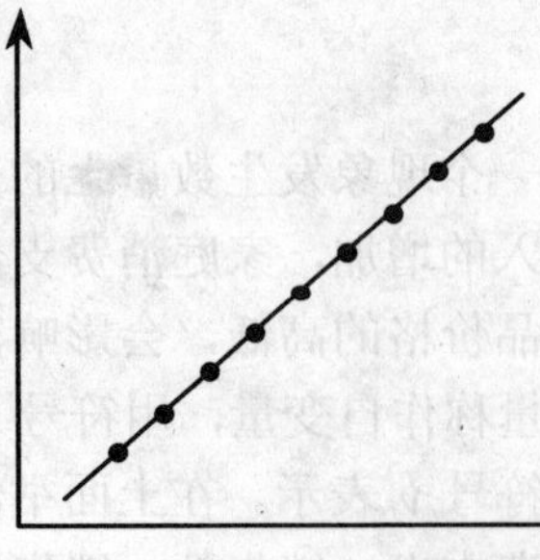

图 8-1　完全相关

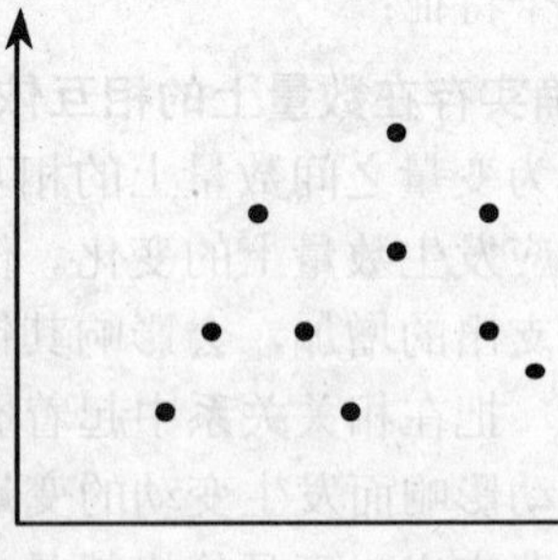

图 8-2　不相关

如果两个变量之间的关系介于完全相关和不相关之间，则称为不完全相关，其关系图如图 8-3 所示。例如，一个人的收入与其受教育程度之间是不完全相关关系。通常所说的相关现象都是指这种不完全相关，这是相关分析的主要研究对象。

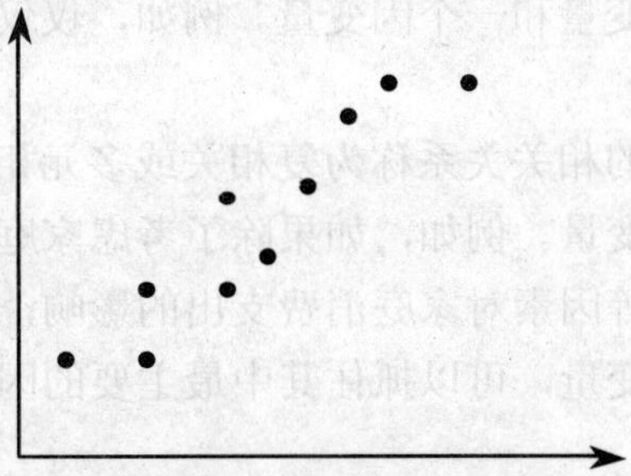

图 8-3　不完全相关

（二）按相关变量变化的方向不同分为正相关和负相关

两个相关变量的数量按相同方向变化，即相互影响的变量同时递增或同时递减，这种相关关系称为正相关，如图 8-4 所示。例如，家庭的消费支出会随着收入水平的提高而增加，因此家庭消费支出与收入之间是正相关关系。

相反，两个相关变量的数量按不同方向变化，即一个变量递增时另一个变量递减，这种相关关系称为负相关，如图 8-5 所示。例如，商品价格上涨，其销售量下降，它们之间是负相关关系。

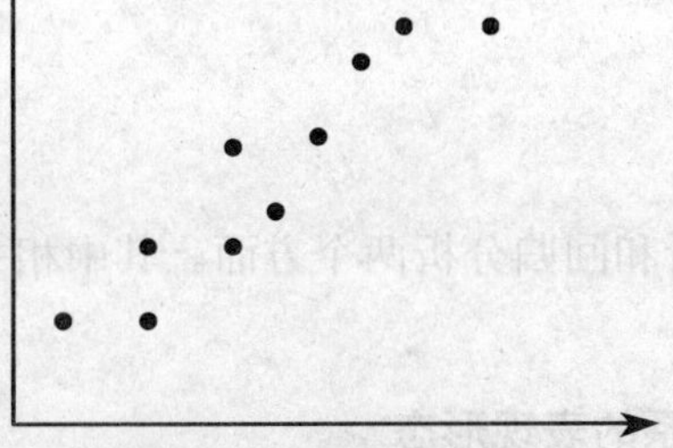

图 8-4　正相关

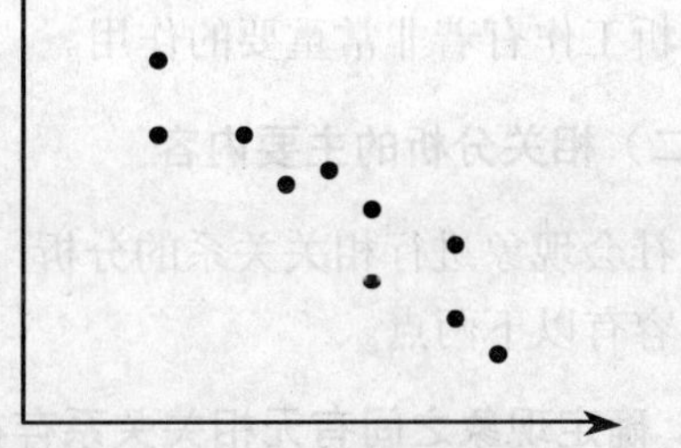

图 8-5　负相关

（三）按相关关系的表现形态不同分为线性相关和非线性相关

对两个相关变量进行实际调查，可获得一系列成对的数据，每一对数据对应平面直角坐标系上的一个点，如果这些点的分布情况近似地表现为一条直线，则称这两个变量为线性相关或直线相关。如图 8-4 和图 8-5 所示的就是线性相关。

如果各相关点的分布近似表现为一条曲线，则称这两个变量为非线性相关或曲线相关，如图 8-6 所示。例如，从人类的生命过程来看，年龄与医疗费支出之间呈非线性相关。

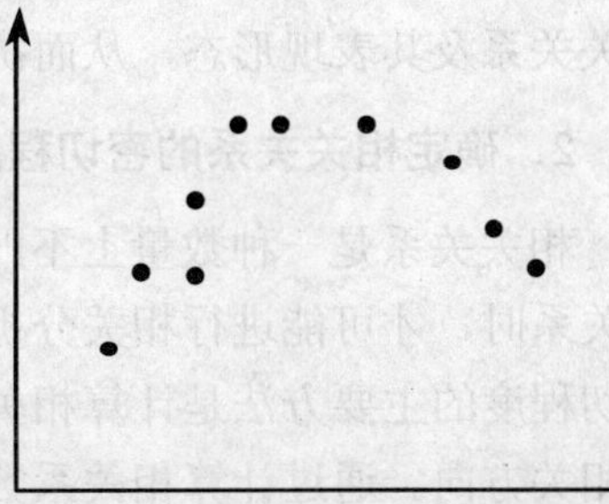

图 8-6　非线性相关

（四）按相关关系涉及影响因素的多少不同分为单相关和复相关

两个变量之间的相关关系，即一个变量对另一个变量的相关关系称为单相关或一元相关。这种相关关系中只涉及一个自变量和一个因变量。例如，仅仅考虑家庭收入对其消费支出的影响，这是单相关。

三个或三个以上变量之间的相关关系称为复相关或多元相关。这种相关关系中涉及一个因变量与两个或两个以上的自变量。例如，如果除了考虑家庭收入外，还考虑供养人口、物价高低、理财方式、消费心理等因素对家庭消费支出的影响，则这种相关关系为复相关。在实际工作中，如果存在多个自变量，可以抓住其中最主要的因素研究其相关关系或将复相关转化为单相关进行分析研究。

在这一章，我们主要研究单相关中的直线相关分析。

三、相关分析的意义和主要内容

（一）相关分析的意义

当人们对社会经济现象进行深入研究与分析时，不难发现任何事物或现象都不是孤立的。例如，银行存款利率与储蓄额之间，家庭的收入与消费支出之间，工资增长与劳动生产率之间等等，无不存在着一定的关系。相关分析就是从数量变化上研究分析现象之间是否存在相关关系，以及相互关系密切程度的一种统计分析方法，其目的在于探索现象之间相互关系的密切程度及其数量变化的内在规律性，以便作出判断并进行必要的统计预测和推算，这对于统计分析工作有着非常重要的作用。

（二）相关分析的主要内容

对社会现象进行相关关系的分析，包括相关分析和回归分析两个方面。其中相关分析的主要内容有以下两点。

1. 确定现象之间有无相关关系存在以及相关关系的表现形态

判断现象之间是否存在相关关系，这是相关分析的出发点。只有现象之间确实存在相关关系，才可能进行相关分析。所以在进行相关分析时，首先可以通过定性分析的方法来判断现象之间是否存在着相关关系。如果存在相关关系，则可以借助相关表或相关图进一步确定相关关系及其表现形态，从而决定运用哪种具体方法进行研究。

2. 确定相关关系的密切程度

相关关系是一种数量上不严格的相互依存关系。只有当变量之间确实存在高度密切的相关关系时，才可能进行相关分析，并进而对社会现象进行预测、推算和决策。判断相关关系密切程度的主要方法是计算相关系数，相关系数可以从数量上明确反映现象之间的相关程度和相关方向。通过计算相关系数，如果反映出现象之间存在较高的依存关系，就有必要进一步进行回归分析。

第二节 直线相关的测定

一、相关数据的收集

在研究相关关系时，必须具备若干个自变量与因变量的对应资料，这要根据研究的目的或实际工作的需要，通过观察或实验来取得。具体方法是，从被观察对象中选择某项标志作为观察标志，并根据这一标志收集若干单位，或某一个单位不同时期的资料，同时还要收集与观察标志有联系的一个或若干个相关标志的资料。

作为相关分析的双方面资料，必须是具有内在联系的、相对应的资料。例如，个人月收入与其消费支出的若干对应资料等。为了保证相关分析的科学性，所收集到的资料要达到一定的数量，资料越全面越好。

二、相关关系的判断

进行相关分析时，首先要对现象之间是否存在相关关系，以及具有什么样的相关关系进行分析，作出判断。分析判断的方法主要有以下三种。

（一）根据对现象的定性认识来判断

现象之间有无关系，有什么样的关系，这是一种质的规定性。对于这种质的规定性的认识属于定性认识。从认识的一般规律来讲，只有在定性判断的基础上，才能够进行定量的分析和判断。定性认识是否准确，取决于研究者的理论知识、专业知识、实际经验和分析研究能力。对现象进行定性判断是进行相关分析的基础和前提。

（二）利用相关表进行判断

在对社会现象之间是否存在相关关系以及相关关系的类型不易作出准确的判断时，还可以根据掌握的统计资料，编制相关表来作出进一步的判断，通过相关表来观察现象之间是否具有相关关系以及相关关系的类型和密切程度。

相关表是根据现象变动的实际数据资料编制出来的，反映两个变量之间相关关系的统计表。在相关表中，如果现象观察值的分布呈现一定的规律性，则表明现象之间存在相关关系，如随着一个变量数值的增加或减少，另一个变量的值也以某一固定的速率和数量增加或减少，这就可以初步判别现象间存在相关关系。如果两个变量的观察值不表现出任何规律性，则可以判定这两个现象之间不存在相关关系。

相关表主要分为简单相关表和分组相关表两类。

1. 简单相关表

简单相关表是利用未分组的原始资料，将具有相关关系的某一个变量按其数值的大小顺序排列，再将与其相关的另一个变量的对应值平行排列而编制的相关表。表 8-2 就是根据 1995～2007 年我国城镇居民人均可支配收入与人均消费支出这两个变量的对应资料编制的相关表。从相关表中可以看出，随着城镇居民可支配收入的增加，消费支出也在不断上升，两者之间存在着正相关关系。

表 8-2　1995～2007 年我国城镇居民人均可支配收入与人均消费支出相关表　（单位：元）

年　份	城镇居民人均可支配收入	城镇居民人均消费支出
1995	4 282.95	3 537.57
1996	4 838.90	3 919.47
1997	5 160.32	4 185.64
1998	5 425.05	4 331.61
1999	5 854.02	4 615.91
2000	6 279.98	4 998.00
2001	6 859.58	5 309.01
2002	7 702.80	6 029.88
2003	8 472.20	6 510.94
2004	9 421.61	7 182.10
2005	10 493.03	7 942.88
2006	11 759.45	8 696.55
2007	13 785.81	9 997.47

2. 分组相关表

分组相关表是将原始资料进行分组而形成的相关表。它包括单变量分组相关表和双变量分组相关表两种。

单变量分组相关表是只对自变量数值进行分组而形成的相关表。例如，根据某大学男大学生体重与肺活量的原始资料，整理编制的单变量分组相关表，如表 8-3 所示。

表 8-3　体重与肺活量分组相关表

体重/千克	平均肺活量/毫升
50 以下	3 300
50～55	3 750
55～60	3 920
60～65	4 270
65～70	4 360
70～75	4 590
75 以上	4 630

从表 8-3 中不难看出，随着体重的增加，肺活量也在增长。

双变量分组相关表是对自变量和因变量都进行分组的相关表。如果两个相关变量变动均较为复杂，则可根据分析的需要，同时对两个变量进行分组。例如，根据某调查公司在某居民小区随机调查的 50 户家庭月收入与家庭储蓄额的资料，编制双变量分组相关表，见表 8-4。

表 8-4　50 户家庭的月收入与家庭储蓄额双变量分组相关表

家庭月收入/元	家庭储蓄额/万元									合　计
	5 以下	5～10	10～15	15～20	20～25	25～30	30～35	35～40	40 以上	
2 000 以下	2									2
2 000～4 000	2	5								7
4 000～6 000	1	8	1							10
6 000～8 000		2	7	3						12
8 000～10 000			1	2	4	2				9
10 000～12 000				1	2	1	1	1		6
12 000 以上						1	1	1	1	4
合　计	5	15	9	6	6	4	2	2	1	50

从表 8-4 中可以直观地看出，家庭储蓄额会随着家庭月收入的逐步增加而增加，尽管在家庭月收入相同的情况下，家庭储蓄额不完全相同，但它们之间存在着正相关关系。

相关表是粗略观察现象之间相关程度的一种有效工具，同时也是绘制相关图和计算相关系数的依据。

（三）利用相关图来判断

相关图通常以散点图的形式显示。它是以直角坐标系的横轴代表自变量 x，纵轴代表因变量 y，并将两变量相对应的变量值用坐标点形式描绘出来，用以反映相关点分布状况的图形。图上每一个点代表一对观察值。通过相关图，可以较为形象直观地判断两个变量之间有无相关关系、相关关系的类型和密切程度。相关图比相关表更明显、直观地表现出现象之间的相关关系。在相关图中，如果相关点呈现出一定的规律性，如大致为一条直线或一条曲线，则表明现象之间存在相关关系，且为直线相关或曲线相关。相关点越密集，表明相关关系越密切。如果相关点分布毫无规律，表明现象之间无相关关系或存在低度的相关关系。

根据表 8-2 的数据，由于人均可支配收入（自变量）影响人均消费支出（因变量），所以人均可支配收入为 x 轴，而人均消费支出为 y 轴。把这 13 对数据在图中用点描出来，作出相关图如图 8-7 所示。

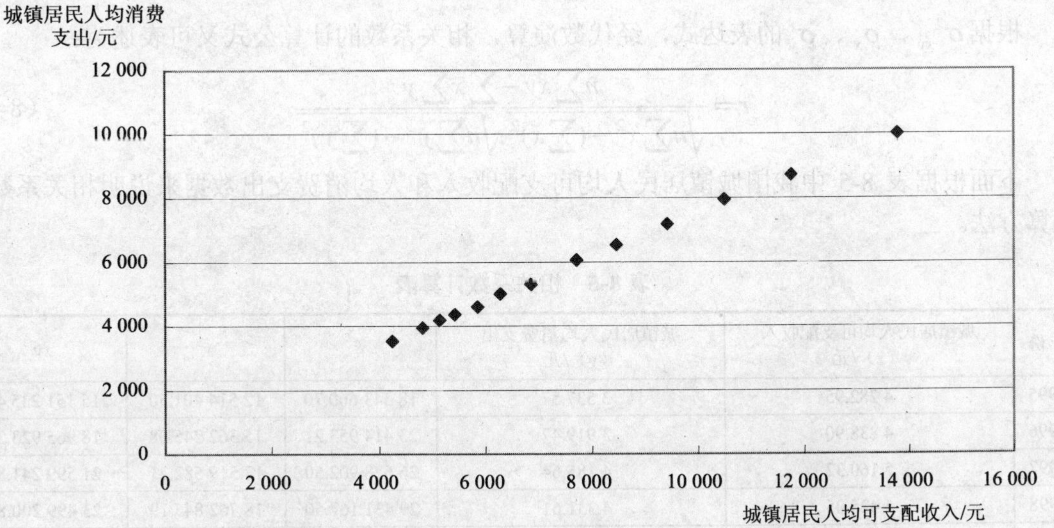

图 8-7　1995～2007 年我国城镇居民人均可支配收入与人均消费支出相关图

从图 8-7 可以看出，我国城镇居民人均可支配收入和人均消费支出呈现直线相关的趋势，而且关系非常密切，从这个图我们确信这两个变量是相关的。另外，由于这些点散布在从左下角到右上角的区域，说明这两个变量是正相关的，也就是说，城镇居民人均可支配收入越多，人均消费支出就越高。

在相关分析中，关系的判断十分重要。如果关系的判断搞错了，那么，有关相关关系的计算、估计和预测则毫无意义。统计学中有所谓“虚假相关”，就是由于定性认识发生错误而产生的一种虚假的判断。

三、相关关系的测定

相关表和相关图只能大体上粗略地反映两变量之间的相关关系，要确切地掌握两变量之间相关关系的密切程度，就需要计算两变量之间的相关系数。

（一）相关系数的计算

相关系数是在直线相关条件下，反映两个变量之间相关关系密切程度的最主要的统计分析指标。假设（x_i, y_i），其中 $i=1,2,\cdots,n$，是变量（x, y）的 n 组样本原始数值，则相关系数 r 的计算公式为

$$r=\frac{\sigma^2_{xy}}{\sigma_x\sigma_y} \tag{8-1}$$

其中，

$\sigma^2_{xy}=\dfrac{\sum(x-\bar{x})(y-\bar{y})}{n}$ 为变量 x 与 y 的协方差；

$\sigma_x=\sqrt{\dfrac{\sum(x-\bar{x})^2}{n}}$ 为变量 x 的标准差；

$\sigma_y=\sqrt{\dfrac{\sum(y-\bar{y})^2}{n}}$ 为变量 y 的标准差。

根据 σ^2_{xy}、σ_x、σ_y 的表达式，经代数演算，相关系数的计算公式又可表述为：

$$r=\frac{n\sum xy-\sum x\sum y}{\sqrt{n\sum x^2-(\sum x)^2}\cdot\sqrt{n\sum y^2-(\sum y)^2}} \tag{8-2}$$

下面根据表 8-5 中我国城镇居民人均可支配收入和人均消费支出数据来说明相关系数的计算方法。

表 8-5　相关系数计算表

年份	城镇居民人均可支配收入（x）/元	城镇居民人均消费支出（y）/元	x^2	y^2	xy
1995	4 282.95	3 537.57	18 343 660.70	12 514 401.50	15 151 235.43
1996	4 838.90	3 919.47	23 414 953.21	15 362 245.08	18 965 923.38
1997	5 160.32	4 185.64	26 628 902.50	17 519 582.21	21 599 241.80
1998	5 425.05	4 331.61	29 431 167.50	18 762 845.19	23 499 200.83
1999	5 854.02	4 615.91	34 269 550.16	21 306 625.13	27 021 629.46
2000	6 279.98	4 998.00	39 438 148.80	24 980 004.00	31 387 340.04
2001	6 859.58	5 309.01	47 053 837.78	28 185 587.18	36 417 578.82
2002	7 702.80	6 029.88	59 333 127.84	36 359 452.81	46 446 959.66
2003	8 472.20	6 510.94	71 778 172.84	42 392 339.68	55 161 985.87
2004	9 421.61	7 182.10	88 766 734.99	51 582 560.41	67 666 945.18
2005	10 493.03	7 942.88	110 103 678.58	63 089 342.69	83 344 878.13
2006	11 759.45	8 696.55	138 284 664.30	75 629 981.90	102 266 644.90
2007	13 785.81	9 997.47	190 048 557.36	99 949 406.40	137 823 221.90
合计	100 335.70	77 257.03	876 895 156.57	507 634 374.20	666 752 785.40

根据计算表，利用公式计算相关系数：

$$r=\frac{13\times 666752785.40-100335.70\times 77257.03}{\sqrt{13\times 876895156.57-(100335.70)^2}\times\sqrt{13\times 507634374.20-(77257.03)^2}}=0.99948$$

（二）相关系数的意义

相关系数 r 的取值范围是[−1, 1]，即$-1\leqslant r\leqslant 1$。相关系数的性质可归纳如下：

（1）当$|r|=1$ 时，表示两变量之间为完全线性相关，即两变量之间是一种确定的线性函数关系。其中，$r=1$ 表示完全正线性相关，$r=-1$ 表示完全负线性相关。

计算结果 r 为正值表示正相关，计算结果 r 为负值表示负相关。

（2）当 $r=0$ 时，说明两变量之间没有线性相关关系，但可能存在着非线性相关关系。

（3）当 $0<|r|<1$ 时，表示两变量之间存在着一定程度的线性相关关系。$-1<r<0$ 即 r 为负值表示负相关，$0<r<1$ 即 r 为正值表示正相关。$|r|$的数值越大，越趋于 1，说明两变量之间的线性相关程度越高；$|r|$的数值越小，越趋于 0，说明两变量之间的线性相关程度越低。

（4）为了判断变量之间相关程度的高低，一般将相关程度划分为四个等级：$|r|<0.3$ 为微弱相关；$0.3\leqslant|r|<0.5$ 为低度相关；$0.5\leqslant|r|<0.8$ 为显著相关；$0.8\leqslant|r|<1$ 为高度相关。

根据上面计算出来的我国城镇居民人均可支配收入和人均消费支出的相关系数 0.999 48，可以判断这两个变量之间存在着高度的正线性相关关系，即人均可支配收入越高，人均消费支出也越高。这与前面相关表和相关图的判断结果是一致的。

计算相关系数，在相关分析和经济预测中都有很重要的用途。相关系数的计算是和回归分析联系在一起的。一般说来，只有显著相关和高度相关，进一步进行回归分析才有意义。此外，相关系数的计算还具有独立的意义。因为，有时对某些现象的分析并不需要从一个变量去估计另一个变量的变动，而只在于了解两个变量之间线性关系的密切程度，这时就只需要计算相关系数。

第三节 回 归 分 析

一、回归分析的概念

通过相关分析，可以判定变量之间是否存在相关关系以及相关的密切程度，但并不能说明一个变量发生一定量的变动时，另一个变量将会发生多大的变化。也就是说，它不能说明两个变量之间的一般数量关系。要在变量之间建立数量关系，通常运用回归分析方法。

回归分析是指对具有高度相关关系的变量，根据其相关的类型，确定一个相应的数学表达式，来近似地反映变量之间的平均变化关系，以便从一个已知量来推算或预测另一个未知量的一种统计分析方法。根据回归分析方法得出的数学表达式称为回归方程。

小资料

“回归”一词的来源

“回归”一词是英国生物学家高尔顿（Francis Galton，1822～1911）首先提出的。高尔顿在研究父母亲身高和子女身高的关系时发现：身材特别高的父母所生的孩子其身材并非特别高，而身材特别矮的父母所生孩子的身材也并非特别矮，子辈身高有向父辈平均身高逼近的趋向，他把这种现象叫做“身高数值从一极端至另一极端的回归”。以后，高尔顿的学生皮尔逊（Karl Pearson，1857～1936）把回归的概念同数学的方法联系起来，把代表现象之间一般数量关系的统计模型叫做回归直线或回归曲线，从此诞生了统计上著名的回归理论。后来，回归这个词被用来泛指变量之间的一般数量关系。

只有一个自变量的回归分析称为一元回归，又称简单回归。其中，如果两变量之间关系的形态呈直线趋势，即可以用直线方程来描述它们之间的数量关系，称为一元线性回归或简单线性回归。这里，主要介绍一元线性回归分析。

二、相关分析与回归分析的关系

回归分析和相关分析是研究变量之间相互联系的两种统计方法，对两个变量间的关系进行完整的分析应该包含两者。它们既有密切的联系又有区别。

（一）联系

1．相关分析是回归分析的基础和前提

如果缺少相关分析，没有从定性上证明现象间是否具有相关关系，没有对相关关系的密切程度作出判断和测定，就不能盲目地进行回归分析。即使勉强进行了回归分析，也是毫无意义的。只有在依据相关分析表明现象之间的数量变化密切相关的基础上，进行回归分析探索现象之间相关的具体数量关系时才有意义。

2．回归分析是相关分析的深入和继续

回归分析是把变量之间的相关关系转变为函数关系的手段。相关分析需要回归分析来表明现象数量关系的具体形式。因此，只有进行回归分析，拟合了回归方程，才可能进行更进一步地分析和预测，相关分析才有实际意义。

（二）区别

（1）相关分析所研究的两个变量是对等关系，即不必确定两个变量中哪个是自变量，哪个是因变量。回归分析所研究的两个变量之间的关系是不对等的，必须根据研究的目的，确定哪个是自变量，哪个是因变量。

（2）相关分析对资料的要求是，两个变量都必须是随机变量，各自接受随机因素的影响。而回归分析对资料的要求是，因变量是随机的，而自变量则可以不是随机的，是给定的数值。

（3）对两个变量 x 和 y 来说，在相关分析中，只能计算出一个反映两个变量之间相关密切程度的相关系数，计算中改变 x 和 y 的位置不影响相关系数的数值。而回归分析可根据研究目的的不同分别建立两个不同的回归方程：一个是以 x 为自变量，y 为因变量，可以得出 y 对 x 的回归方程；另一个是以 y 为自变量，x 为因变量，可以得出 x 对 y 的回归方程。从图形上看，是两条斜率不同的回归直线。

（4）相关分析计算的相关系数是一个绝对值在 0～1 之间的抽象系数，其数值大小反映变量之间相关关系的密切程度。而通过回归分析建立起来的回归方程，反映的是变量之间变动的内在联系和比例关系。根据回归方程，利用自变量的给定值，可以估计或推算因变量的数值，估计出来的参数都是有实际经济含义的数值。

三、简单线性回归方程及其运用

（一）建立回归方程

一元线性回归分析又称简单线性回归分析，是一种对具有显著直线相关的两个变量间数量变化进行分析，确定回归方程，以预测估计因变量数值的方法。进行一元线性回归分析的前提是首先要通过相关分析确定两个变量之间确实存在显著的直线相关关系。一元线性回归分析中所建立的回归方程称为一元线性回归方程，亦称直线回归方程。它是分析一个自变量 x 与一个因变量 y 之间线形关系的数学方程。

一元线性回归方程的基本形式是

$$\hat{y}=a+bx \tag{8-3}$$

式中：$\hat{y}$ 为因变量 y 的估计值，也称回归值、理论值；a、b 为直线回归方程中的两个待定参数，其中，a 为直线回归方程的截距，表示当自变量等于 0 时，因变量的起点值；b 为直线回归方程的斜率，在回归分析中称为回归系数，表示自变量 x 每变动一个单位时，因变量 y 的平均变动量。当 b 的符号为正时，自变量和因变量按相同方向变动；当 b 的符号为负时，自变量和因变量按相反方向变动。

a 和 b 一旦被确定，这条直线便被唯一地确定了。但用于描述这 n 组数据的直线有许多条，究竟哪条直线能最好地代表两个变量之间的数量关系呢？一般认为距离各散点最近的一条直线能最优地代表变量 x 与 y 之间的关系。根据这一思想，通常采用最小平方法来确定直线回归方程中的未知参数 a、b，从而建立直线回归方程。利用这种方法得到的直线方程，可以使得推算的估计值 $\hat{y}$ 与实际值 y 的离差平方和达到最小。用公式表示为

$$\sum(y-\hat{y})^2=\sum(y-a-bx)^2=\text{最小值}$$

设 $Q=\sum(y-\hat{y})^2$，则 Q 是两个待定参数 a 和 b 的函数。根据微积分学中求极值的原理，需分别对 a 和 b 求偏导数，并令其等于 0。经过整理，可得由下列两个方程式组成的标准方程组

$$\begin{cases}\sum y=na+b\sum x\\ \sum xy=a\sum x+b\sum x^2\end{cases} \tag{8-4}$$

并可解得

$$\begin{cases}b=\dfrac{\sum(x-\bar{x})(y-\bar{y})}{\sum(x-\bar{x})^2}=\dfrac{n\sum xy-\sum x\sum y}{n\sum x^2-(\sum x)^2}\\ a=\dfrac{\sum y}{n}-b\dfrac{\sum x}{n}=\bar{y}-b\bar{x}\end{cases} \tag{8-5}$$

将 a、b 的值代入方程中，即可得到变量 y 关于变量 x 的回归方程 $\hat{y}=a+bx$。

下面根据表 8-2 中我国城镇居民人均可支配收入和人均消费支出数据，说明直线回归方程的建立。

从城镇居民人均可支配收入和人均消费支出的相关表和相关图（图 8-7），可以看出城镇居民人均可支配收入 x 和人均消费支出 y 之间，大体呈直线正相关关系。相关图中的各散点并不在一条直线上，但近似地呈现一条直线的趋势。通过进一步计算出的两者的相关系数 0.999 48，可以确定这两个变量之间存在着高度的正线性相关关系。因此，城镇居民人均可支配收入和人均消费支出这两个变量之间可以建立一元线性回归方程。

将相关表 8-1 中的数据代入公式（8-5）中，得到

$$b=\frac{13\times666752785.40-100335.70\times77257.03}{13\times876895156.57-(100335.70)^2}\approx0.6876$$

$$a=\frac{\sum y}{n}-b\frac{\sum x}{n}=\frac{77257.03}{13}-(0.6876\times\frac{100335.70}{13})\approx635.8585$$

将 a 和 b 的数值代入方程式 $\hat{y}=a+bx$，得到直线回归方程

$$\hat{y}=635.8585+0.6876x$$

在上述回归方程中，a=635.858 5 是回归直线在 y 轴上的截距，表示城镇居民人均消费支出的理论起点值；回归系数 b=0.687 6，表示城镇居民人均可支配收入每增加一元，人均消费支出平均增加 0.687 6 元。

（二）用回归方程进行预测

预测是建立回归方程最重要的应用之一。预测的方法有多种，这里介绍最简单的一种方法——点预测值法。点预测值法就是将给定的自变量 x_0 值带入到回归方程中，从而计算出与之相对应的因变量的估计值 $\hat{y}_0$。这里的 $\hat{y}_0$ 被称为点预测值，只是一个大概值。

根据上述回归方程，可以由我国城镇居民人均可支配收入来预测人均消费支出。如果我国城镇居民人均可支配收入达到 15 000 元，则人均消费支出的点预测值为

$$\hat{y}_{15000}=0.6876\times15000+635.8585=10\,949.858\,5\text{（元）}$$

需要说明的是，对于建立的直线回归方程，只能给定自变量 x 的值去推算因变量 y 的值，而不能由 y 的值去推算 x 的值。若要根据 y 的变化来估计 x 的数值，则需要以 y 为自变量，以 x 为因变量，重新建立 x 对 y 的直线回归方程，再据以 y 的给定值去推算 x 的值。

四、估计标准误差

根据直线回归方程，按给定的自变量数值，就可以推算出相应的因变量的估计值，即推算出来的因变量数值 $\hat{y}$ 不是一个精确的数值，与实际值 y 并不完全相等。也就是说，通过回归方程进行估计和预测是存在误差的。误差越大，说明拟合的直线回归方程越不精确；误差越小，说明拟合的直线回归方程越精确，即代表性越大。因此，得到直线回归方程后，有必要对回归方程的拟合精度进行检验。通常采用估计标准误差来进行这种检验。

估计标准误差是指因变量的实际值 y 与估计值 $\hat{y}$ 的平均离差，是用来说明回归方程代表

性大小的一个统计分析指标。估计标准误差的计算原理与标准差基本相同，其定义公式为

$$s_{yx}=\sqrt{\frac{\sum(y-\hat{y})^2}{n-2}} \tag{8-6}$$

式中 s_{yx}——估计标准误差；

y——因变量实际观察值；

$\hat{y}$——根据回归方程推算出来的因变量的估计值；

n——数据的项数。

在实际工作中，使用公式 8-6 计算估计标准误差，比较繁琐。因此，通常直接利用计算相关系数的有关数据，根据已经建立的回归方程，采用简捷法计算估计标准误差。其计算公式为

$$s_{yx}=\sqrt{\frac{\sum y^2-a\sum y-b\sum xy}{n-2}} \tag{8-7}$$

s_{yx} 数值的大小反映回归估计值的准确程度和回归方程的代表性。s_{yx} 值越大，说明估计值的准确程度越低，回归方程的代表性越小；s_{yx} 值越小，说明估计值的准确程度也越高，回归方程的代表性越大。若 s_{yx}=0 时，说明实际观察值 y 与估计值 $\hat{y}$ 没有差异，也就是说变量之间的关系就是回归方程所表现出来的那种函数关系，从散点图中可以显示实际观察值全部落在回归直线上。

下面仍以表 8-2 中的数据及其所建立的我国城镇居民人均可支配收入和人均消费支出的回归方程，分别用定义公式（8-6）和简捷公式（8-7）计算比较估计标准误差，见表 8-6。

表 8-6 估计标准误差计算表

年 份	城镇居民人均可支配收入 x（元）	城镇居民人均消费支出 y（元）	y^2	xy	$\hat{y}$	$y-\hat{y}$	$(y-\hat{y})^2$
1995	4 282.95	3 537.57	12 514 401.50	15 151 235.43	3 580.82	−43.25	1 870.28
1996	4 838.90	3 919.47	15 362 245.08	18 965 923.38	3 963.09	−43.62	1 902.55
1997	5 160.32	4 185.64	17 519 582.21	21 599 241.80	4 184.10	1.54	2.38
1998	5 425.05	4 331.61	18 762 845.19	23 499 200.83	4 366.13	−34.52	1 191.30
1999	5 854.02	4 615.91	21 306 625.13	27 021 629.46	4 661.09	−45.18	2 040.79
2000	6 279.98	4 998.00	24 980 004.00	31 387 340.04	4 953.98	−44.02	1 938.17
2001	6 859.58	5 309.01	28 185 587.18	36 417 578.82	5 352.51	−43.50	1 892.13
2002	7 702.80	6 029.88	36 359 452.81	46 446 959.66	5 932.31	97.57	9 520.49
2003	8 472.20	6 510.94	42 392 339.68	55 161 985.87	6 461.35	49.59	2 459.49
2004	9 421.61	7 182.10	51 582 560.41	67 666 945.18	7 114.16	67.94	4 615.64
2005	10 493.03	7 942.88	63 089 342.69	83 344 878.13	7 850.87	92.01	8 465.78
2006	11 759.45	8 696.55	75 629 981.90	102 266 644.90	8 721.66	−25.11	630.57
2007	13 785.81	9 997.47	99 949 406.40	137 823 221.90	10 114.99	−117.52	13 810.30
合 计	100 335.70	77 257.03	507 634 374.20	666 752 785.40	—	—	0 339.86

表 8-6 中的 y^2 值是根据上面的直线回归方程 $\hat{y}=635.8585+0.6876x$ 计算出来的。

按照定义公式（8-6），可得

$$S_{yx}=\sqrt{\frac{\sum(y-\hat{y})^2}{n-2}}=\sqrt{\frac{50339.86}{13-2}}\approx 67.6487$$

按照简捷公式（8-7），可得

$$S_{yx}=\sqrt{\frac{507634374.20-635.8585\times 77257.03-0.6876\times 666752785.40}{13-2}}\approx 67.8365$$

从理论上讲，用定义公式和简捷公式计算估计标准误差，其计算结果应该是相等的。两个式子的计算结果不完全一样，这是由参数值计算过程中四舍五入所引起的，对回归分析影响不大。

计算结果表明，城镇居民人均消费支出的实际值与估计值是有差距的，平均差距约为 67 元。为了判断估计标准误差所表明的平均离差的大小，还可以进一步计算离散系数。

五、应用相关分析与回归分析应注意的问题

相关分析与回归分析都是重要的统计分析方法，在统计分析方法中占有重要的地位。它们对于人们加深现象之间相互依存关系的认识，并促使这种认识由定性阶段进入定量阶段都具有重要意义。但是，相关分析和回归分析与其他统计方法一样，也有自己的局限性。因此，在实际工作中应注意以下几方面的问题：

（一）注意定性分析与定量分析的结合

相关分析是分析社会经济现象之间相关关系的，相关系数的计算、回归方程的建立都是基于现象之间所固有的客观联系之上的。而现象之间是否一定存在相关关系，主要是靠定性分析，即依据社会经济理论、专业知识、实际经验对事物进行分析来判定的。不通过定性分析，直接根据样本观测数据进行定量分析，构建模型，很有可能得出错误的结论。因为，任何两列数据，即使是毫不相关的两个现象，都可以计算出相关系数，构建出回归模型。因此，相关分析中的一切量化分析都应建立在定性分析基础之上。

（二）注意客观现象质的规定性

现象之间所存在的相互依存关系都是有一定数量界限的。如一般来说，施肥量越多，粮食产量越高，但是超过一定的限度，施肥量增加，粮食产量可能反而下降。也就是说，某些现象之间的相关关系在一定的限度内是正相关，而超过某一界限，则可能是负相关，在一定的限度内是直线相关，而在另一界限内可能是曲线相关。如果进行统计分析时不加区别，不注意现象之间质的数量界限，就可能影响统计分析结论的可信度。

（三）注意社会经济现象的复杂性

客观社会经济现象间彼此有着千丝万缕的联系，某一现象发生的原因，有可能是另一现象出现的结果。而且，有时某一事件的出现可能导致诸多事件的发生，产生一系列的连锁反应。因此，进行统计分析时，要充分考虑现象间的复杂性，注意偶然和个别因素的影响，这

样才能保证统计分析的质量。

（四）注意对相关系数和回归直线方程的有效性进行检验

相关分析中所得出的回归系数、回归直线方程、估计标准误差等都是根据样本数据求得的，但所作的结论却是对总体的。例如，通过50个人的年龄与收入值计算出相关系数为0.85，这一结论并不是说50个人的年龄与收入存在着相关关系，而是说人的年龄与收入具有相关关系。显然，这里存在一个由样本代表总体的问题。因此，使用相关系数、回归模型进行统计分析时，要对其有效性进行检验。

本章小结

变量之间的数量关系，存在两种不同的类型：一种是函数关系，一种是相关关系。

相关关系是指现象之间客观存在的，但关系数值是不确定的、不严格的一种相互依存关系。它具有以下两个特征：①现象之间确实存在数量上的相互依存关系；②现象之间的数量依存关系是不确定的和不严格的。

现象之间的相关关系种类很多，按相关的密切程度不同分为完全相关、不完全相关和不相关；按相关变量变化的方向不同分为正相关和负相关；按相关关系的表现形态不同分为线性相关和非线性相关；按相关关系涉及影响因素的多少不同分为单相关和复相关。判断两现象之间是否存在直线相关及其直线相关是否密切的步骤主要包括：相关数据的收集——绘制相关图表——计算相关系数。

对社会现象进行相关关系的分析，包括相关分析和回归分析两个方面。其中，直线相关的测定方法可以利用相关表、相关图和相关系数进行。

回归分析是指对具有高度相关关系的变量，根据其相关的类型，确定一个相应的数学表达式，来近似地反映变量之间的平均变化关系，以便从一个已知量来推算或预测另 个未知量的一种统计分析方法。根据回归分析方法得出的数学表达式称为回归方程。

回归分析和相关分析是研究变量之间相互联系的两种统计方法，对两个变量间的关系进行完整的分析应该包含两者。它们既有密切的联系又有区别。对两变量进行回归分析主要是根据相关数据建立回归方程，并可运用回归方程进行相应的预测。

统计资料示例

快乐与收入之间一定是正相关吗？

快乐是由什么决定的？快乐与收入之间一定是正相关吗？快乐与知识、职务、性别、年龄之间有没有必然的联系？

美国有一位经济学家的测算结果表明：当个人的年收入在8万美元以下时，快乐与收入之间是正比例关系，即收入提高，快乐指数会随之提高；当年收入超过8万美元以上时，快乐却不会随着收入的提高而同步提高。如美国，从20世纪40年代至今，虽然个人的收入增加了50%以上，但快乐指数并没有显著的变化，自认为很快乐的人的百分比在总人口的30%左右波动，平均快乐水平在72%左右波动，并没有上升的趋势；日本这几十年来人均实际收入增加得更多，但其平均快乐指数则在59%左右波动，也没有上升的趋势。

经济学家发现，就平均水平而言，虽然有钱的人比没有钱的人以及人均收入高的国家比低收入国家在快乐指数上略高，但收入水平的差异却不是决定性因素。为什么高收入没有带来高的快乐指数，有钱了为什么反而不快乐了？

什么是快乐呢？字典上对快乐下的定义多半是：觉得满足与幸福。德国哲学家康德则认为："快乐是我们的需求得到了满足。"其实说白了快乐是一种感觉，这种感觉离不开物质，但绝不等同于物质。所以，当我们的收入增加了，物质条件好了，但是并不意味着我们的快乐会同比例递增，这一现象符合经济学上的边际效用递减规律。比如，当你极度口渴的时候十分需要喝水，你喝下的第一杯水是最解燃眉之急、最畅快的，但随着口渴程度降低，你对下一杯水的渴望值也不断减少，当你喝到完全不渴的时候即是边际，这时候再喝下去甚至会感到不适，再继续喝下去会越来越感到不适（负效用）。对于一个朝不保夕的人来说，增加100元钱，给他带来的快乐是无以言状的，因为这100元钱可以解决他生活上最紧要的困难，它所带来的边际效用最高。同样的100元钱，对于那些百万富翁而言，不能带来任何快乐，因为在这里增加100元钱起到的作用特别小，呈现出的边际效用也很低。

事实上，当钱多到已经对于实际生活不起作用，变成一种符号和概念时，钱也会显现出负效应，边际效应递减规律同样在这里也会起作用。比如，人格金钱化。中国人常说的一句话是：有钱能使鬼推磨。过度地强调钱的作用，势必就会影响人与人之间的温情与感动。甚至当人变成钱的奴隶，人与人之间变成了施与授的关系时，快乐也就不曾存在了。

资料来源：摘自《山西经济日报》，2007.6.

思考题：

1．根据这篇文章中揭示的问题，思考如何对实际现象科学地进行相关分析和回归分析。

2．4～5人为一组，分组讨论和分析实际生活中现象之间的相关关系。

思考与练习

一、判断并改错题

1．函数关系是一种广义的相关关系。 （ ）

2．相关关系和函数关系都属于完全确定性的依存关系。 （ ）

3．相关系数 r=0，说明两变量之间不存在相关关系。 （ ）

4．相关系数 r=0.9，说明两变量之间可能存在正相关，也可能存在负相关。 （ ）

5．完全相关说明相关系数等于1。 （ ）

6．相关系数 r_1=0.8，r_2=−0.9，因为0.8>−0.9，所以 r_1 表示的相关关系比 r_2 表示的相关关系密切。 （ ）

7．回归系数 b 的符号与相关系数 r 的符号，可以相同也可以不相同。 （ ）

8．在进行相关和回归分析时，必须以定性分析为前提，判定现象之间有无关系。 （ ）

9．在一元线性回归分析中，两个变量是对等的，不需要区分自变量和因变量。 （ ）

10．估计标准误差是实际值与估计值的平均误差程度。（　）

二、单选题

1．单位产品成本与其产量的相关，单位产品成本与单位产品原材料消耗的相关（　　）。

A．前者正相关，后者负相关　　B．前者负相关，后者正相关

C．两者均是正相关　　D．两者均是负相关

2．现象之间相互依存关系的程度越低，则相关系数（　　）。

A．越小于 0　　B．越接近于−1　　C．越接近于 1　　D．越接近于 0

3．下面现象间的关系属于相关关系的是（　　）。

A．圆的周长和它的半径之间的关系

B．价格不变条件下，商品销售额与销售量之间的关系

C．家庭收入和其消费支出之间的关系

D．正方形面积和它的边长之间的关系

4．下面的相关系数取值错误的是（　　）。

A．−0.86　　B．0.78　　C．0　　D．1.25

5．在回归方程 $\hat{y}=a+bx$ 中，b 表示（　　）。

A．当 x 增加一个单位时，y 增加 a 的数量

B．当 y 增加一个单位时，x 增加 b 的数量

C．当 x 增加一个单位时，y 的平均增加量

D．当 y 增加一个单位时，x 的平均增加量

三、多选题

1．下面命题中正确的有（　　）。

A．现象之间的相关关系，也就是它们之间的函数关系

B．相关关系与函数关系可互相转化

C．相关关系往往可以用函数关系式表达

D．相关关系是函数关系的特殊形式

E．函数关系是相关关系的特殊形式

2．当现象完全相关时，相关系数为（　　）。

A．0.5　　B．1　　C．0

D．−0.5　　E．−1

3．下列现象中，属于负相关关系的是（　　）。

A．商品流转的规模越大，流通费用水平越低

B．某产品产量随工人劳动生产率的提高而增加

C．生产单位产品所耗工时随劳动生产率的提高而减少

D．产品产量增加，产品成本随之降低

E．家庭消费支出随着收入的增加而增加

4．亩产量估计值与施肥量 x 的回归方程 $\hat{y}=500+40x$（计量单位为公斤），这意味着（　　）。

A．施肥量每增加 1 公斤，亩产量增加 500 公斤

B．施肥量每增加 1 公斤，亩产量增加 40 公斤
C．当施肥量为 0 时，粮食产量为 500 公斤
D．亩产量与施肥量正相关
E．亩产量与施肥量负相关

5．估计标准误差（　　）。
A．是说明平均数代表性的指标
B．是说明回归直线代表性的指标
C．是说明现象之间相关关系的指标
D．指标值越大，表示估计值越可靠
E．指标值越小，表示估计值越可靠

四、简答题

1．什么是相关关系？它与函数关系有何区别与联系？
2．如何计算相关系数？怎样通过相关系数判断现象之间相关的方向和程度？
3．相关分析与回归分析有何区别与联系？
4．直线回归方程中的两个参数 a、b 有何意义？
5．什么是估计标准误差？它有何作用？

五、计算题

1．某种产品的产量与单位成本的资料如下：

产量/千件	单位成本/（元/件）
2	73
3	72
4	71
3	73
4	69
5	68

要求：
（1）根据以上数据绘制相关图。
（2）计算相关系数，并说明相关程度。
（3）建立直线回归方程。
（4）产量每增加 1 000 件时，单位成本平均下降了多少元？

2．某种商品的需求量与人均收入的关系值如下：

人均收入/元	700	800	900	1 000	1 100	1 200	1 260	1 340
需求量/万元	9.0	9.6	10.2	11.6	12.4	13.0	13.8	14.6

要求：
（1）根据以上数据绘制相关图。并判断人均收入与该商品需求量之间相关状态。
（2）计算相关系数，并说明相关程度。
（3）建立直线回归方程，并计算估计标准误差。
（4）当人均收入达到 1 500 元时，预测这种商品的需求量。

实　训

根据表8-2中的数据用Excel对我国城镇居民人均可支配收入和人均消费支出这两个变量进行相关和回归分析。

（一）实训目标

1．能够根据实际数据在Excel上绘制散点图。

2．能够借助Excel相关功能计算相关系数。

3．能够解读相关分析结果。

（二）实训要求

1．实训前复习Excel的基本操作方法。

2．熟练掌握相关分析的相关理论知识。

3．认真总结案例演示过程，上机独立完成实训内容。

（三）案例演示与实训内容

根据表8-1中的数据用Excel对我国城镇居民人均可支配收入和人均消费支出这两个变量进行相关分析。操作步骤如下：

1．绘制散点图

两个变量之间的关系，通常可以通过散点图直观地表示出来。通过散点图，可以大致看出两变量之间相关关系的形态、方向和密切程度。

根据表8-2的数据，利用Excel来绘制散点图，具体步骤如下：

① 进入Excel，打开新工作簿，在A1:C14单元中分别输入年份、我国城镇居民人均可支配收入与人均消费支出的相关数据，如图8-8所示。

	A	B	C
1	年份	城镇居民人均可支配收入（元）	城镇居民人均消费支出（元）
2	1995	4282.95	3537.57
3	1996	4838.90	3919.47
4	1997	5160.32	4185.64
5	1998	5425.05	4331.61
6	1999	5854.02	4615.91
7	2000	6279.98	4998.00
8	2001	6859.58	5309.01
9	2002	7702.80	6029.88
10	2003	8472.20	6510.94
11	2004	9421.61	7182.10
12	2005	10493.03	7942.88
13	2006	11759.45	8696.55
14	2007	13785.81	9997.47

图8-8　我国城镇居民人均可支配收入与人均消费支出相关数据

② 点击图表向导，在图表类型的“标准类型”中选择“XY散点图”，并在“子图表

类型”中选择第一种“散点图”，见图 8-9。

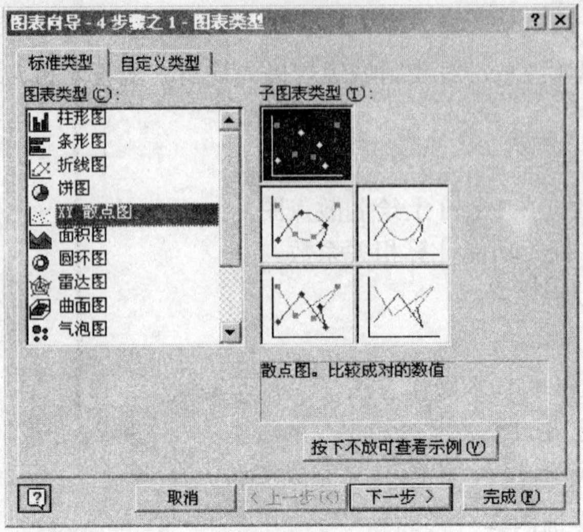

图 8-9　图表类型对话框

③ 单击“下一步”按钮，选中 B1:C14 作为数据区域，并选择系列产生在“列”。见图 8-10。

④ 单击“下一步”按钮，在“标题”这一选项中，在“图表标题”栏中输入标题“1995～2007 年我国城镇居民人均可支配收入与人均消费支出散点图”，在“数值（*X*）轴”栏中输入“人均可支配收入（元）”，在“数值（*Y*）轴”栏中输入“人均消费支出（元）”，如图 8-11 所示。在这个对话框中，单击“图例”或“数据标志”等，还可以对图例、数据标志等方面的内容进行相应的设置和修改。

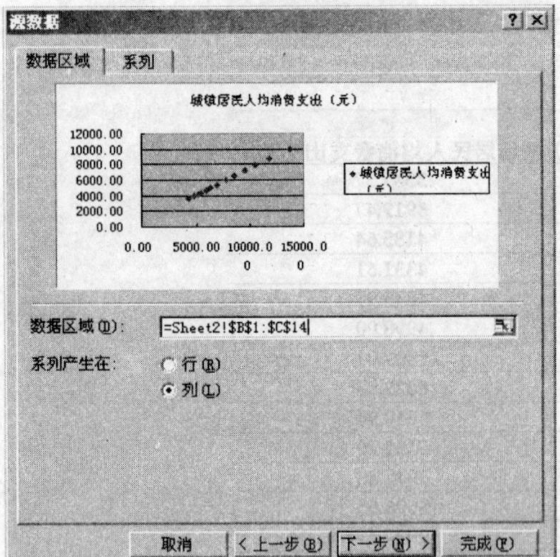

图 8-10　图表源数据区域对话框

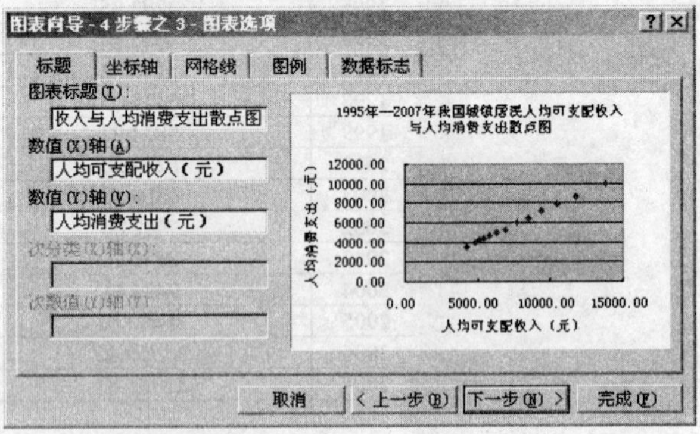

图 8-11　图表选项对话框

⑤ 单击“下一步”按钮，在“图表位置”对话框中选择存放图表的地方，如图 8-12 所示。

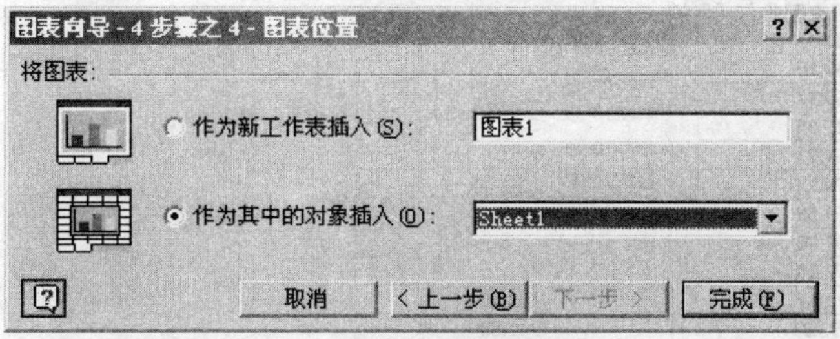

图 8-12　图表位置对话框

⑥ 单击“完成”，即得到散点图，如图 8-13 所示。

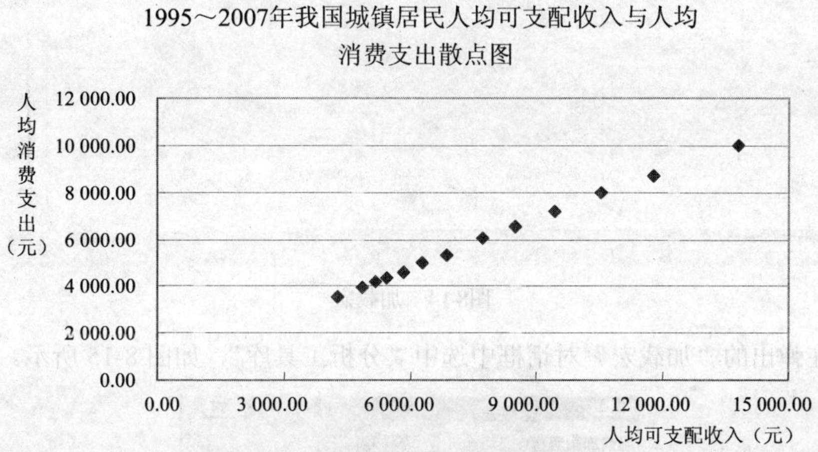

图 8-13　散点图

从散点图可以直观看出，我国城镇居民人均可支配收入与人均消费支出之间存在着非常明显的正线性相关关系。

2．计算相关系数

为了确切掌握我国城镇居民人均可支配收入与人均消费支出之间的相关关系密切程度，应进一步计算两者之间的相关系数。相关系数的计算可借助于 Excel 软件。在 Excel 中，如果只计算两个变量之间的相关系数可以使用 CORREL 函数；如果要计算两个以上变量之间的两两相关系数就需要使用分析工具库中的“相关系数”模块。根据图 8-8 中的数据，运用分析工具库中的“相关系数”模块计算我国城镇居民人均可支配收入与人均消费支出之间的相关系数。具体步骤如下：

① 在“工具”菜单栏中加载“数据分析”功能。

“数据分析”作为一种“宏”程序，在初装 Excel 时可能没有被加载，若想在功能菜单中加载这项功能就需要先执行“加载宏”。

首先，单击“工具”菜单栏中的“加载宏”，如图 8-14 所示。

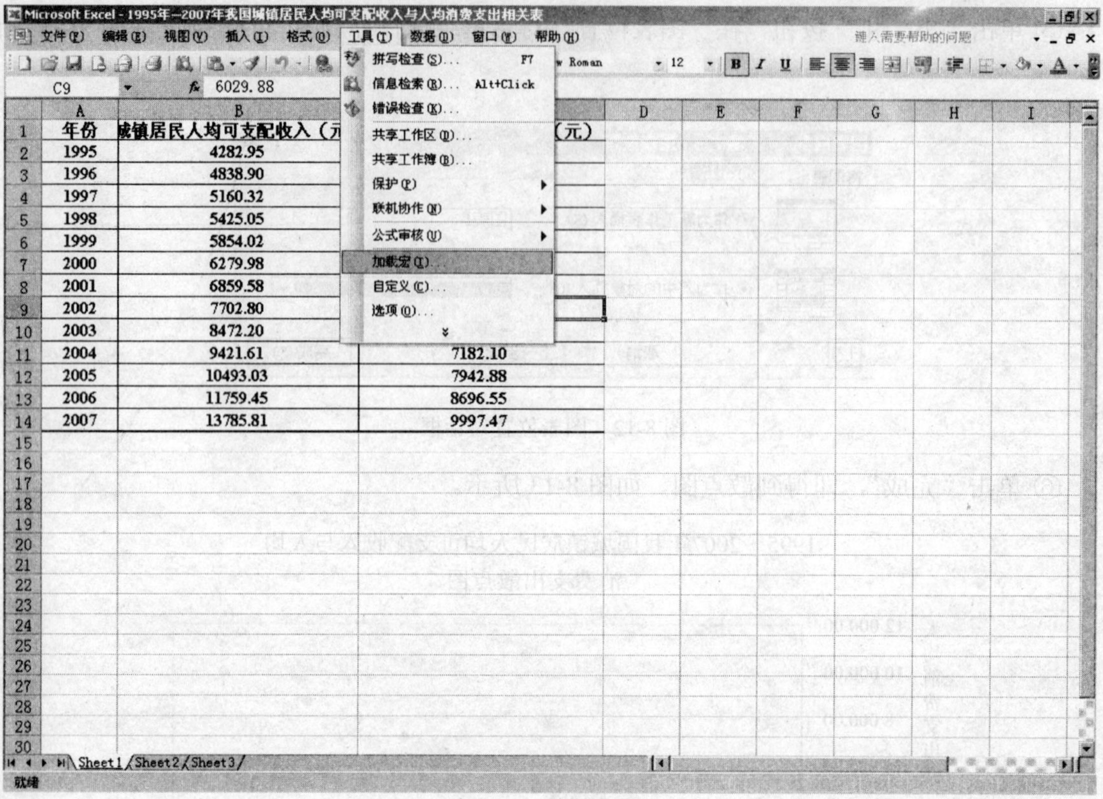

图8-14　加载宏

其次，在弹出的“加载宏”对话框中选中“分析工具库”，如图 8-15 所示。

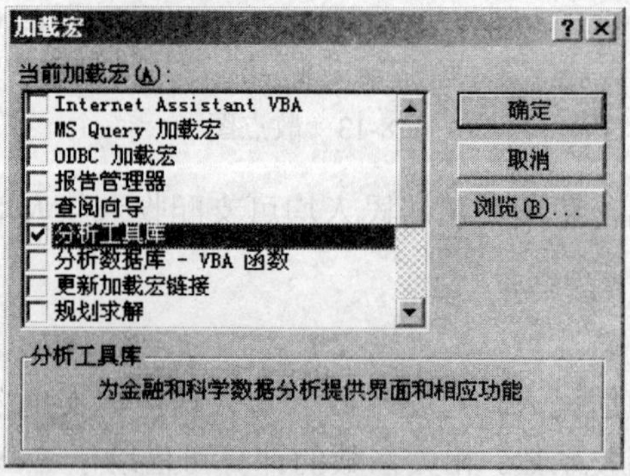

图 8-15　加载宏对话框

最后，单击“确定”，这时再查看“工具”菜单栏，就出现了“数据分析”选项。如图 8-16 所示。

② 选择“工具”菜单栏中的“数据分析”选项，在数据分析对话框中选择“相关系数”，如图 8-17 所示。

③ 单击“确定”后，出现相关系数对话框，在“输入区域”方框内输入$B$2:$C$14（或用鼠标拖选）（如果在“输入区域”方框内输入$B$1:$C$14，则应选中“标志位于第一行”）；在“输出选项”方框内选择“新工作表组”（默认值）作为结果输出区域，如图

8-18 所示。

④ 单击“确定”即得相关系数，结果如图 8-19 所示。

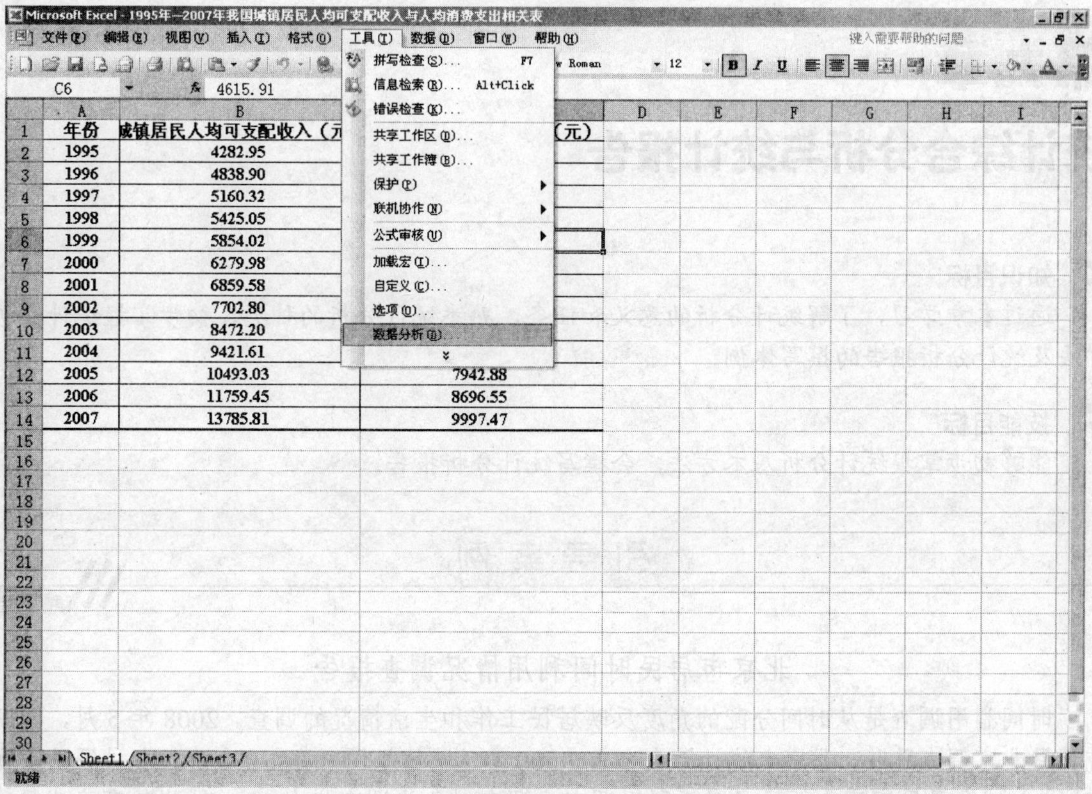

图 8-16 数据分析选项

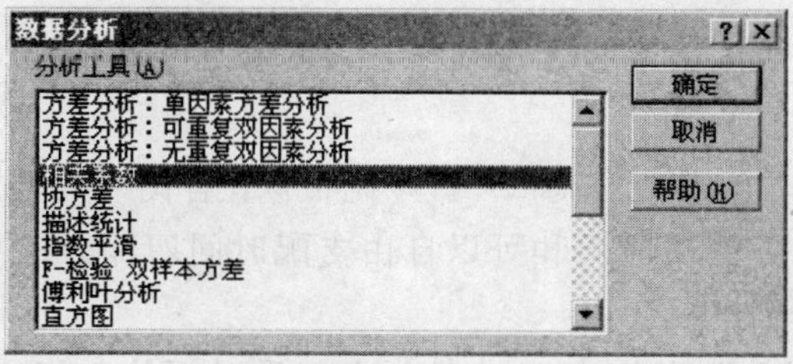

图 8-17 数据分析对话框

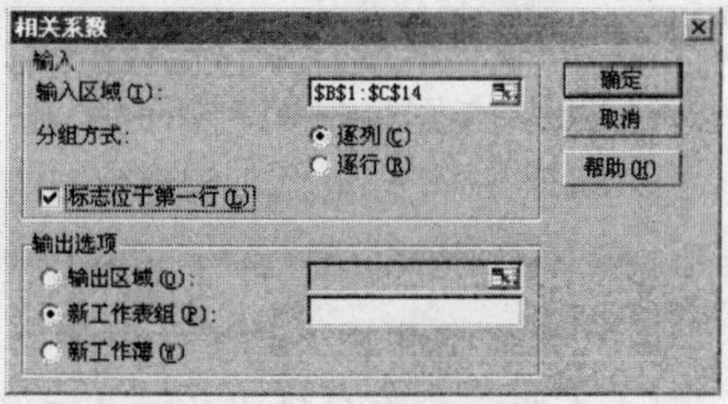

图 8-18 相关系数对话框

	A	B	C
1		城镇居民人均可支配收入（元）	城镇居民人均消费支出（元）
2	城镇居民人均可支配收入（元）	1	
3	城镇居民人均消费支出（元）	0.999480978	1

图 8-19 Excel 计算的相关系数

Excel 计算的相关系数与用公式 8-2 计算出来的相关系数完全相同，计算结果表明我国城镇居民人均可支配收入和人均消费支出之间存在着高度的正线性相关关系。

第九章

统计综合分析与统计报告

知识目标

通过本章学习，了解统计分析的意义和任务，熟悉统计分析的种类，初步掌握统计分析方法及统计分析报告的撰写体例。

技能目标

能够初步掌握统计分析基本方法，会撰写统计分析报告。

引导案例

北京市居民时间利用情况调查报告

时间利用调查是从时间分配的角度反映居民工作和生活情况的调查。2008 年 5 月，国家统计局北京调查总队、北京市统计局在全市 1 500 户（城镇居民家庭 1 000 户、农村居民家庭 500 户）城乡居民家庭中开展了时间利用调查。调查对象为调查户中 15～74 岁的家庭成员，实际调查 3 733 人，其中，男性 1 843 人、女性 1 890 人。下面根据此次调查的结果对我市居民[1]时间利用的特点和变化进行分析。

一、2008 年居民时间利用的概况

通常情况居民一周时间可以分为常规工作日[2]和常规休息日[3]。与此相似，居民一天的时间可以划分为工作时间、个人生活必需时间、家务劳动时间和可以自由支配时间四部分。

（一）常规工作日人均工作时间 7 小时 35 分钟

调查表明，我市居民人均常规工作日工作时间为 7 小时 35 分钟，占一天时间的 31.6%，剔除与工作有关的交通活动时间，实际工作时间为 6 小时 12 分钟；个人生活必需时间 11 小时 10 分钟，占一天时间的 46.5%；家务劳动时间 1 小时 46 分钟，占一天时间的 7.4%；可以自由支配时间 3 小时 29 分钟，占一天时间的 14.5%。

（二）常规休息日人均睡眠时间 9 小时 23 分钟

我市居民人均常规休息日工作时间为 2 小时 43 分钟，占一天时间的 11.3%；个人生活必需时间 12 小时 13 分钟，占一天时间的 50.9%，其中，睡眠时间 9 小时 23 分钟，比常规工作日长 51 分钟；家务劳动时间 3 小时 19 分钟，占一天时间的 13.8%；可以自由支配时间 5 小时 45 分钟，占一天时间的 24%，其中，娱乐休闲 5 小时 3 分钟，比常规工作日长 1 小时 55 分钟。

（三）常规休息日可以自由支配时间增加

调查数据显示，不论在常规工作日还是在常规休息日，个人生活必需时间都是居民时间利用的主体，其时间占用比重分别为 46.5%和 50.9%。工作日，我市居民更多时间和精力用于工作，日均工作时间占一天时间的比重为 31.6%。休息日，我市居民更多地从事家务劳动和放松身心的休闲娱乐活动，可自由支配时间比工作日多 2 小时 16 分钟，所占比重高出工作日 9.5 个百分点。如图 9-1 所示。

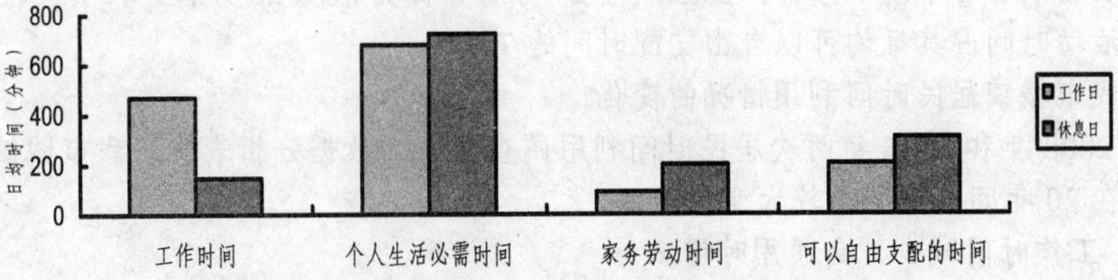

图 9-1 北京市居民工作日、休息日利用状况比较

（四）城乡居民时间利用差异明显

我市城乡社会经济发展状况、居民文化素质、收入水平以及生产生活方式等方面的差异，反映在城乡居民日常工作和生活中对时间的利用上各有特点。

1. 农村居民日均工作时间长，家庭经营活动时间所占比重高。调查数据显示，我市城镇居民日均工作时间为 5 小时 55 分钟，农村居民为 6 小时 41 分钟，比城镇居民长 46 分钟。其中，农村居民家庭经营活动时间 89 分钟，比城镇居民多 85 分钟。

2. 城镇居民购买商品和服务时间长，农村居民传统家务用时多。调查数据显示，城镇居民日均家务劳动时间 2 小时 18 分钟，农村居民为 2 小时 2 分钟。具体来看，城镇居民日均购买商品和服务以及与家务劳动有关的交通时间分别为 24 分钟和 22 分钟，均是农村居民的一倍。但是从洗衣、做饭等传统家务来看，农村居民用时长于城镇居民。调查显示，农村居民在“准备食物和清理”、“洗衣和整理衣物”等活动中日均用时分别为 58 分钟和 11 分钟，比城镇居民分别多出 10 分钟和 2 分钟。

3. 看电视仍是城乡居民主要的娱乐休闲方式。调查数据显示，城镇居民人均可以自由支配时间 4 小时 21 分钟，农村居民为 3 小时 47 分钟，两者相差 34 分钟。其中，城镇居民人均看电视时间 1 小时 53 分钟，农村居民 2 小时 10 分钟，分别占人均可支配时间的 43.3%和 57.27%，看电视在城乡居民娱乐休闲生活中仍占重要地位。此外，城乡居民可以自由支配时间分配的差异主要体现在，城镇居民日均阅读书刊时间 22 分钟、上互联网时间 32 分钟，分别是农村居民的 2.8 倍和 2.9 倍。农村居民人均棋牌游戏时间 14 分钟，是城镇居民的 1.4 倍。

（五）男性和女性居民工作和生活用时差异明显

1. 男性工作活动时间多于女性。据调查，我市男性居民人均工作时间为 6 小时 39 分钟，女性为 5 小时 40 分钟，男性比女性多 59 分钟。其中，男性居民人均家庭经营活动时间为 35 分钟，女性为 33 分钟，两者相当，但是男性居民工作活动时间为 4 小时 50 分钟，比女性多 41 分钟。

2. 女性是家务劳动的主力军。调查表明，我市男性居民每日人均家务劳动时间为 1 小时

23分钟，女性居民为3小时11分钟，男性花费在家务劳动中的时间仅为女性的43.5%。具体来看，女性居民在“准备食物和清理”、“洗衣与整理衣物”、“购买商品和服务”、“照顾家人”以及“环境清洁整理”等家务劳动所用时间分别为82分钟、20分钟、25分钟、19分钟和19分钟，分别多于男性居民55分钟、16分钟、10分钟、10分钟和19分钟。

3. 男性居民自由支配时间多于女性。我市男性居民日均可以自由支配时间为4小时30分钟，女性居民为3小时43分钟，男性比女性多47分钟。具体来看，男性可以自由支配时间主要用在看电视2小时6分钟，上互联网29分钟，健身锻炼28分钟，社会交往21分钟，上述四类活动时间占其日均可以自由支配时间的75.6%。

二、我市城镇居民时间利用情况的变化

根据2008年和1986年两次居民时间利用调查同口径数据分析表明，我市城镇居民时间利用状况在20年间已发生了较大变化。

（一）工作时间减少，交通用时增多

调查数据显示，2008年我市城镇居民日均工作时间5小时55分钟，与20年前相比减少43分钟，同时，与工作有关的交通时间为70分钟，比20年前增加了16分钟。主要原因是年均工作日的减少以及由于人们居住地与工作地距离增加，交通拥堵造成的居民上下班路途花费时间增多。

（二）家务劳动强度降低，占用时间减少

随着我市经济社会的不断发展，我市城镇居民的收入水平大幅提高，各种生活必需品充足供应，洗衣机、微波炉、电饭煲等家用电器普及程度提高，城镇居民逐渐摆脱了繁重的家务劳动，用于家务劳动的时间逐步缩短。2008年，我市城镇居民日均家务劳动时间为2小时18分钟，比20年前减少了10分钟。其中，“准备食物时间”为48分钟，比20年前减少了6分钟；“洗衣与整理衣物”时间为10分钟，减少了14分钟。

（三）自由支配时间增多，娱乐休闲内容丰富多彩

调查显示，2008年我市城镇居民日均可以自由支配时间为4小时21分钟，比20年前增加了22分钟。居民休闲娱乐活动也日益丰富多彩，一是电视在丰富我市城镇居民文化生活中的作用进一步提高，2008年居民日均看电视时间为1小时53分钟，比20年前增加了34分钟；二是随着生活水平的提高，城镇居民健康意识不断增强，健身锻炼时间迅速增加。2008年我市城镇居民日均体育锻炼时间28分钟，是20年前的3.1倍；三是家用电脑的普及和互联网的飞速发展为进一步丰富我市城镇居民的生活提供了新的平台。2008年我市城镇居民日均上网时间达32分钟，互联网已成为人们获取信息服务，娱乐身心的重要工具。

（四）用餐和个人卫生活动时间延长

80年代，我市城镇居民的收入水平较低，外出就餐是较为奢侈的享受，随着人们生活水平的提高，吃饭不再只是为了满足生存需要，吃的精、吃得细已然成为人们享受生活、增进人际交往的重要手段。调查数据表明，2008年我市城镇居民日均用餐时间1小时42分钟，是20年前的1.4倍。此外，我市城镇居民用于个人卫生活动的时间也在增加，2008年日均为55分钟，是20年前的1.5倍，这说明生活水平的提高使得人们更注重自身的健康和形象。如图9-2所示。

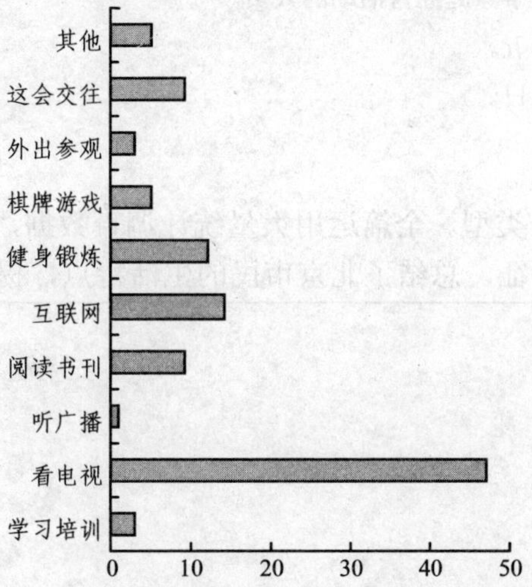

图 9-2　北京市城镇居民可自由支配时间利用情况

三、几点建议

（一）加强互联网基础设施建设

调查数据显示，我市居民每天上网的人数比重为 37%、人均每天上网时间不足 30 分钟。主要原因是电话上网的方式速度慢、费用高，影响获取信息的质量和效果；另外，尽管目前我市城镇居民家庭计算机百户拥有量超过 90 台，但是接入互联网的只占 2/3，而农村居民计算机百户拥有量不足 50 台。因此，针对我市居民在互联网络使用方面存在的不足，应进一步加强网络基础设施建设，降低网络使用的费用，使城乡居民更充分地享受互联网快速便捷的服务，这对丰富居民的精神文化生活，提高居民的自身文化素养将发挥积极的作用。

（二）强化全民健身设施建设，倡导健康娱乐休闲方式

2007 年我市居民死亡的三个主要原因分别是恶性肿瘤、脑血管病和心脏病，三种原因合计占死亡人口总量的 71.8%。上述三种病因都与人们不健康的生活习惯和缺乏运动密切相关。调查数据显示，我市城镇居民每天参与健身锻炼的人数仅占 44.0%，健身锻炼的时间只占其可自由支配时间的 10.5%。城镇居民无论是在健身锻炼的参与程度上，还是用时比例都较低。政府应大力倡导健康的生活方式，建议有关部门借助我市成功举办奥运会的有利契机，加大全民健身设施的建设力度，满足不同群体、不同需求的城乡居民健身活动的需要。

（三）创造有利条件，增加居民可以自由支配的时间

可以自由支配时间的多少是反映人们生活质量高低的重要指标。近期美国、日本等 9 个发达国家调查数据表明，男性平均可以自由支配时间为 5 小时 6 分钟，女性为 4 小时 43 分钟，分别高于我市居民 46 分钟和 60 分钟。我市与发达国家尚存较大差距。建议从增加节假日数量、提高城市交通运营效率等方面入手，有效增加居民人均可以自由支配时间，为提升居民的生活质量创造条件。

资料来源：北京市统计局，2009-03-19，资料有删节。

[1] 居民：有固定工作或从事家庭经营活动的人员。

[2] 常规工作日：周一至周五。

[3] 常规休息日：周六和周日。

案例点评

这篇资料属于调查报告类型。全篇运用大量统计调查数据，观察了北京市民的全天时间构成状况，揭示了其构成特征，总结了北京市民的生活特点，提出了相关建议和警示。

学习内容

第一节　统计综合分析的特点和任务

一、统计综合分析的特点

统计综合分析就是根据分析研究的目的，以统计资料为依据，运用相关的理论和方法，对社会经济现象的数量特征进行定性与定量的分析，从而揭示其变化发展的本质和规律，提出解决矛盾或问题的工作过程。它是统计工作的最终环节，其好坏直接影响统计工作的质量。只有开展统计分析工作，才能更好地实现统计管理、监督与咨询职能，充分发挥统计作用。在统计实践中，报告与分析统计结果，是统计人员应当完成的重要工作。

统计综合分析具有如下特点：

（1）以统计数据为依据，定性与定量分析相结合。数据是统计的“语言”。运用统计数据对客观事物进行分析，可以更加准确、客观地描述社会经济现象的发展特点，揭示其发展过程中的客观联系。但是，统计分析也不是就数字论数字，而是结合事物基本性质的分析，进行的定性与定量相结合的认识。因此。统计数据绝不仅仅是数字，还有文字的阐述。

（2）统计综合分析的目的在于认识事物的客观规律，进而提出解决问题的办法。统计综合分析不仅仅是综合分析方法的简单展示，而且是认识和研究问题的更高级的阶段。

（3）统计综合分析需要综合运用多种分析问题的方法。统计综合分析是一个全面认识事物的过程，既需要有多种学科理论，还需要运用多种分析问题的方法，如计量经济学、系统工程等分析方法，对事物进行全面而系统的分析与研究。因而，需要选择符合实际需要的一整套分析方法体系进行分析研究。

二、统计综合分析的任务

统计综合分析的任务是：占有资料，寻找问题，剖析原因，提出解决办法。也就是说，充分利用统计资料提供的信息，研究发现客观事物中出现的问题，深入剖析原因，并提出可供操作的解决问题的办法。统计综合分析所使用的统计资料不是调查资料，而是经过加工提炼、整理的，形成一定观点的统计资料。整理的质量越高，统计综合分析效率也就越高。具体来说，统计综合分析的任务有以下几点：

（1）综合分析国民经济宏观发展的现状和问题，提出解决矛盾的方法。

（2）综合分析和研究社会经济发展的历史资料，探究其发展的历史轨迹，总结其规律性。

（3）为社会经济发展提供充分的预测资料。

（4）综合分析经济管理中的某些专门问题，揭示矛盾，及时发现新情况，为改进工作、开创工作的新局面提供依据。

三、统计综合分析的类型

根据统计综合分析的任务不同，统计综合分析的类型主要有以下四种：

（一）专题性分析

专题性分析主要是就社会经济现实状况的某一方面或问题进行专题的调查与研究分析。这种分析的题目可大可小，内容可多可少。一般都强调其内容针对性强形式多样、表达灵活、分析深刻。分析过程不需面面俱到，而是目标明确、重点突出。专题性分析是一种常见的分析形式。

（二）总结性分析

总结性分析主要是从多方面、多角度进行一定程度的分析研究，全面注重分析的系统性、综合性，从而对事物的全局作出综合评价，并从错综复杂的联系和发展中揭示存在的主要问题，找出原因，探寻对策。这种分析要实事求是，正确总结，科学评价。

（三）进度性分析

进度性分析主要是从事物的发展过程入手，重在分析其发展变化的时间进程。它的时效性和针对性较强，最忌讳“马后炮”。

（四）预测性分析

预测性分析是在分析历史和现实的基础上，运用统计预测的方法，对所研究的事物的未来发展趋势作出的科学推断和定量预计。预测的目的是为增强预见性。

第二节　统计综合分析的原则、程序和方法

一、统计综合分析的原则

“实事求是”是统计综合分析的基本原则。具体来说，就是在坚持辩证唯物主义和历史唯物主义的基础上，尊重历史、尊重事实，运用客观、合理的统计分析方法，分析和研究客观事物的本质和规律性，绝不能主观臆断、自作聪明。

二、统计综合分析的程序

（1）选择并确定研究课题。确定统计分析的目的关键在于选题，要做到目的明确、选题准确。一般来说，课题要根据客观实际需要，例如社会热点焦点话题、有争论的难点问题或社会中出现的新问题新事物等。

（2）设计研究课题及计划。

（3）搜集、鉴别与整理资料。统计分析要以统计数据为基础。课题选定后，首要一步就是用各种方法调查、搜集大量的、客观的、可靠的资料。资料的搜集，要围绕分析题目，按照分析提纲的要求进行，并将各种方法在调查中结合运用。

（4）进行分析，得出结论。利用统计特有的分析方法，既要进行静态分析，也要进行动态分析；既要进行结构分析，也要进行总量分析，考察事物的变化，研究事物之间的依存关系。

（5）根据分析结果，写出分析报告。这是统计分析的最后环节。撰写分析报告时，要从分析现象的基本数量特征入手，并在此基础上综合考虑，提出改进建议。

三、统计综合分析的方法

（一）比较分析法

这是一种较常用的分析方法。它通过运用对照、比较的方法，着重分析事物之间的数量依存关系，观察其内在结构或者地区差异，寻找事物发展变化的规律性，并据此找出解决问题的办法。比较常用的比较分析有：

1．按对比的时间状况不同，可分为静态对比和动态对比

静态对比是指在同一时间，不同指标数值的对比。例如比较相对指标、结构相对指标、强度相对指标都属于静态对比的指标。动态对比是指同一总体不同时期的同一指标数值的对比，反映事物随时间的推移而发生的数量上的变化。主要通过计算动态相对指标来进行对比。例如计算发展速度、增长速度、平均发展速度、平均增长速度等指标。

2．按对比的对象不同，可分为单指标对比和多指标对比

单指标对比是指将企业生产经营活动中的某一项指标与另一指标进行对比。例如企业的劳动生产率指标。

多指标对比是对企业多方面进行全面的对比分析，例如企业的经济效益指标体系的评价。

（二）统计分组法

运用分组的方法，对事物的差异进行梳理，归并相同特征，分析差异程度及其规律性，进而提出改进意见。

（三）因素分析法

运用统计指数分析原理，对指标体系的内在联系进行分析，研究指标变化的影响因素及其影响程度，为解决问题提供可靠依据。

（四）相关分析法

通过分析事物之间的关联程度，观察并判断事物之间的联系，从而发现其变化发展的联动性。

第三节　统计综合评价与统计分析报告

一、统计综合评价

（一）统计综合评价概述

一般来说，评价是指对事物的评定、判别和估价。综合评价是指根据统计数据，结合各种定性材料，在一定认识基础上，通过数量的比较、计算、研究和论证，对被评对象作出明确的评定。综合评价是统计综合分析的重要方法，是统计综合分析的核心内容。综合评价的结果表现为排出名次顺序、分出等级，作出判断的结论。

综合评价广泛应用于宏观统计分析，例如不同国家的经济实力对比，也应用于微观分析，例如企业的经济效益、节能减排效果评价等。

（二）统计综合评价的主要方法

综合评分法是最常用的综合评价方法。其具体做法是：

（1）根据评价目的及评价对象的特点选择若干指标组成评价指标体系，并确定各项指标的评分标准及评分方法。

（2）根据各项指标的实际数值按评分标准进行评分，再将所有指标的分值相加。

（3）将所有指标实际分值与评价标准进行比较，作出全面的评价，排出名次顺序或分出等级。

二、统计分析报告的概念、特点和分类

（一）统计分析报告概述

统计分析报告是指运用统计资料和统计分析方法，以一定的表达方法和结构，表现所研究事物本质和规律性的一种应用型文章。它既不同于一般的总结性报告、分析文章，也不同于诗歌和散文，是数字与文字结合，综合运用统计资料的经济说明文章，是对事物客观分析的结果。

撰写统计分析报告的意义在于：

（1）它是表现统计成果的形式之一。

（2）它可以发现客观现实中存在的问题，例如观察统计数据与实际状况的差异。

（3）可以提高统计分析人员的素质，提高统计地位。

（4）通过统计分析，发挥统计的监督作用，服务于企业决策和社会经济管理。

（5）它是了解企业和社会的窗口。

统计分析报告的特点可以概括为：

首先，以统计数据为语言，分析中附之以统计表和统计图，用来表述事物之间的复杂关系；其次，分析报告是一种说明文，具有独特的表达方式和结构。它需要以事实为依据加以叙述，忌讳夸张、虚构、想象；第三，分析报告运用科学的指标体系和统计方法进行分析研究。

一般而言，统计报告可以归纳为三种类型：

（1）进度分析报告，也称“定期分析报告”或“计划检查分析报告”。它是以定期统计报表为主要依据，辅以其他必要的统计资料，运用统计分析方法，对被研究对象的全部状况（如规模、水平、进度等）以及影响发展进度的原因进行客观分析后，编写成文字报告。

（2）专题分析报告。专题分析报告就是对社会经济现象某一方面利用统计资料和典型情况，进行专门、深入分析的统计分析报告。

（3）综合分析报告。综合分析报告是从社会再生产总体上考察国民经济发展过程中各部门之间、各要素之间的平衡关系，在此基础上形成的统计报告。综合分析的对象是一个比较复杂的总体。它可以大到宏观经济，即以整个国民经济作为分析研究的总体，也可以小至微观经济，即以一个生产经营单位为分析研究的总体。

（二）统计分析报告的质量要求

（1）针对性。分析要有明确的目的性和实用性，要做到“有的放矢”。

（2）准确性。即数字准确，情况真实，观点正确。分析要符合实际，依据数据分析、判断、提炼的观点必须准确。

（3）时效性。要保证统计信息的价值，统计分析报告要适时地提供给有关领导和部门。

（4）深刻性。分析要立足高远，剖析问题要深刻，要透过现象看本质，由表及里。

（5）逻辑性。这是指要遵循逻辑规律，正确地进行统计分析阐述，要根据统计资料，运用判断、推理，作出符合逻辑的结论。

三、编写统计分析报告常用的方法

（一）演绎归纳法

这是逻辑学运用的一般推理方法。所谓演绎是从一般性较大的前提，推出一般性较小的结论的方法；归纳法是从一般性较小的前提，推出一般性较大的结论的方法，或者说从一般到特殊是演绎，从特殊到一般是归纳。我们编写统计分析报告所用的演绎法，是指先下结论后摆材料的写法；而先摆材料后根据材料而下结论的写法叫归纳法。演绎归纳法在编写统计分析报告中，运用得很普遍很广泛。从编写统计分析报告的角度上说，归纳与演绎两种方法紧密相关，可以共存而并不互相排斥。即同一篇分析报告既可用演绎法又可用归纳法，如全篇用演绎法，分段可用归纳法。究竟哪种方法好，要依据所掌握的材料、所要说明的问题而定。

（二）纵横对比法

统计工作中一般把时间连续叫做“纵”，把地区联系叫“横”。

纵横对比法，在编写统计分析报告中是运用得最广泛、最多的一种方法。也可以说，每一篇统计分析报告，都离不开这种方法。

例如，我们要说明发展情况就必须和去年“同期”比和各个历史时期比，这就是纵的对比法；要说明各地区、各企业经济效益的高低，就必须把地区同地区，企业同企业比较，这就是横的对比法。这种用纵横的对比写的分析报告，往往能起到“泼点凉水”的“清醒剂”的作用，使领导能“居安思危”，采用积极措施，克服弱点。

这里值得注意的是，我们在运用纵横对比法时，必须注意可比性。一是要注意时间、地点、条件的可比性：不能把八十年代的需求和五十年代或六十年代相比；不能把平原地区的粮食亩产和高寒山区相比；不能把乡村手工业生产水平和城市高度自动化相比。二是要注意统计的口径、范围和计算方法上的可比性。只有这样，我们的分析报告才准确可靠，令人信服。

（三）层层剖析法

层层剖析法，又称层层剥笋法或抽茧法，但意思都是一样的，就是由表及里，对事情寻根究底，把问题弄个水落石出得其精髓。这样写出的分析报告就能步步深入，叙事清晰，说理透彻，引人入胜。

（四）相关联系法

社会经济现象中，有许多是相互联系、相互制约的，一种现象的发展可以促进或制约另一种现象的发展，有些现象之间还存在一定比例的关系。比例协调，可以互相促进，比例不当和失调，就会影响双方的发展。统计工作是认识社会的有力武器，社会现象本身有很多都是密切联系的。我们编写统计分析报告的时候，也必须运用相关联系的方法，才能从复杂的现象中认识事物的本质，找出其发展的规律。在统计分析报告中所用的相关联系法，强调有相关的联系。如果把不太相关的联系在一起，就会显得牵强附会，把没有相关的联系在一起，那就更是“风马牛”不相及了。我们编写统计分析报告时，主要运用以下几种联系。

一是把相关的统计指标或者说相关的统计资料联系起来进行综合分析，说明社会现象之间的平衡关系，比例关系及其发展趋势。

二是要把所掌握的资料与客观实际情况联系起来，这是一种很重要的相关联系法。

三是把我们要分析的问题与理论数据和经验数据联系起来。例如国民收入使用额中积累率应该以25%左右为宜，超过30%就要失调。它是历史自然形成的一种带有规律性的数据。在分析报告中联系这一类经验数据，进行研究，就容易使人信服。

四是要联系党在各个时期的方针政策。写分析报告如果能把自己的观点、材料和党的方针政策紧密联系起来，就能提高分析报告的质量，充分发挥统计工作的服务与监督作用。

世界上的事情，看上去总是有很多矛盾交织在一起，但只要抓住了其中的主要矛盾，其他的矛盾就迎刃而解。这种方法主要的根据是唯物辩证法的原理。用这种方法写的分析报告，往往主题突出、观点鲜明、篇幅紧凑、言简意赅。我们统计指数中，有一种多因素分析法，例如工业总产值，受全员劳动生产率和职工人数两个因素的影响；成本总额受产品产量，单位产品原材料消耗量和原材料价格等但个因素的影响等等。这种方法只是说明事物变化时，各个因素的影响程度如何，哪怕影响只有百分之零点几的因素，也必须计算，不能排除，而因素排除法，只说主要问题，不是主要问题都一概排除，大刀阔斧，弃而不论。这样可以集中材料，突出重点。

（五）沙里淘金法

这种方法，主要用于帮助我们在写统计分析报告时，如何选用最好的材料。材料用得好，用得适当，就能达到观点和材料统一，如水乳交融，紧密结合在一起；材料选的不好，就很难说明观点，状如油水分离，有时还可能造成材料和观点的矛盾。还有些典型事例，如果挑选得好，可以起到画龙点睛的作用。因此，如何选用材料，就成为写好统计分析报告一个至关重要的问题。

统计分析报告的篇幅是有限的，不可能把所有真实的比较精华的材料都写进报告里面去。两个相似材料，尽管都好，只能用一个，另一个只好割舍，从统计人员的感性来说，计算一笔数字收集一些情况是很辛苦的。因此，在写报告的时候，总想把材料全写上去，要丢掉一些不写，心里还舍不得。统计分析报告的质量标准，也和其体裁一样，要有准确性，鲜明和生动性。尽管都是好材料，堆得太多，反而影响鲜明性和生动性。

以上列举的编写统计分析报告的方法只是常用的几种，虽有区别，但又有密切的联系，很难机械地加以分开。在同一篇报告里，可以同时使用几种方法。一篇报告很少只用一种方法。例如纵横对比法，沙里淘金法，几乎每篇分析报告都离不开这两种方法。这些方法也可以说只是我们在长期实践中的体会，并没有什么高深的理论，但要用得好，用得活，也并不是件轻而易举的事，不下一番苦工夫，不经过一定的实践过程，不一定能运用自如。

四、影响统计分析报告质量的几个问题

（一）脱离统计数字谈问题

统计分析的特点，即通过对大量的统计资料的观察、研究，以数字来反映社会经济现象的量的变化，并从量的变化中来反映质的变化，在质与量的联系中反映社会合乎活动的情况、问题和规律性。统计分析报告不是纯数字的阿拉伯数码，而是具有一定经济内容的社会现象的数量表现，是建立在实事求是基础上用以说明现象本质的数字。运用统计数字进行分析，就可以使分析述之有理，结论立之有据。

（二）缺乏分析的、单纯的数字罗列

统计分析离不开统计数字语言的表述，但统计分析报告绝不是单纯把统计数字进行罗列和堆砌。统计分析的特点在于运用统计资料进行分析，但这绝不是说可以将大量的统计资料不分轻重、不分主次，硬塞进分析中去。充实的材料，深入的分析，明确的观点，可行的建议是一篇好的统计分析报告所应具备的基本条件。

（三）重点不突出、分析方法单一

影响事物发展变化有着多方面的原因。统计工作者在对某一社会经济现象或某一个专门问题进行分析时，不可能也没有必要对所有问题逐一进行详尽深入地分析。如果把对某一问题的所有的影响因素都罗列出来，不但不能把问题说清楚，不能抓住主要矛盾，反而会给读者一种不知所云如坠五里雾中的感觉而致使分析的质量大大降低。实际上只需要分析一、二个或三、四个主要原因就够了。对于重点原因的分析要突出，深入、透彻。对属于虽不是最主要的原因，但必须做交代的原因可以作简略分析，笔墨不宜多，要画龙点睛。对于影响较小的原因，则可以一笔带过或干脆省略。这样，决策者或有关部门看了分析，便对影响的主

要原因有个明晰的印象，在研究问题和指挥生产上便可以一下子抓住重点。

一篇统计分析报告，抓住重点进行深入分析，运用多种方法是很必要的。多种分析方法的灵活运用，不但可以将分析更深入，而且还可以给阅读者留下深刻的印象。否则，就会显得单调、呆板，容易流于一般化。

（四）缺乏典型材料的补充

在进行统计分析时，绝不要局限于运用几个综合平均数字，不要拘泥于仅仅靠手头掌握的统计资料进行分析，而要善于运用分组法进行分类，找出最突出的问题和最能说明问题的单位或现象。要善于根据分析研究的目的，调查和搜集一些典型材料作为补充，增加分析的说服力。

（五）切忌长篇大论

统计分析报告不是大型的调查研究报告，也不是某种特殊的专题分析报告。一般来说，统计分析报告不宜太长，内容不宜太多。更忌长篇大论，冗长庞杂。

（六）建议不具体、不实际

一篇统计分析一般都应有材料，有观点，有问题，有建议。有的统计分析尽管也有建议，但所提建议太笼统、太空泛。这些建议在统计分析报告中，实际成了空有形式的点缀。

统计分析报告示例

八成北京人过端午愿遵传统礼仪

端午节小长假来临，北京市社情民意调查中心就传统节日的话题与《北京日报》联合展开抽样调查。共有 2 038 名居民接受电话访问。调查显示，八成北京居民过清明、中秋等传统节日愿意遵从传统礼仪，吃粽子、包粽子将成为端午节期间最受重视的传统礼仪活动。绝大多数居民还认为，让孩子养成过中国传统节日的习惯很重要。不过，也有 8%的受访者对节日的传统习俗已经比较陌生，表示不知道有哪些传统礼仪。

一、五大传统节日之一端午节受重视程度较低（归纳调查结果之一）

本次调查，受访居民知道的中国传统节日多在五个以上。其中，只知道一两个传统节日的居民为 86 人，占 4.2%的比例；知道三四个传统节日的为 500 人，占 24.5%的比例；知道五六个传统节日的居民有 847 人，占 41.6%；知道七个以上传统节日的居民也有 605 人，占 29.7%。

在清明节、中秋节、端午节、元宵节、春节这五大传统节日中，春节受重视程度最高，共有 2 019 名受访居民看重，占调查居民总量的 99.1%；其次是中秋节，共有 1 859 名受访居民表示看重该节日，占调查居民总量的 91.2%。另有 74.4%的居民重视元宵节，68.8%的居民看重清明节，而表示看重端午节的居民为 1 295 名，占调查总量的 63.5%。上述数据表明，五大传统节日中，端午节相对不受重视。

北京居民认为，传统节日放假的意义主要是家人团聚和延续民族传统。受访居民中，169 人认为传统节日放假的主要意义是休息，占 8.3%的比例；976 人认为主要意义在于家人团聚，占 47.9%；认为传统节日放假主要意义在于延续民族传统的居民为 883 人，占 43.3%的比例。

二、近两成居民传统节日不行传统礼仪（归纳调查结果之二）

五大传统节日成公众假期后，传统节日的过法有了多种选择。本次调查中，81.8%的居民表示，传统节日愿意按传统礼仪过，18.2%的居民则明确表示不会按传统礼仪过。

在愿意遵从传统习俗的居民中，98.7%的居民表示端午期间将吃粽子、包粽子；21%的居民表示会在门前插艾草，并用艾草煮水洗澡；16.1%的居民表示会在门口贴和端午相关的传统剪纸或图画；14.7%的居民表示会给女孩子带花线缠的香囊和百索；7.7%的居民表示会吃五毒饼；3.2%的居民表示会喝雄黄酒，给男孩子在脸上画雄黄图案。

而不按传统礼仪过端午的居民表示，主要原因是不知道传统礼仪，觉得没意思或节日加班顾不上。其中，163 人表示不清楚具体有哪些传统礼仪，占此次调查总受访居民的 8%。

三、六成居民端午消费 200 元以上（归纳调查结果之三）

与五大传统节日中端午不太受重视的地位相应，端午假期对居民消费的刺激作用有限。

调查显示，端午期间北京居民的节日花费与春节长假相差甚远。40.1%的受访居民表示，端午假期消费会在 200 元以下；38.2%的居民表示，消费会在 200 元至 500 元；8.7%的居民表示消费会在 500 元至 800 元，而端午计划消费 800 元以上的居民仅占 6.5%。另有 6.4%的受访居民称端午消费计划尚不明确。

而此前社情民意调查中心与《北京日报》联合进行的新年消费调查中，66%的受访居民表示元旦、春节总花销在 2 000 元以上。

在端午假期的商品采购方面，40.3%的受访居民表示一定会购买粽子、艾草等传统商品；31.1%的居民表示很可能购买传统商品；21.7%的居民表示将视经济情况而定；而 6.8%的居民则表示肯定不会购买传统商品。在端午传统商品中，粽子最受欢迎，76%的居民表示会购买；粽子叶和糯米也颇受青睐，50.6%的受访居民愿意购买，以尝试自己动手包粽子的乐趣；19.5%的居民表示会购买艾草；6%的居民表示会购买雄黄。

对于目前消费市场供应的传统节日民俗产品，86.4%的居民认为已经能够满足需求，11.6%的居民认为尚不能满足需求；另有 2%的居民表示不确定。受访居民还希望进一步增加旅游类、商品类、食品类民俗消费。

不过，49%的居民明确表示，会在端午假期购买非传统节日商品，拟采购商品首选食品，其次是服饰、家具家电和服装。

近四成居民给孩子讲传统节日由来（归纳调查结果之四）

传统节日对延续中华民族优秀传统的作用不言而喻。本次调查中，81.6%的受访居民认为，让孩子养成过中国传统节日的习惯很重要，37.7%的居民还给孩子讲过传统节日的由来。

调查显示，受访居民的孩子中，79.1%知道 3 个以上传统节日，50.4%的孩子知道 5 个以上传统节日。而认为孩子养成过传统节日习惯不重要的居民认为，传统节日与现代生活相距太远，孩子没有兴趣。

资料来源：北京市统计局, 2009-05-31。

案例点评

这篇资料运用常用的演绎归纳方法，将调查所得的数字进行结构对比分析，得出人们对端午节有关文化及其认识差异的结论。整篇文章运用了结构相对分析方法，从人们对端午节的文化认识、节日礼仪、节日消费及对端午节文化的传承等方面，做出了总体对比，描述了人们在这几个方面的变化差异，这对于分析我国传统文化的保留与传承有着一定的实用价值。

本章小结

综合运用统计分析的基本方法，是统计研究的重要内容，是统计工作的最后环节。

统计综合分析就是根据分析研究的目的，以统计资料为依据，运用相关的理论和方法，对社会经济现象的数量特征进行定性与定量的分析，从而揭示其变化发展的本质和规律，提出解决矛盾或问题办法的工作过程。它是统计工作的最终环节，其好坏直接影响统计工作的质量。

统计综合分析具有以统计数据为依据，定性与定量分析相结合，综合运用多种分析问题方法的特点，遵循“实事求是”的基本原则，采用比较分析法、统计分组法、综合指标法和相关分析等方法，形成的统计资料进行综合分析、评价，得出有关研究结果。

统计分析报告是统计分析工作的最终结果，是统计工作的总结。撰写统计分析报告是统计工作者必须完成的重要工作任务。

思考与练习

简答题：

1．请简要回答统计综合分析的意义。
2．请简要回答统计分析报告的质量标准。

实　训

（一）实训主题

设计调查方案，撰写统计分析报告

（二）实训目标

1．能够在团队合作下，设计调查方案。
2．能够独立进行调查资料的搜集、整理。
3．会根据调查资料，独立撰写分析报告。

（三）实训要求

1．以小组为单位，选择学生所关注的社会现象开展调查。
2．根据调查整理的资料，分组讨论调查所反映的现实状况。
3．独立撰写统计分析报告。

附录

天津新时期影响大学生就业主要因素分析

近年来，大学生就业工作受到各级政府部门和社会各界的高度关注，党中央、国务院几乎每年都要召开和大学生就业相关的各部委联席会议，制定一系列政策，颁发专门文件，积极促进大学生就业工作。为贯彻落实国务院有关精神，面对全球性金融危机的影响，针对目前严峻的就业形势，天津市实施更加积极的就业政策，出台了《天津市促进高校毕业生就业的意见》，多渠道、挖潜力，开发就业岗位，力促天津市 11.4 万名应届高校毕业生就业。

为了比较全面地了解当前天津市高校毕业生就业心理取向和特点，国家统计局天津调查总队对南开大学、天津财经大学和天津工程师范学院的部分应届毕业生进行了问卷调查，并结合一些访谈情况就天津市高校毕业生就业心理要素进行分析，探讨影响大学生就业的主观和客观因素，为高校的教育工作和大学生的就业指导工作提供一些参考性的意见与建议。

一、调查对象的基本情况

本次调查共发放问卷450份，回收问卷432份，成功有效问卷425份，有效问卷率为94.4%。在成功接受调查的 425 名高校毕业生中，男生为 183 名，占 43.1%，女生为 242 名，占 56.9%；受访者毕业所获学历情况为，本科生占到 97.4%，专科生和研究生占 1.6%和 1.0%；所学专业涉及 9 类专业。其中，理学、工学、经济学、文学和管理学五类专业所占比重较大，分别为 28.9%、20.5%、14.1%、13.9%和 13.4%。原户籍是本市的学生占 27.5%；属于东部地区的占 22.6%；中部地区占 19.1%；西部地区占 13.6%；东北三省占 11.3%；还有 5.9%的学生来自北京、上海和广州等经济发达地区。来自各地城市的学生占 55.5%，来自农村的学生占 44.5%。

在成功接受调查的 425 名高校毕业生中，有 56.9%的同学明确表示毕业后选择就业；选择求职和考研（出国）两手准备的占 17.2%，这表明七成以上的同学毕业后有求职意向。选择考研继续深造的占 17.5%（含保研生）；选择准备出国学习和发展的占 5.6%；还有 2.8%的同学表示毕业后利用国家对大学生创业的各项优惠政策，自主创业。

二、新形势下天津市大学生择业取向

据调查结果显示，在有就职意向的毕业生（简称毕业生，下同）中七成以上希望能在本市就业。其中，多数毕业生看中滨海新区。

（一）有就职意向的高校毕业生七成以上希望能在本市就业

天津市全力推进科学发展、和谐发展、率先发展，努力把天津建成国际港口城市、北方经济中心和生态城市的发展战略，大大提高了大学生在津就业的愿望。调查显示，在就业地

区的多意向选择中，有 76.1%的毕业生表示毕业后希望能留在本市工作，比重居选择就业地区的第一位。希望去北京的占47.1%、去上海占23.5%、去东部经济发达地区或城市的占23.2%、去广州、深圳占 18.7%。在自己理想志愿不能实现的前提下，有 35.2%的毕业生表示愿意选择靠近家乡的城市实现就业。

（二）滨海新区备受青睐

随着天津滨海新区快速的开发开放，空客 A320、百万吨级乙烯等大项目相继落户新区，同时各功能区和行政区为了吸引优秀人才来区工作，纷纷设立了各种奖励制度，滨海新区已经成为应届大学毕业生的首选目标。据调查资料显示，在希望留本市工作的毕业生中有七成以上的学生选择了滨海新区。他们主要是看好新区未来的发展前景，看重公司的发展和个人的发展空间。

（三）多数大学生自己选择就业去向

在就业地区的选择上有 59.6%的毕业生表示是以自己意愿为主，父母长辈建议为辅综合考虑决定的；有 27.5%的毕业生完全是根据自己意愿来决定的，两者合计达八成以上。这一数据现象反映出大学生在就业地区的选择上具有浓重的“精英情结”，表明大学生关心外部环境对自身发展的重要性，经济发达城市不仅能够提供大量的就业岗位，具有良好的外部环境，更能够给个人今后发展提供广阔的空间。同时，也说明地区提供的待遇和发展空间对学生有吸引力。

三、追求职业的稳定性，就业观念更加趋于理性

2008 年的金融危机席卷全球，对我国经济形成较大影响，尤其使高校毕业生就业难的整体形势显得更加严峻。大学毕业生在择业时希望有个稳定的职业，就业观念更加趋于理性。

（一）国有大企业成为大学生的首选

由于近年来大学生找工作越来越难，因此在择业时出现了追求职业稳定性的“新实用主义”。调查显示，毕业生在选择工作单位多意向选择中，排在第一位的是国有大企业，占 70.5%，下面依次是三资企业、事业单位和政府机关，所占比例分别为 58.2%、57.9%和 50.9%。他们认为近年来报考公务员人数剧增，竞争十分激烈，而国有大企业工作空间大、抗风险能力强，在经济体制改革不断深化过程中更加注重职工的薪酬、福利和社会保障；职业相对稳定、利益能够得到保障。同时他们还认为国有大企业招聘不会看你有否背景，不用跑关系，能力才是最重要的。

（二）近四成大学生能接受到乡镇单位就职

受金融危机的影响，大学生多数能清楚地认识到就业形势的严峻，并根据自身条件能客观地预测自己的就业前景。调查显示，有 38.5%的毕业生表示在自己求职意愿难以实现的前提下，能够接受到小城镇或是乡镇企业工作。这表明就业难的严峻现实使大学生在择业时更加实际，已不再死盯着大单位，小城镇和基层以及乡镇民营也逐渐被大学毕业生所接受。

（三）以新兴和快速发展的行业为主

由于大学生理论知识多，年轻富于活力，喜欢快速学习和快速积累，因此他们比较喜欢新兴和高速发展的行业。调查显示，有 38.5%的毕业生选择金融证券保险业，有 35.8%的毕业生选择 IT 与通讯业。这两个行业由于高速发展的需要对于技术类人才的需求比较大，许多基础性的岗位应届大学毕业生就能胜任。工作中一些制度和流程很多时候需要从业人员自己摸索，要求从业人员灵活应变、承受压力能力强、学习能力强、要具有较好的创新能力。这些行业的特性具有新兴、发展快和有较高的稳定性，对大学生吸引力强。调查还表明，由于大学生在选择工作时主要考虑单位是否稳定、是否属于朝阳行业和收入高低，因此选择居民服务业和建筑业的很少。

（四）薪资选择七成集中在 1 500～3 000 元

面对金融危机带来的“就业寒冬”，多数大学生都能对自身能力水平和社会就业状况有着正确的认识和评估，就业观念悄然转变，对待遇要求趋于理性。调查显示，毕业生希望用人单位付给他们的理想薪酬在 1 500 元/月及以下的占 8.9%；1 501～2 000 元/月占 26.3%；2 001～2 500 元/月占 25.4%；2 501～3 000 元/月占 17.4%；3 001～4 000 元/月占 11.0%；4 001～5 000 元/月占 4.0%；5 000 元/月以上的占 7.0%。选择薪酬标准多数集中在 1 501～3 000 元/月，占调查总体的 69.1%。

女大学生薪酬期望标准普遍低于男生。由于部分用人单位在制定招聘条件时存在性别上的区别，使女大学生的就业机会少于男大学生，因此她们的期望薪酬标准相对于男生要低一些。调查显示，认为理想薪酬范围在 1 500～3 000 元/月的女生比例高达 77.1%，比男生高出 21.4 个百分点；认为理想薪酬在 4 000 元以上的女生只占 5.4%，而男生占 20.5%

（五）在就业压力面前，跳槽意愿大幅下降

截至目前，在被调查有求职和创业意向的毕业生中，已有 29.4%毕业生找到了就业接收单位，他们主要是通过各类招聘会、亲朋好友推荐、学校就业指导中心和求职网站实现了就业愿望，分别占 26.0%、25.0%、21.9%和 19.8%。调查发现，高校毕业生就业观念逐渐务实，感到目前能找到一份工作就不错了，这样的观念被越来越多的毕业生认可。当问及您现在找到的工作与自己的初衷是否一致时，有 49.0%的毕业生表示一致或基本一致；有 36.4%的毕业生表示一般，还过得去；有 14.6%的毕业生表示不一致，准备先就业后择业。说明大多数毕业生在就业压力面前，所学专业、个人兴趣和工作岗位三者要求的相关度降低，跳槽意愿有所趋弱。

四、大学生就业过程中存在的主要困难和问题

（一）缺少工作经验是影响就业的最大困难

由于用人单位普遍要求求职者具有一定的工作经历或实际操作经验，大量初次踏出校门的大学生们动手能力不足，缺乏一定的职业技能，这是将他们挡在了职业岗位大门之外的主要原因。调查显示，有 71.3%的毕业生认为缺乏工作实际操作能力，不适应社会要求是大学生就业过程中最大的“绊脚石”。这与长期以来高校在人才培养中重理论、轻实践，重课堂、轻社会的倾向未得到根本改变有关，使大学生就业难度加大。

（二）教育模式陈旧，学生的综合能力得不到有效提高

目前，许多高校的教学工作与社会的需求还存在着较大的差距。调查显示，有 50.8%的学生表示教育模式陈旧，学生的综合能力得不到有效提高，不适应社会需求。他们希望学校应该根据社会对人才的实际需要调整专业结构和课程设置，把专业课程设置的纵向深入与横向拓宽统筹起来，并适度、适量地在大学生中开设实践型课程，在教学计划中要大力强化社会实践环节，把社会实践和教育实践纳入到人才培养方案中，不断提高学校和大学生适应社会需要的能力。

（三）对就业形势认识不足影响自己的选择

面对新的就业形势，部分大学生在就业问题上存在认识偏差，就业观念更新不及时，确定就业期望值偏高。调查显示，有 43.4%的同学表示由于对就业形势认识不足，用人单位职位薪酬过低，当理想与现实发生矛盾时，心理困惑，产生消极情绪，造成择业选择面过小而影响了就业。

（四）渴望专门的就业指导与服务

就业市场秉承双向选择的原则，无论用人单位还是毕业生自己，都希望获得最全面、真实、有用的信息。调查显示，毕业生非常重视各类招聘信息，学校就业指导中心和招聘会已成为学生获得就业信息的主要渠道，在学生就业中起到了重要作用。当问到您希望从哪些渠道获得招聘信息多意向选择时，选择学校就业指导中心的占 72.5%，选择各类招聘会的占 63.3%。这足以说明天津市各大院校和社会的就业指导工作是卓有成效的，但另一方面也表明学生在求职过程中，很少通过社会、家庭、朋友等其他渠道，对学校推荐存在很大的依赖心理，存在着“等、靠”的现象，主动就业、积极参与就业市场竞争的意识不强，缺乏择业的主动性。

（五）普遍认为就业形势严峻，合适工作难找

调查显示，有 23.9%的毕业生对就业形势抱有乐观和比较乐观的态度，他们对自己的就业前景充满信心；有 33.6%的毕业生认为形势一般，我国经济的快速发展并没有给高校毕业生就业带来太大的推动作用，工作不太好找；有 42.5%的毕业生表示不太乐观和不乐观，认为受金融危机的影响目前天津市就业形势比较严峻，很难找到合适的工作，这部分同学面对就业心理压力较大。

从性别看，男生比女生对就业前景的乐观程度要高，持乐观和比较乐观态度的男生比女生高 7.7 个百分点，持不乐观态度的男生比女生低 5.1 个百分点。

从专业来看，理学、管理学和法学专业的同学对就业前景的乐观程度较高，文学和经济学专业则相对较低。这比较客观地反映了不同专业学生在就业市场上的不同境遇，提醒我们要对某些专业的学生给予特别关注，要采取措施引导他们增强适应性，拓宽就业面。

（六）求职费用对经济困难学生造成负担

大学生为寻求一份理想的职业，在求职时必须注重自我包装，致使求职费用逐年攀升。调查显示，近六成以上的同学求职费用主要是用在交通费、通讯费、购买服装和制作各种简历、拍证件照片方面。求职费用对经济状况好的家庭来讲不算什么，但对不富裕家庭尤其是

来自农村的大学生来讲负担并不小。有63.0%的毕业生表示有一定的负担但可以承受；14.4%的毕业生表示负担较大。其中，来自农村的毕业生感觉负担较大的比城市学生高出14.2个百分点。

（七）就业市场存在性别歧视和信息不真实等现象

部分同学反映，在招聘会上部分用人单位在招聘条款中明文规定只要男性，存在性别歧视。由于部分用人单位认为女大学生今后的生育和哺乳以及家庭拖累降低了女大学生的职业发展后劲，也加大了使用女大学生的劳动力成本，这使女大学生就业处于困境。另外，还有部分同学反映有些企业把校园招聘作为推广企业文化的重要手段，部分企业“醉翁之意不在酒”，即使人才不紧缺也进行校园招聘，同学们对这些“作秀”企业比较反感，浪费了学生的时间和精力。

五、促进大学生就业的几点建议

“仓廪实而知礼节，衣食足而知荣辱”，充分说明大学生就业工作关系到整个国民经济的健康发展，关系到社会主义和谐社会的整体建设。目前大学生就业难的状况，既有大学生自身的主观原因，也有方方面面的社会客观原因。因此，面对严峻的就业形势，大学生、高校以及社会都必须认真对待。

（一）政府和学校要多措施并全力保大学生就业

1. 加大宏观调控力度，引导劳动力市场健康发展

大学生是国家培养出来的宝贵财富，是改革建设的先锋力量，因此，各级政府应当从国家的大局和长远利益出发，切实推动社会用人部门的市场化改革，积极推动毕业生就业市场、人才市场、劳动力市场的相互贯通和信息共享，打破地域限制，消除人为市场分割，疏通大学毕业生到各地区、各行业、各领域就业的渠道，构建有利于人才合理流动的大环境，确保社会内在的人才需求尽可能地转化为有效的人才需求。要加强对劳动力市场管理，用人单位在制定招聘条件时应遵循男女平等的用人原则，不得随心所欲地制定招聘标准。最大限度地从政策上、管理上消除一些鸿沟壁垒，为大学生创造公平的就业竞争环境。

2. 缩小城乡和区域差距，扩大就业空间

劳动力具有“逐利”性质，对“十年寒窗”的大学生来讲，希望留在大城市，希望获得高薪，希望获得稳定而体面的工作是一种人之常情，也是一种正常的要求。由于我国城乡之间、东西部之间经济发展不平衡，收入差距大，造成我国大学生在东部大中城市的集聚，形成人才相对过剩的区域结构性失业。对目前大学生的一些择业观念我们不能简单地归结为陈旧和落后，也不能简单地指责他们期望值过高、虚荣心强。城乡之间、沿海与内地之间发展不平衡的客观现实，都深深地影响着每一个人。只有积极采取措施促进农村、西部地区经济发展，进一步缩小城乡和区域差距，并切实从解决大学生切身利益的角度考虑，制定吸引大学生立志到农村和西部地区就业的优惠政策，才会不断转变大学生的择业观，扩大大学生就业的空间。

3. 减轻中小企业缴费，发挥吸纳就业岗位的积极性

中小企业的主要社会功能之一是吸纳就业，即使西方发达国家大多数的就业岗位也是由

中小企业提供的。所以要认真贯彻落实科学发展观，改变以GDP为核心的政绩观，要努力转换经济增长方式，调整经济发展规划，大力发展第三产业和中小企业。目前我国劳动力成本逐步走高，企业为职工缴纳的各种税、费、险，已经接近工资成本的 50.0%。中小企业大多是劳动密集型企业，企业吸收一个劳动者就业，就等于为政府减少一份社会保障开支的负担。但企业吸收的就业越多，缴纳的费用就越多，无形中影响了企业创造就业岗位的积极性。政府应根据企业吸纳劳动力状况来加大扶持中小企业的政策力度，给予优惠政策不断减轻中小企业缴费，促进中小企业蓬勃地发展和不断增加对大学生就业的有效需求。

4. 高校要以市场需求为导向，加强就业服务指导工作

行之有效的就业服务和就业指导是化解大学毕业生择业心理矛盾的有效途径，在大学生就业的整个过程中发挥着十分重要的作用。目前各高校、院系对大学生的就业指导往往是在学生进入大四以后，多采取就业形势讲座、政策咨询、谈话等方式向毕业生宣讲国家或相关省市的就业政策法规；传授相关的求职技巧和就业礼仪；组织双选会向企业、单位推荐学生等。面对社会需要和大学生自身特点，高校应将就业指导工作当成一项系统工程来抓，把就业指导贯穿于大学整个阶段。以市场需求为导向，将就业指导与教学改革相结合，建立起一套实用而且完善的就业指导和职业培训体系，将各方关于职业培训、职业技能发展、人力资源管理、职业生涯规划、职业测评、职业中介等相关的服务引入校园，为用人单位与毕业生之间搭建一个良好的交流平台，拉近用人单位与在校学生之间的距离，为大学生创造和谐的就业环境。

5. 创新教育教学模式，提升大学生适应市场需要的能力

高校管理部门应该根据社会对人才的实际需要和毕业生的就业状况，调整大学的专业结构和课程设置，把专业课程设置的纵向深入与横向拓宽统筹起来，打破专业之间的壁垒，培养复合型人才。要顺应知识增长、学术发展的新趋势，开发满足市场和社会需求的课程体系，并适度、适量地在大学生中开设实践型课程，在教学计划中要大力强化社会实践环节，把社会实践和教育实践纳入到人才培养方案中。建立一批大学生教学实习和就业实习基地，加强大学生实践能力的培养，要聘请一批具有丰富经验的一线企业技术和管理人员走进大学课堂，为大学生直接讲授工作的实际情况和实践经验，提高学校和大学生适应市场需要的能力。

（二）用人单位要树立科学、正确的选材标准

部分用人单位在选择大学生时存在或多或少的误区。不少用人单位认为学历越高越好，造成受聘人员水平和能力与所招岗位不相适应；而有的单位又过分看重工作经验，将实践经验作为选聘人才的必备条件，忽视大学生的潜力和可塑性以及经验总是在实践中培养起来的客观规律；有的单位过分强调女大学生生理因素、婚姻因素、成就动机，以及生育保险费和女工劳动保护费用等，不招聘女大学生。因此，用人单位应从大局和长远利益出发，树立科学的人才观，改变唯经验论、唯学历论，摒弃用人歧视，鼓励人人作贡献，人人竞相成才。用人单位选人标准要合理，要根据单位自身规模、性质、发展状况、岗位实际，制定相关岗位说明书，细化岗位职责，按照岗位的要求，制定合理的选人标准。企业要注重培养和储备人才，在选人、用人方面导入人力资源管理技术，为今后发展培养后续人才。

（三）大学生要跟上形势的发展，不断提高择业竞争力

1．自觉融入社会，找准自身定位

对大学生而言，面对当前日益严峻的就业形势，大学生必须正视现实，不用过分看重起点，要正确进行社会定位，放弃不切实际的幻想，树立主动竞争、服务基层、多渠道创业、自主创业的新观念，积极面对就业门槛，降低求职的心理预期，充分利用国家政策营造的宽松的就业环境，提高就业竞争力投身到就业市场中去使自己的期望值与市场需求吻合。

2．积极参加社会实践活动，积累丰富实践经验

面对用人单位注重求职者实践工作经验的现实，大学生在校学习期间，要注重参加社会实践活动，利用课余时间去做一些与专业相关或与未来从事的行业有关的工作，提升自己的工作技巧，积累丰富的实践经验，弥补自己的知识和经验的不足，以加深对社会的认识，增强社会适应能力和社会责任感，为更好地融入社会、服务社会做好准备。

3．确定职业理想，重视职业生涯设计

大学生要想顺利地找到适合自己理想的职业，就应当尽量克服各种压力带来的短期心态，要结合自己的个性特点和兴趣爱好，将现实环境和长远规划相结合，充分考虑自己的职业兴趣和能力倾向，根据自身的条件及所处的环境进行职业生涯规划，不断地寻找自身发展的新的生长点，理智地寻找适合自身发展需要的职业，从而避免求职时的盲目和错失良机，实现个体与职业的匹配，实现个体价值的最大化。

资料来源：天津市统计局，2009-06-02。

分 析 提 示

1．本资料运用了哪种分析方法对大学生的就业状况进行调查？
2．调查资料中得出的判断结论是什么？
3．针对大学生就业现状，本资料提出了哪些建议？

参 考 文 献

[1] 栗方忠．统计学原理[M]．大连：东北财经大学出版社，2008．

[2] 卞毓宁．统计学原理[M]．北京：高等教育出版社，2001．

[3] 黄良文，陈仁恩．统计学原理[M]．北京：中央广播电视大学出版社，2006．

[4] 教科书编写组，社会经济统计学原理教科书[M]．北京：中国统计出版社，1984．

[5] 宋建萍，等．统计学原理[M]．天津：天津大学出版社，2007．

[6] 李国柱．统计学[M]．北京：科学出版社，2004．

[7] 朱建平，范霄文．Excel 在统计工作中的应用，北京：清华大学出版社，2007．

[8] 李洁，董力．统计学[M]．吉林：东北师范大学出版社，2008．

[9] 贾俊平．统计学[M]．北京：清华大学出版社，2006．

[10] 朱胜．统计学原理[M]．北京：中国统计出版社，2009．

[11] 戴维 S 穆尔．统计学的世界[M]．5 版．郑惟厚，译．北京：中信出版社，2003．